FUJI FILM LE SEUL FILM OFFICIEL DU CHAMPIONNAT D'EUROPE 88

FUJI FILM LE SEUL FILM OFFICIEL DU CHAMPIONNAT D'EUROPE 88

FUJI FILM LE SEUL FILM OFFICIEL DU CHAMPIONNAT D'EUROPE 88

FUJI FILM LE SEUL FILM OFFICIEL DU CHAMPIONNAT D'EUROPE 88

FUJI FILM LE SEUL FILM OFFICIEL DU CHAMPIONNAT D'EUROPE 88

FUJI FILM LE SEUL FILM OFFICIEL DU CHAMPIONNAT D'EUROPE 88

JACQUES THIBERT

l'année du football

1987

Calmann-Lévy

La dernière victoire du magicien

Le football se joue à onze et c'est sa gloire. Le football de onze hommes ne ressemble pas à celui d'un seul. Jeu, art, sport, émanation d'un peuple, d'une race, d'une société et parfois de plusieurs, il bouillonne de toutes les tendances et de toutes les générosités. Si sa popularité est si grande, c'est qu'il ne prononce aucune exclusion, qu'il n'exerce aucun veto corporel. Pelé n'était immense que par son génie, Garrincha avait les jambes tordues et Puskas ne possédait qu'un pied gauche.

Le football se joue à onze, mais le talent individuel d'un seul fait la gloire du football d'un pays. Michel Platini était un phare, un guide, un diamant. Un magicien. Sous son étoile, le football français connut l'ivresse des cimes, la victoire et le sentiment inconnu de la quasi-perfection. D'un geste, d'un but, d'un éclair de génie, Platini fit croire que nous étions un peuple de football. Nous le crûmes. Aujourd'hui qu'il s'en va, nous en sommes un peu moins sûrs et nous lui en voudrions presque de nous laisser là, tout seuls, quasi-orphelins.

Michel Platini vient pourtant de remporter une victoire, sinon la plus belle, en se retirant en pleine gloire, à trente-deux ans, parce que son orgueil de vaincre ne pouvait plus se marier avec le respect qu'il a du jeu et du public.

« J'espère que j'ai conquis une place dans votre cœur » nous disait-il en partant. Cette place est si grande que notre cœur saigne. Mais le souvenir du magicien illuminera nos jours.

17 mai 1987. Michel Platini quitte le terrain du Stadio Comunale de Turin où il vient de jouer, contre Brescia et pour la Juventus, le dernier match officiel de sa carrière professionnelle.

Moitié Noureev, moitié Manolete

La carrière d'un footballeur ressemble à la course d'une comète. Il existe, il éclabousse le cosmos du jeu d'éclats lumineux, il décline et il disparaît. Michel Platini aura sauté la phase du déclin parce que sa philosophie personnelle ne l'autorisait pas à être quelqu'un de plus modeste dans une enveloppe de champion qui avait dominé le football du monde.

Cette démarche exceptionnelle de lucidité et d'humilité — de monstrueux orgueil, penseront certains — contraste avec l'attitude des glorieux anciens qui jouèrent fort tard : Matthews jusqu'à cinquante ans, Di Stefano jusqu'à trente-neuf, Puskas jusqu'à quarante, Gento jusqu'à trente-huit, Beckenbauer, Cruyff, Gerd Muller, Suarez, Pelé jusqu'à trente-sept. « Je n'avais plus d'essence dans le réservoir, dit Michel Platini. Plus la capacité non plus de m'infliger des souffrances. » Ainsi, à l'âge de trente et un ans, dix mois et vingt-sept jours, les statisticiens italiens sont précis, Michel Platini a tourné le dos au football professionnel. Après avoir tout gagné, sauf la Coupe du monde. Comme Johann Cruyff. Trois fois Ballon d'Or européen de *France-Football* (1983, 1984, 1985), champion de France avec Saint-Etienne (1981), vainqueur de la Coupe de France (1978), vainqueur avec la Juventus de la Coupe d'Europe des Clubs Champions (1985), de la Coupe des Vainqueurs de Coupe (1984), de la Coupe intercontinentale (1985), de la Supercoupe européenne (1984), de deux Championnats d'Italie (1984, 1986), d'une Coupe d'Italie (1983), de trois couronnes de meilleur buteur du calcio (1983, 1984, 1985), vainqueur avec l'équipe de France du Championnat d'Europe des Nations (1984), quatrième et troisième des Coupes du monde 1982, 1986, auteur de 353 buts officiels dont 41 en 72 sélections avec l'équipe de France (record de buts chez les Tricolores), Michel Platini a accumulé les plus grands succès en une période de cinq ans, apogée d'un art personnel qui lui était propre et qui ne correspondait ni à la virtuosité d'un Maradona, ni à l'omniprésence d'un Di Stefano, ni à l'efficacité d'un Gerd Muller.

Platini possédait —pourquoi faut-il donc en parler au passé ?— une vision du jeu très élargie et, en même temps, un sens du but exacerbé. Sa frappe de balle le rendait incomparable dans le dosage d'une passe longue (aux pieds du partenaire lancé) ou d'une transversale de quarante mètres. Sur les coups francs également dont il devint, le premier, un véritable sorcier. En fait, Platini possédait la parfaite connaissance de soi et, avec des moyens athlétiques relativement limités, optimisait son rendement par une intelligence, une perception du jeu et une acuité visuelle exceptionnelles.

Mais, si le public aimait Platini, et si les Italiens l'adorèrent, c'est parce qu'il concevait le football comme un spectacle et comme le champ de la liberté créatrice. « Je continue à penser, dit-il aujourd'hui dans sa maison de Nancy, que le football est un jeu et qu'il doit être pratiqué par des joueurs, au sens propre du terme. Tout au long de ma carrière, je suis allé sur le terrain pour tenter de gagner, mais surtout pour jouer. Quand ma passion a commencé de décliner, que je n'ai plus eu le même plaisir à manier la balle, j'ai décidé de me retirer. La fin de ma carrière a marqué la fin de mon enfance. » La retraite de Platini a fortement impressionné les Italiens, étonnés qu'ils furent de le voir renoncer si vite à un talent qui n'était pas mort et, accessoirement, à quelques milliards de lires qui lui étaient destinés. « Physiquement, il pouvait jouer encore pendant trois ans » (Marchesi, son entraîneur à la Juventus). « Le stress nerveux l'a poussé à dire adieu. Le phénomène football est tellement dilaté et exaspéré qu'à

L'image de la réussite. L'ex-petit prodige lorrain, dans son âge d'homme, s'est offert, à Nancy, cette très belle demeure bourgeoise.

un certain moment, on ne s'y amuse plus » (Bearzot). « Platini est l'un des rares à avoir joué au football par vocation et par plaisir. Son retrait prématuré est un acte d'accusation contre les exagérations » (Mazzola). « Les intérêts qui gravitent autour du football ne sont plus supportables. Platini est un perfectionniste. Alors, il s'en va et donne un avertissement et une leçon à tous » (Rivera). Les Français aussi sont malheureux, convaincus que son départ (preuve faite à Oslo) ouvre une ère de difficultés pour notre football. Mais peu d'entre eux ont eu d'aussi jolis mots que les Italiens pour vanter le jeu et la personnalité de Michel. « Une moitié de Noureev, une moitié de Manolete. Moitié danseur, moitié torero. Le plus brillant qu'on pouvait voir. Il va me manquer » (Giovanni Agnelli). « Très peu de joueurs ont interprété leur partition de manière aussi parfaite, ont occupé aussi splendidement la scène. Il a été à la fois un équipier et un soliste, un inspirateur et un buteur, un leader et un poète. Il a marié l'orgueil de vaincre à un respect absolu pour l'adversaire. Si on pouvait comparer l'évolution de l'espèce en football, Platini est la version aboutie de l'homo sapiens. Son jeu a été le triomphe de la raison sur la force brute, de l'intelligence sur l'instinct, de l'élégance sur la fureur. Dans un monde de tout petits personnages imbus d'eux et de leur image, il a représenté une publicité vivante pour la vérité, un souffle de lumière, un sourire. » (Giorgio Tosatti, *Il Giornale*, cité par Dominique Rousseau dans *L'Equipe*).

Ainsi, la page est tournée. Nous ne verrons plus son numéro 10, son maillot sur ses hanches et ses coups de pied magiques qui ouvraient les portiques. Mais nous l'avons tant aimé que nous ne sommes pas prêts de l'oublier.

Ce n° 10-là avait de la
magie dans les pieds et
de la conviction dans la
voix. Dans nos
souvenirs, souvent, on
le reverra.

Le rossigno[l] et le pic-ve[rt]

Une équipe de football est une somme de talents complémentaires. Pour atteindre à l'harmonie de la nature, il lui faut [d]es chats et des lapin[s,] des aristocrates e[t] des mandrins. Il lu[i] faut, pour chanter aussi bien que la chorale des oisea[ux,] des échassiers à longues pattes, de[s] migrateurs et des plongeurs, des moineaux et des passereaux. Pour accompagner Tiga[na,] le rossignol dont l[es] vocalises au milieu du terrain font les nuits heureuses, e[t] pour rythmer la poussée collective[,] fallait un pic-vert [à] perception olfactiv[e.] Les Girondins allèrent le cherche[r] dans l'Helvétie du Sud, là où les pics[-]verts parlent un pe[u] l'italien et sont bie[n] plus malins. Pic-ve[rt] né en Savoie et passé par la Bourgogne, ce pic[-]vert-là nommé Fargeon piquait for[t] sous les sifflets du rossignol. Celui-ci, bardé de diplômes[,] vit son petit frère [d']oiseau se ceindre [de] trois écharpes, une[,] bleue, une verte, u[ne] tricolore. Gloire au rossignol et longue[,] vie au pic-vert.

Des pieds et des mains

Alain Giresse était bordelais, Antoine Bell camerounais. Le premier avait des pieds de magicien, l'autre des mains de sorcier. Ils n'auraien jamais dû se rencontrer, non qu'i ne soient pas cousins, en football nous le sommes tous. Mais Gigi le Girondin ne jurait que par son jardin e d'un lob joyeux, cueillait en coupe 1986, devant Antoine le Sorcier, les fruits de la fidélité. Antoine Bell était marseillais et, de Carrieu en Tapie, voyait soudain le soleil briller en Olympie. Sa surprise était grande, autant que la nôtre, d'y voi arriver Gigi, général girondin giflé. Avait-encore toutes ses dents, le héros de trente-quatre ans ? Brillaient-elles autan que celles d'Antoine le Grand ? Sous le ciel marseillais, Giresse et ses pieds Bell et ses mains, leurs copains marmoréens, faisaient monter le levain. L'O.M., deuxième en championnat, finaliste de la Coupe et donc européen sortait de son train-train. Il affirme que, pour lui, le soleil va se lever demain.

15

Les Pères la Victoire

La perle est pernicieuse pour les jeunes filles en fleurs. Le perce-muraille est pernicieux pour les adversaires en sapin. Péril et périscope, le buteur est une perle que les équipes performantes accrochent à leur péristyle. Haut perchés ou penchés, perfides ou percutants, péremptoires et rarement perdants, les perce-murailles ne sont pas des perdreaux. Van Basten, le Néerlandais d'Ajax qui s'en va en Italie, Lineker l'Anglais de Barcelone déjà enfui en Catalogne, pèsent plus que le poids de leurs muscles dans le football actuel. Ils sont des perles rares, des perles de la plus belle eau qui, de perce-neige, sont devenues des perles de la Méditerranée. Van Basten, le Soulier d'Or européen 1986 (avec 37 buts) a encore scoré trente et une fois en Championnat de Hollande 86-87 et marqué, en finale de C$_2$, le but du succès d'Ajax. Lineker, le buteur-roi de Mexico, frappé vingt fois en Championnat d'Espagne et inscrit un hat-trick historique contre le Real Madrid. Van Basten et Lineker, avec leurs musettes emperlées, sont les Pères la Victoire du football moderne.

CX zéro

La vitesse est la reine des batailles. Vitesse de démarrage, vitesse d'anticipation, vitesse de course, vitesse de gestes, la vitesse est partout. Sur les circuits automobiles comme sur les terrains de football. Ça vrombit et ça roule, de plus en plus vite. Quand une voiture prend une seconde aux autres sur le kilomètre départ arrêté, on en conclut qu'elle est bien motorisée et que son CX, coefficient de pénétration dans l'air, est inférieur à celui de ses concurrentes. Paulo Futre, l'attaquant de Porto, et Hugo Sanchez, l'avant-centre mexicain du Real Madrid, ont un CX qui tend vers zéro. Carrossés profil bas, répartition idéale des poids de charge, suspension sèche, double carburateur et allumage électronique, ces deux fous du volant footballistique prennent tous les risques, par tous les temps. Le Portugais excelle sur route sinueuse et dans les débordements. Le Mexicain est sublime sur les cinq premiers mètres. Futre et Sanchez sont les meilleurs bolides de l'année.

ous ne pouvez pas savoir. Personne ne peut savoir s'il n'est pas né aux valentours de la Porta Capuana ou dans l'une des venelles qui courent, sur vingt kilomètres, de Pouzzoles à Portici. Naples est folle, Naples est unique, Naples est la seule ville du monde à avoir, dit-on, « compris les vertus divines de la pauvreté, de l'oisiveté et de l'ignorance du lendemain ». Et Naples, depuis le dimanche 10 mai 1987, pour la première fois depuis que le ballon roule, Naples est enfin championne d'Italie de football.

Les touristes américains, venus voir naître l'indicible printemps napolitain, avaient lu quelque part dans leur guide que « la misère des peuples se mesure à la splendeur de ses fêtes ». Ils trouvèrent Naples, en ce 10 mai, incroyablement pauvre et prodigieusement en fête. Tout le golfe était illuminé et les lueurs

La chanson de Naples: Scudetto mio !»

Nulle part ailleurs qu'à
Napoli, on ne sait
donner un aussi beau
décor à la fête.
Maradona dansait (avec
Carnevale) et Napoli
s'habillait du bleu du
ciel. Maradona et
Napoli étaient entrés en
lune de miel.

cascadaient de la colline de Posillipo pour fondre un plat d'argent sur les eaux. Des innombrables bateaux montait un concert apocalyptique de sirènes. Du Vésuve légèrement empanaché se déroulait un immense drapeau de douze mille mètres carrés, bleu de Naples et tricolore d'Italie. Des Napolitains dansaient en grappes sur des voitures minuscules, pleuraient, hurlaient et hoquetaient : « Je voudrais mourir pour pouvoir raconter tout cela à mon papa qui est au ciel ».

Dans le ciel napolitain, justement, une immense montgolfière en forme de ballon planait sur la ville. Des chiens habillés en supporters tiraient sur leur laisse. Des vendeurs de journaux étaient dévalisés de *Il Giornale de Napoli* dont la première page était barrée d'un immense « *E nostro* ». Sur les pavés séchait le sang des poules, égorgées avant le match pour conjurer le mauvais sort.

« L'un des moments les plus importants de l'histoire sportive italienne », disaient-ils à la télé. « Aujourd'hui, j'ai compris que Dieu est juste », prêchait un petit bonhomme au visage de sorcier et au nom curieux de Maradona. « *Ô scudetto mio* », entonnait-on dans les trattorias.

Ce n'est que plus tard, à la lecture du *New York Times* ou du *Herald Tribune* que les Américains comprirent vaguement de quoi il s'agissait. On avait fait la fête aussi aux States et notamment au Caffé dello Sport de la Petite Italie new-yorkaise. Voilà pourquoi la Madone de Piedigrotta et Santa Maria del Carmine étaient submergées par les fleurs et les cierges. Et pourquoi, sous l'arc triomphal de Castel Nuovo, pendaient les symboles païens de l'hystérie collective. « *Ô scudetto mio !*». « *Napoli campione d'Italia* ».

La folie, la pure folie. La passion. La joie. L'émotion. Des océans de paroles. Et des définitives : « Le paradis peut attendre. Nous l'avons déjà connu ».

Un million et demi de Napolitains venaient de prendre leur revanche sur le reste du monde. Et surtout sur les nantis du nord, les vachards qui les accueillaient au Stadio Comunale de Turin ou au San Siro de Milan par des banderoles du genre : « Bonjour les analphabètes. Ça vous plait, la civilisation ? ». Ou bien : « Vésuve, ne les rate pas comme en 1980. »

Le premier scudetto du Napoli, après deux places de second (1968, 1975) et sept places de troisième (1933, 34, 66, 71, 74, 81, 86), avait, sur le plan du football, une importance considérable. Mais il en avait une plus grande encore au plan du réveil social et économique de tout le sud de l'Italie. Il symbolisait tout à coup l'ardeur, la fierté et l'efficacité de ce peuple défavorisé mais dont le génie de l'organisation parallèle l'avait aidé à survivre. Les experts du nord finissaient par croire les termes de la banderole tendue dans la Via Toledo : « Napoli, lève les yeux et regarde le ciel. C'est désormais l'unique chose au monde qui soit plus haute que toi. »

Si Naples n'avait jamais réussi en football, elle le devait, disait-elle, à toutes les magouilles, à toutes les influences et à toutes les embûches placées sous ses pas par les puissances de Toscane, du Piémont et de Lombardie. Elle avait peut-être partiellement raison mais elle oubliait, en insistant sur ce point, les freins qui lui étaient propres, le folklore persistant qui habitait sa maison, les pulsions caricaturales qui l'empêchaient régulièrement de recueillir les fruits de sa puissance populaire et les enjeux politiques qui secouaient régulièrement ses présidents. Celui qui mènerait la Societa Sportiva Calcio Napoli au scudetto, prétendait-on dans les années soixante en Italie, deviendrait aussitôt le roi de Naples, l'empereur des quartiers pauvres et le rival déclaré de la Camorra. Il était préférable qu'il n'existât point. Dieu sait pourtant que le richissime armateur Achille Lauro en rêva, de ce triomphe à la romaine.

« Diego, fais-nous rêver !» L'enfant de la balle obéissait et la balle obéissait au champion.

La transmission de pouvoirs est totale :
Maradona est roi et Platini s'en va.
Naples est champion et la Juventus n'est plus rien.

Naples avait eu, sous ses couleurs et au cours des décennies passées, quelques-uns parmi les plus grands des footballeurs du monde : Attila Sallustro, avant-centre, international en 1929 ; Enrico Colombari, demi-centre, international en 1928 ; le Suédois Jeppson et le Brésilien Vinicio dans les années 1950 ; Omar Sivori, le génial Argentin maquillé de bleu azzuro ; José Altafini, le bison brésilien ; le superbe Antonio Juliano, empoisonné internationalement (18 sélections seulement) par le duo Mazzola-Rivera ; le fantasque Giuseppe Savoldi, attaquant de race et de flamme, international à Bologne et à Naples ; quelques autres encore, adorés comme des dieux dès lors qu'ils offraient aux spectateurs napolitains des offrandes telles que les scalps occasionnels de l'Inter, de Milan A.C., de la Juventus ou de Rome.

Jamais pourtant, le Napoli ne parvenait à décrocher le mythique scudetto, persuadé que le pouvoir central et les puissances occultes utilisaient tous les moyens pour casser son envolée. Ce n'était pas si simple. Napoli avait la réputation justifiée d'un club anarchique dont l'organisation, la gestion et le sérieux étaient ceux d'un saltimbanque. Les anecdotes fourmillaient de bavures diverses, d'excès de toutes sortes. Naples la Grotesque était la risée des gens du nord. Il fallait que quelqu'un, un jour, ose démontrer que le pied du Vésuve n'est pas seulement « le théâtre permanent de l'Italie ».

Cet homme-là existait. Corrado Ferlaino, patron d'une société de travaux publics et de construction, était élu à la tête du club en janvier 1969. En 1971, il renonçait. Revenait. Puis démissionnait en 1983, après qu'une bombinette eût secoué les fondations de sa maison, lui, un entrepreneur.

Ferlaino, passionné de football, fatalement intégré à la vie politique (mais suffisamment malin pour refuser l'investiture de la démocratie chrétienne pour un poste assuré de député après la conquête du scudetto), Fer-laino donc savait mieux que quiconque que Naples la Folle avait besoin d'une grande folie. D'un énorme coup de cœur. D'un monumental coup de canon.

Quel était le meilleur joueur du monde en 1984, sinon dans la réalité, du moins en devenir ? Diego Maradona, répondaient les experts. Où joue Maradona ? A Barcelone. Combien coûterait son transfert ? Vingt milliards de lires (cent millions de francs), répondait le président catalan Nunez. Et à treize milliards, échelonnés, garantis par la Banca d'Italia ? interrogeait Ferlaino.

Sur la pression forcenée de Maradona – « Je ne rejouerai jamais pour Barcelone » – l'affaire se fit. Le 5 juillet 1984, Maradona, à peine descendu d'avion, était porté par une escorte policière sur la pelouse du Stade San Paolo. Il tournait sur lui-même pour regarder les 82 185 fadas (plus une place de libre) venus le voir en chair et en os. « *Viva il nino de oro* », clamait une banderole. « Diego, on t'aime. » « Diego, fais-nous rêver. »

Un véritable roman d'amour commençait. Naples la Déshéritée, là où les enfants commencent à travailler dès l'âge de six ans pour aider leurs parents, venait de s'offrir le footballeur le plus cher du monde. Treize milliards de lires de transfert (soixante-cinq millions de francs) mais aussi cent douze millions par mois (560 000 francs), une grande villa de vingt pièces aux terrasses donnant sur la baie, une Mercedes aux vitres fumées bientôt remplacée par une Ferrari Testa Rossa de cent millions de lires. Quelle étrange rencontre que celle de cette ville démunie, au peuple contradictoire et exalté, et de ce footballeur prodige né dans un bidonville de Buenos-Aires. Un signe du ciel, affirmèrent des Napolitains. Il est comme nous, *il grande bambino, il grande campione.*

Maradona, à partir de ce jour, fut napolitain. Jusqu'au bout des ongles. En osmose totale avec ce peuple de pulsions et de joies. Il lui marqua des buts prodigieux dans

l'enchaînement des gestes les plus surnaturels, au point qu'un jour, le *Corriere dello Sport*, organe romain, écrivit que « la touche de balle de Maradona méritait de figurer au Musée d'Art Moderne de New York ». La réplique napolitaine fut vive : « Et pourquoi donc à New York ? N'avons-nous pas, en Italie et à Naples même, un musée capable d'accueillir les buts de Maradona ?»

Même le meilleur footballeur du monde ne peut, à lui seul, être champion d'Italie. En 1984-1985, Naples termine huitième. Diego Maradona explique au président Ferlaino qu'il faut changer d'optique ou bien qu'il s'en ira. « Le public de Naples mérite mieux que ce qu'il a. »

Le club vésuvien est l'une des sociétés sportives les plus riches du monde. Quand Maradona est arrivé, 67 737 tifosi ont acheté un abonnement. Malgré la modicité du prix des places, le budget des recettes tourne autour de quarante milliards de lires (deux cents mil-lions de francs). De quoi bâtir une équipe compétitive.

Ferlaino s'est adjoint le dirigeant numéro un du football italien, sorte de Talleyrand-Machiavel formé à l'école du pétrolier Moratti, du temps du grand Inter de Milan, celui de Helenio Herrera. Italo Allodi sait tout, apprend tout et voit tout en troisième intention. Avec le feu vert de Ferlaino, il bâtit une organisation de club à la milanaise : rigueur professionnelle, hommes adéquats aux postes adéquats, gestion programmée, définition des objectifs et des moyens à long terme. Pour la première fois, l'influence du sirocco, la traditionnelle mollesse méditerranéenne, le folklore laissent place au sérieux et à la ténacité.

Naples engage comme entraîneur un ancien demi de Brescia, Naples, Milan A.C. et Atalante qui a fait ses armes de technicien à Avellino et Côme : Ottavio Bianchi, quarante-quatre ans. Ferlaino et Allodi définissent avec Bianchi un recrutement pointu

Bruno Giordano et Fernando De Napoli ne sont pas les faire-valoir d'un maître. A eux deux, centravanti hors série et mediano de haut de tableau, ils font le tiers d'une équipe de fer. Naples avait Maradona. Naples avait aussi Giordano (qui distance le Milanais Manzo) et De Napoli.

en qualité et en complémentarité durant l'été 1985. Et ils ne se trompent pas en engageant Claudio Garella, le gardien de trente-deux ans qui vient de participer à la conquête du premier scudetto de Vérone et Bruno Giordano, le « grandiose attaquant universel » (selon un spécialiste coté en Bourse) de la Lazio de Rome. Pas plus qu'ils ne s'étaient trompés un an plus tôt en faisant venir l'extraordinaire Salvadore Bagni, l'homme aux trois poumons de l'Inter.

Après la troisième place obtenue en 85-86 (à six points de la Juve, à deux de la Roma), les dirigeants napolitains affinent encore en engageant Fernando De Napoli (au nom prédestiné) en échange de cinq milliards de lires (vingt-cinq millions de francs) payés à Avellino ; Andrea Alessandro Carnevale, l'avant-centre de l'Udinese (dix-sept millions) ; Ciro Muro, de Pise (cinq millions) ; Luciano Sola, de Bari (trois millions) ; Francesco Romano, de la Triestina (dix millions) ; Giuseppe Volpecina, de Pise (prêté). Plus quelques jeunes.

Ottavio Bianchi bâtit alors autour du dieu Maradona une équipe plus italienne que nature, très ferme sur les principes défensifs mais tranchante dans le « *contropiede* » et la relance rapide. Il s'agit de libérer Maradona de toutes les responsabilités et de le réinstaller dans sa vocation de virtuose inspiré. A charge pour lui de prendre toutes les initiatives qu'il voudra, d'orienter à sa guise et de marquer, le plus souvent possible, des buts décisifs.

Naples prend un départ remarquable en championnat sous le jugement goguenard des Nordistes (« ce n'est qu'une parenthèse »). Mais au bout de treize journées, l'équipe de Maradona n'a perdu que trois points : trois matches nuls et sept victoires. Elle est en tête du classement, sans l'ombre apparente d'une faille, alors que les « Grands », Juventus, Inter, Milan A.C., Rome connaissent des problèmes divers et polluants. Maradona, qui avait déclaré à son masseur italien Salvatore Carmando, au soir de la conquête de la Coupe du monde 1986 : « Maintenant, je veux être champion d'Italie », semble vouloir tenir parole. Il est totalement épanoui dans sa vie napolitaine, seulement troublé par les déclarations publiques d'une demoiselle du lieu prétendant qu'il lui a fait un garçon joufflu. Révélation gênante quand la jeune Madame Claudia Maradona est en train de fabriquer consciencieusement une petite fille.

Ces soucis domestiques s'effacent grâce au football qui embrase la cité. En cette saison 86-87, le Napoli attire 1 088 910 spectateurs, soit une moyenne de 72 594 par rencontre et réalise une recette globale de 19,15 milliards de lires soit une recette par match équivalant à 6,39 millions de francs.

Quand le Napoli remporte cinq victoires d'affilée, entre la quinzième et la dix-neuvième journée, la plupart des experts considèrent que le Championnat d'Italie est joué. Mais un bruit insistant se met à circuler. Celui que la Camorra, c'est-à-dire la mafia aux tentacules multiples, ne serait pas d'accord avec cet aboutissement sportif. Elle aurait pris, en effet, de très nombreux paris au « totonero » (concours de pronostics au noir) sur Naples champion, convaincue que l'équipe locale n'avait, comme d'habitude, aucune chance. Et elle se verrait mal rembourser aux parieurs acharnés dix-sept fois leur mise si Maradona et ses copains continuaient à faire des folies de leurs pieds.

L'affaire prend de la consistance car une bille d'acier fracasse la vitre arrière de la voiture de Maradona (un avertissement ?) et l'appartement de Salvatore Bagni est cambriolé quatre fois en six semaines. Heureusement, la voix de l'un des patrons de la Camorra emprisonnés, s'élève du fond de sa cellule : « Le Napoli n'a rien à craindre. Moi aussi, j'ai parié sur lui et nous attendons ce scudetto depuis si longtemps, nous les Napolitains, que personne ne nous l'enlèvera. »

Maradona, avec le feu vert de la Camorra

Ah ! le beau bébé.
Maradona fait aussi,
avec la jolie Claudia,
de beaux enfants.
Mais Dalma,
la petite fille,
a moins de cheveux
que son papa.

et le soutien plein et entier de ses coéquipiers, impulse la trajectoire victorieuse. Lui reproche-t-on sa relative méforme, au mois d'avril 1987 et l'amenuisement de l'avance de Napoli au classement (passée de cinq à deux points), qu'il marque un but d'anthologie contre Milan A.C., un « but inventé », une « colossale Maradonata ».

Le dimanche 10 mai 1987, une journée avant la fin officielle du championnat, Naples s'offre donc le scudetto dans une ambiance volcanique. « Ce n'est qu'une parenthèse », osent encore dire certains Italiens du Nord. Mais leur voix est couverte par celle des gens raisonnables, Antonio Cabrini par exemple qui, de sa lointaine Turin, admire « la grande leçon de caractère donnée par Napoli qui a troqué sa réputation d'équipe capable d'exploits contre l'arme de la continuité. »

« Ce scudetto est le plus grand orgueil de ma carrière. Nous avons vécu une année magique », déclare Italo Allodi, victime quelques semaines plus tôt d'un accident cérébral imputé, lui aussi, à la Camorra. « Voici le début d'un cycle historique », pronostique Helenio Herrera, le sorcier de l'Inter 64-65.

Giuseppe Bruscolotti, à l'issue de sa quinzième saison napolitaine en Série A, tombe en pleurs dans les bras de Maradona. San Diego aura droit à tous les cierges avant même la Madone de Piedigrotta.

Tandis que Michel Platini annonce sa retraite, le petit dieu en crampons descendu sur terre se caresse les abdominaux : « Moi, je jouerai jusqu'à ce que les rides me tombent sur le ventre. »

Naples rit. Naples chante. « *Funiculi-Funicula* » et, dorénavant, « *O scudetto mio* ».

EUROPE

Le Bayern ne voyait pas très bien comment il pouvait perdre. Et pourtant, il perdit. A la régulière. Sans démériter. Contre une équipe de Porto affichant sans complexe ses vertus. Celles d'un football pensé, élaboré mais résolument offensif. Porto, en réhabilitant le jeu et le spectacle dans une compétition souvent réductrice des talents, nous récompensait de notre patience. Nous savions bien, au fond de nous, que le football était la fête de la balle, des joueurs et de nos yeux. A Vienne, en 1987, les vainqueurs de la Coupe d'Europe des Clubs Champions, dont l'international algérien Madjer (ex-joueur du Racing), avaient toutes les raisons d'être fiers. Et nous, d'être heureux.

Un œillet
à la boutonnière

Au fil des années, depuis la création de la Coupe d'Europe des Clubs Champions en 1956, une hiérarchie s'est créée, avec des hégémonies successives, des bascules d'un grand pays de football à l'autre, des tendances et des diversités. L'Espagne, grâce au Real Madrid, a gagné six des onze premières éditions puis elle s'est effacée. D'autres Latins ont suivi avec deux victoires portugaises (Benfica 61, 62) et trois victoires italiennes (Milan A.C. 63, Inter de Milan 64, 65). Ce n'est qu'à la douzième édition que les Anglo-Saxons ont réagi, le temps, comme d'habitude, de se laisser perméabiliser par les influences extérieures et cette satanée Europe. En ce sens, la victoire du Celtic de Glasgow est, en 1967, un événement historique. Elle ouvre soudainement la porte au football-berceau, à celui qui entretient, depuis un siècle, les racines, le tronc et le feuillage du jeu de balle au pied.

La victoire de Tommy Gemmel (arrière gauche révolutionnaire dans la suite de Facchetti), de Mc Neill, Johnstone et consorts est encore plus lourde de conséquences qu'on ne le suppose au moment. Car, des dix-huit Coupes d'Europe suivantes, les Latins ne vont en gagner que deux (Milan A.C. 69, Juventus 85), les seize autres se répartissant entre la Hollande (quatre, dont trois pour l'Ajax de Cruyff), la R.F.A. (quatre, dont trois pour le Bayern de Beckenbauer) et l'Angleterre (huit, dont quatre pour Liverpool, deux pour Nottingham Forest, une pour Manchester United, une pour Aston Villa).

Aucun autre pays que l'Angleterre n'a fourni quatre vainqueurs différents en Coupe d'Europe des Clubs Champions (l'Italie trois). Aucun autre n'a marqué autant en force, en rayonnement et en réussite la dernière décennie. Pourquoi fallut-il que le Heysel, en 1985, vienne briser l'élan et la vie du football européen ?

Cette malédiction, la Coupe d'Europe la traîne à ses guêtres. Sans les clubs anglais, et qu'on le veuille ou non, elle n'a plus la même richesse, le même impact et la même crédibilité. Elle se sent orpheline — et nous avec elle — orpheline de cœur et orpheline de jeu.

Le problème serait de savoir si l'Union européenne de football, responsable de l'organisation et gestionnaire des compétitions continentales, avait les moyens d'agir autrement que par le couperet d'une suspension des clubs anglais, décision prolongée encore pour la saison 1987-88. Il eût fallu, pour éviter ce drame sportif (bien plus dérisoire que l'autre avec ses trente-neuf morts), que les pouvoirs civils anglais s'engagent férocement dans le contrôle de ceux que l'on appelle les hooligans. Mais quand on sait que l'on tue encore aux abords des stades de la Football League (plusieurs morts au couteau), qu'une tribune flambe encore de ci, de là et que des ferries trans-Manche atteignent encore la côte continentale avec seulement le pont sur la coque, il est difficile de critiquer l'U.E.F.A.

Alors, sans les clubs anglais, la Coupe d'Europe tente de protéger sa fête. Elle y réussit assez bien, avec ses embrasements, ses excès et ses déviations habituelles. On y a vu, en 1986-1987, des matches remarquables de rythme, d'émotion et de spectacle. On y a vu surtout une espèce de révolution.

En 1986 déjà, la victoire de Steaua Bucarest en finale, à Séville, devant le grand F.C. Barcelone, avait provoqué un choc des esprits. La manière n'y était guère mais le résultat avait troublé, appuyé qu'il était sur de solides réalités.

En 1987, avec Dynamo Kiev, la Juventus, le Bayern, le Real Madrid et Anderlecht, il était difficile d'envisager le succès d'un habitant des ombres. La balle est ronde, certes. Elle roule pour tout le monde, selon la formule des entraîneurs à idées courtes. Mais elle roule rarement avec des rebonds carrés. En général, on la voit venir.

On aurait dû voir venir le football portugais qui, sans la lamentable affaire de Saltillo (rébellion des internationaux contre leurs dirigeants fédéraux au Mexique et suspension à vie, au retour, de huit des vingt-deux joueurs) eût vraisemblablement fait carrière en Coupe du monde 1986. On aurait dû, cependant, tirer des enseignements de la qualité de jeu démontrée et des résultats acquis par la sélection et les clubs portugais : en Championnat d'Europe des Nations, en 1984 (souvenons-nous

Les vrais poètes sont rares dans le football.
Les poètes-scientifiques encore plus.
Artur Jorge est une exception.
C'est pourquoi le Racing
l'a engagé à l'été 1987.

de Marseille et de la miraculeuse victoire des Tricolores, 3 à 2, en demi-finale), en C 2 par Porto contre la Juventus de Platini en 1983 (1-2 à Bâle), ailleurs et souvent.

Le football portugais possède une riche histoire. La double victoire du Benfica de Bela Gutman en Coupe d'Europe des Clubs Champions (1961 contre Barcelone, 1962 contre le Real) fait partie de sa mythologie. Les influences y sont extraordinairement diversifiées, du football d'Europe Centrale dans les années quarante au football d'Amérique du Sud actuellement, en passant par le jeu des anciennes colonies portugaises (Mozambique, Angola, Guinée) et par l'apport des nombreux entraîneurs anglais. Greffées sur des qualités naturelles de vivacité et d'adresse, sur un tempérament souvent conquérant, et sur une intelligence populaire au-dessus de la moyenne, ces différentes influences ont fait mûrir le football portugais plus vite que d'autres, plus vite que le nôtre par exemple.

Mais tout cela n'explique pas l'étonnant avènement de Porto, ville de trois cent mille habitants rendue surtout célèbre par le commerce des vins venus de l'Alto Douro. Le Futebol Club do Porto, souvent dominé dans les luttes nationales par Benfica et le Sporting de Lisbonne malgré cinq titres et quatre coupes conquis avant 1984, amorce cette année-là, et même un peu avant, sa véritable mutation des temps modernes sous l'influence d'un homme remarquable, l'ancien international Pedroto.

Celui-ci met en place des structures techniques, une véritable politique de club à long terme et définit un style de jeu correspondant aux aspirations populaires. Le F.C. Porto va en finale de C 2, gagne la Coupe du Portugal (1984) et remporte deux titres de champion du Portugal les années suivantes (1985, 86). Pedroto, mort prématurément d'un cancer, est remplacé, prolongé plutôt, par l'ancien international Artur Jorge. Cet intellectuel, qui écrit des livres de poésie et possède un doctorat d'allemand, parle six langues. Diplômé de l'école des entraîneurs de Leipzig, assez curieuse originalité, Artur Jorge est un phénomène rare dans le monde des techniciens. Scientifique de la préparation, intuitif du jeu capable de transmettre ses connaissances, chercheur en tous domaines y compris celui de la psychologie, tacticien hors pair, il revendique pour son équipe le devoir d'imagination et de créativité sans renier les principes de discipline et de sérieux défensif. « Je crois à la concurrence, à l'émulation. J'ai vingt-six joueurs professionnels à ma disposition, dont vingt internationaux. Avant même la finale de Vienne, je savais et je disais que Porto était l'une des meilleures équipes de club du monde. Aujourd'hui, chacun sait que c'est vrai. »

En pratiquant un football d'intelligence et d'équilibre basé sur le jeu court, vif et précis, sur l'esprit offensif et sur l'enthousiasme, Porto bouscule, en 1987, toutes les normes réductrices mises en place par les guerriers de la balle ronde. Avec son œillet à la boutonnière, il écarte Dynamo Kiev, l'équipe révolutionnaire de 1986. Et, sans rien devoir à la chance, il s'impose au grand Bayern de Munich sans que celui-ci ne puisse rien faire d'autre que de l'applaudir à la remise de la coupe.

Sacré, reconnu, louangé, Artur Jorge donne alors le secret de sa réussite, si l'on peut dire : « Le football, affirme-t-il, est un spectacle. Le public doit aimer ce que nous faisons et nous, en lui plaisant, nous devons aussi penser à gagner. » Puissent tous les entraîneurs et tous les joueurs professionnels du monde redécouvrir cette vérité première, celle qui vient d'emmener le F.C. Porto sur la planète des géants.

Le velouté est dans le pied de Magalhaes, le tempérament est sur le visage de Gomes. Les joueurs de Porto sont habités par le talent et la passion.

Fluctuat et Mergitur

Quand débute la saison européenne 1986-87, en septembre ainsi que le veut la tradition, le Paris Saint-Germain, champion de France pour la première fois de son existence, est rempli d'ambition. Il lève la tête et gonfle les poumons comme un trotteur dans le Bois de Vincennes quand la brume matinale flotte dans les allées. Il se sent des ailes. « On a du muscle », déclare même Gérard Houllier. En ajoutant, parce qu'il est prudent, mais aussi expérimenté : « Le danger est la tendance, bien française, à se relâcher quand on a atteint un certain niveau. Par autosuffisance, par perte du goût de l'effort. Nous avons essayé de compenser ce danger par un apport de joueurs nouveaux afin que naissent une nouvelle étincelle, une dynamique différente. »

Le P.S.-G. a beaucoup recruté, en effet : Ayache et Halilhodzic, pris à Nantes ; Bocandé, payé à prix d'or au F.C. Metz et « volé » à Bordeaux pour plus d'un milliard de centimes ; Xuereb, le champion olympique, en provenance de Lens ; Polaniok, récupéré au Racing ; plus Rabat, Barrabé et quelques jeunes en prime.

Ce recrutement, né des contraintes et de la situation du « marché », ne semble pas satisfaisant à tous les connaisseurs. Avec Rocheteau, si brillant en Coupe du monde, cela fait trois monstres pour le poste d'avant-centre et, vraisemblablement, deux de trop. Mais ça ne remplace pas Luis Fernandez, l'irremplaçable parti au Racing Club de Paris pour un salaire mensuel qui fracasse toutes les données existantes. On parlera, mais allez savoir, de sept cent mille francs par mois, voire un peu plus, et d'un contrat de trois ans.

Gérard Houllier sait que la perte de Fernandez modifie totalement les données de jeu de son équipe : « Luis a une personnalité telle sur le terrain qu'elle écrase forcément celle des autres. Ceux-là vont pouvoir, vont devoir réajuster leur jeu, ouvrir leur registre ou le modifier. Il va nous falloir également modifier l'animation du jeu. Je vais donc demander à Safet Susic de décrocher et de participer à cette animation. »

Malgré l'opinion de son ami Platini qui lui a affirmé que Paris S.-G. ne « passerait pas » en

Un étranger, deux étrangers, trois étrangers... Vermeulen était le troisième du P.S.-G. et ne pouvait jouer qu'en Coupe d'Europe. On ne le vit donc que contre Vitkovice.

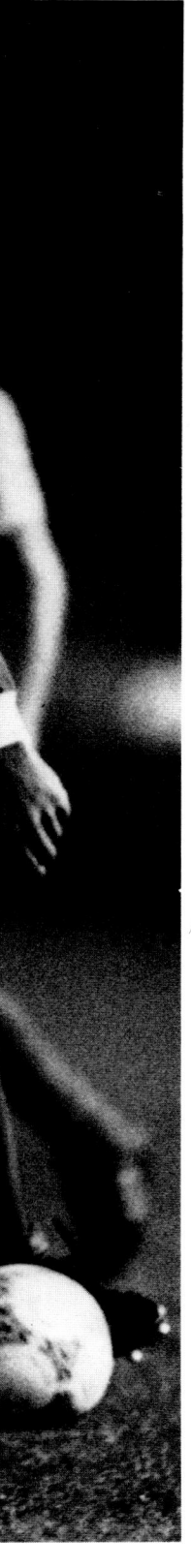

Coupe d'Europe, Houllier forge sa conviction de réussite sur plusieurs faits et sensations : son équipe a battu le champion d'Europe Steaua au Tournoi de Paris (aux penalties), elle est capable de « faire la guerre », elle semble avoir acquis une culture tactique plus aiguisée et elle possède beaucoup de joueurs de gros calibre. « Il faut que nous assumions notre statut d'équipe de pointe, conclut Houllier. Notre difficulté la plus exaltante va être de vivre dans la difficulté. Et de l'assumer. »

Les Parisiens forgent leur relatif optimisme sur le nom relativement modeste de leur opposant au premier tour des seizièmes de finale. Vitkovice, cela ne sonne pas très fort, incomparablement moins qu'un Austria, qu'une Etoile Rouge ou qu'un Celtic de Glasgow. Vitkovice, pensent-ils, n'est certainement pas un champion de Tchécoslovaquie de pacotille, mais certainement pas non plus un foudre de guerre. Sinon, cela se saurait.

Cette analyse est, forcément, un peu courte. Nous savons, nous, à la lecture regulière des journaux étrangers et aux opinions transmises, que la plupart des équipes réputées de Tchécoslovaquie et d'Europe Centrale se sont cassé les dents sur ce bloc sans génie et sans faille au sein duquel se meuvent de bons techniciens, solidaires et assez remarquablement organisés sur le plan collectif. Paris S.-G. ne devra pas trembler et ne pas commettre d'impair pour s'imposer, alors qu'il n'a pas encore démontré en championnat une véritable stabilité.

Le 17 septembre 1986, dans un Parc des Princes aux deux tiers vides (c'est l'époque des attentats terroristes à Paris), le P.S.-G. aligne une équipe formée de Bats − Ayache, Pilorget, Jeannol, Bibard − Polaniok, Poullain, Vermeulen, Susic − Rocheteau, Halilhodzic. Cette équipe a belle allure, mais, à la 8e minute, elle est menée 0-1 et, à la 21e minute, elle l'est sur le score de 1-2. Que s'est-il passé ?

« Manque de coordination, expliquera Jeannol. Nous n'étions pas encore en place, ni derrière, ni au milieu. Nous avons connu une demi-heure de galère contre une équipe toujours en mouvement ».

Le P.S.-G., qui jouait la défense de zone avec une individuelle dans la zone en 85-86, a opté pour une individuelle stricte sans en avoir assimilé tous les principes. Sur le premier but, Jeannol n'a pas commandé la mise hors jeu qui s'imposait et Kovacik, le numéro 10, est allé fusiller Bats en deux temps. Dix minutes après ce coup dur, une tête à bout portant de Halilhodzic, consécutive à une transversale de Susic et à un centre de Rocheteau, a rétabli l'équilibre. Mais, instantanément ou presque (21e), les Tchécoslovaques ont repris l'avantage sur un coup franc direct de Sourek dévié au passage par un Parisien.

Dans ces conditions, et face à une équipe qui applique vigoureusement ses options, Paris S.-G. ne peut rien faire d'autre que d'égaliser (penalty de Pilorget, 57e minute, pour une faute du gardien sur Vermeulen) et de se rendre en Tchécoslovaquie pour gagner impérativement.

Paris S.-G. n'en a pas, alors, les moyens. Gérard Houllier tente bien, dans les jours précédents, d'éveiller un sentiment de révolte chez les joueurs. Il réclame la mobilisation, l'ardeur jusqu'au-boutiste, l'adhésion et la solidarité. Il laisse même Rocheteau sur la touche (au profit de Xuereb) parce qu'il manque d'entraînement et de résistance.

Là-bas, en Tchécoslovaquie, Paris S.-G. donne ce qu'il peut donner, tire sur un poteau (Xuereb, 33e) mais se cantonne dans ce que son entraîneur appellera « un jeu académique, sans virilité, ni réalisme ».

A la 68e minute, le Tchécoslovaque Beles, lancé par Kovacik, tombe au côté de Lowitz dans la surface de réparation parisienne avec un penalty à la clé que transforme Sourek.

Les carottes sont abondamment cuites et P.S.-G. recalé à son examen première année. Gérard Houllier, déçu, exaspéré, souligne à son tour les carences mille fois évoquées : « Il y a une culture que nous ne possédons pas. Nous ne savons pas, nous les Français, aborder un match de Coupe d'Europe sur le plan de l'engagement. Nous ne savons plus jouer simplement parce que nous comptabilisons nos efforts. Et nous avons, en ce moment, à P.S.-G., des joueurs qui vivent avec une réputation fausse. Si fausse que, si nous rejouions ce match contre Vitkovice, nous le perdrions à nouveau. »

La Coupe d'Europe des Clubs Champions, la grande, la vraie, continue donc, une nouvelle fois, sans le champion de France. Les grands favoris, eux, ont commencé à se faire les dents : le Bayern contre P.S.V. Eindhoven, ce qui n'était pas facile (2-0 en Hollande, 0-0 en Bavière) ; la Juventus devant Reykjavik (7-0, trois buts de Laudrup ; 4-0, deux buts de Platini, deux de Laudrup) ; le Real face aux Young Boys (0-1, 5-0, deux buts de Butragueno) ; Anderlecht devant Gornik (2-0, 1-1). Ils sont imités, sur la voie de la qualification, par Porto (9-0, 1-0 sur Rabat Ajax de Malte, quatre buts de Gomez), Austria, Etoile Rouge, Dynamo Kiev, Bröndby le Danois (4-1, 2-2 devant Honved), Besiktas, Nicosie le Chypriote (1-0, 2-3 contre H.J.K. Helsinki), Rosenborg, Dynamo Berlin, Celtic Glasgow et… Steaua Bucarest, le champion d'Europe en titre, qui était exempt.

Couchés dans le foin, avec le stade pour témoin. Serena, de la Juventus (en maillot rayé), Camacho, du Real Madrid, ne s'aiment pas comme ils le pourraient. L'amour, en football, laisse souvent des cendres. Et des tonnes d'incompréhensions.

Butragueno est un vautour

A la fin du mois d'octobre 1986, Michel Platini se porte mieux que quatre ou cinq mois plus tôt au Mexique. Ses problèmes tendineux se sont estompés et peut-être son avenir se dessine-t-il dans sa tête. Sa Juventus est en tête du Championnat d'Italie, avec Naples à sa hauteur, et il a marqué deux buts. Pourtant, il n'est pas épanoui et plusieurs de ses déclarations ont fait comprendre à tous qu'il n'était pas d'accord avec les orientations et l'organisation données au jeu collectif de la Juve par le nouvel entraîneur Rino Marchesi.

Celui-ci, ancien demi international de l'Atalante et de la Fiorentina (deux sélections dont une contre la France, en 1962, à Florence) n'a pas les mêmes idées que son prédécesseur Trapattoni parti à l'Inter de Milan après une fabuleuse carrière turinoise d'entraîneur (six titres de champion, deux Coupes d'Italie, C1, C2, C3, Supercoupe, Coupe Intercontinentale). Il n'a surtout pas l'intention de continuer à bâtir autour de Platini afin de mettre celui-ci dans les meilleures conditions de sa pleine expression qui n'est ni celle d'un *seconda punta* (deuxième avant-centre) ni celle d'un *centrocampista avanzato* (demi offensif) tout en étant les deux à la fois. Trapattoni avait tout compris du jeu et du tempérament de Platini. Avec Rossi et Boniek à ses côtés, Michel respirait toutes les solutions de construction, de contres ou d'envol personnel. Le danger était partout pour l'adversaire.

Marchesi a peut-être perçu, aussi, l'amorce du déclin de Platini. Et il l'accentue maladroitement en isolant son célèbre numéro 10 de son contexte habituel. Gianni Rivera, ancien meneur de jeu de Milan A.C. et de la *squadra azzura*, remarque le premier : « C'est la Juventus elle-même qui fait de Michel un joueur inutile. C'est elle qui est en crise, pas son numéro 10 ». Trapattoni, sans vouloir prendre position techniquement, constate : « On éprouve moins de problèmes désormais pour limiter son action. J'ai l'impression que certains sont en train d'annuler son influence. »

En fait, on le saura plus tard, quelque chose s'est, sinon brisé, du moins dilué dans la psychologie du champion. Il aurait besoin, au moment où il souffre dans son corps et où il récupère moins vite, d'une protection généralisée plutôt que de l'auréole du sauveur en acier inoxydable. Mais la Juve est habituée au vrai Platini, au grand Platini qui marquait quinze à vingt buts par saison et en donnait autant autour de lui. L'incompréhension est consommée.

La Juve n'est pas pour autant encline à laisser flotter les rubans. Elle garde sa fameuse *grinta* qui peut lui donner, croit-elle, en cette saison 1986-87, l'occasion de meubler encore un peu plus son palmarès européen. Elle frémit de passion à l'idée de rencontrer, en huitième de finale, ce terrible Real Madrid dont le destin croise si souvent celui des clubs italiens.

Pourtant, il y a vingt-cinq ans que Real et Juve n'ont pas confronté leur talent et leur vaillance. La dernière fois, cela se passait à Paris pour un quart de finale en match d'appui, avec John Charles-Sivori d'un côté, Di Stefano-Puskas-Gento de l'autre. Le Real avait gagné 3-1 avant d'éliminer le Standard de Liège en demi-finale (4-0, 2-0) et de se faire battre à Vienne par le Benfica d'Eusebio (3-5, trois buts de Puskas en première mi-temps). Vieille histoire jaunie par le temps mais histoire de footballeurs gravée dans la granitique mémoire.

Le Real, lui aussi, a changé. De président, de dirigeants, d'entraîneur, de tradition, de public. Il s'est mis à faire des bêtises financières, pour imiter les autres. Mais il est assez vite revenu à certains principes anciens, la présence de Luis Molowny aux affaires techniques et celle de José Pirri aux affaires médicales en étant les meilleures des preuves.

En 1986-87, le Real est entraîné par un grand Batave énigmatique, tiré à quatre épingles et parlant la langue de Cervantès comme un natif de Castille. Ancien entraîneur de Saragosse et de l'équipe nationale des Pays-Bas, Leo Beenhakker n'a pas la réputation d'un Michels, d'un Kovacs ou d'un Happel. Mais il croit en sa science et dans ses méthodes. Il a pris le Real dans des conditions difficiles — malgré son titre de champion et sa victoire en Coupe de l'U.E.F.A. 86 — et dans une

définition de structure technique un peu floue. Il est sous la loupe, on l'observe et on lui fait remarquer que sa défense a encaissé dix-sept buts en onze matches de championnat.

Dans l'antre de Chamartin, où se joue le premier match, le Real Madrid est imbattable. Il bat donc la Juventus, grâce à un but de l'inévitable Emilio Butragueno dit « le Vautour » (20ᵉ minute). Mais il se plaint, le Real, d'avoir été salement spolié par l'arbitrage de l'Ecossais M. Valentine trop avare, selon eux, des coups de sifflet dans la surface de réparation. Deux penalties, affirment-ils, manquent à l'addition, en oubliant qu'un but de la tête de Manfredonia a été injustement refusé à la Juve.

C'est un faux débat. Le Real ferait mieux de nous expliquer pourquoi la bataille royale que l'on attendait entre deux des meilleures équipes européennes a tourné à la partie d'échecs. « Le football-raison a pris de plus en plus le pas sur le football-passion, écrit Jean-Philippe Réthacker dans *France-Football*. A partir de ce constat, c'est le système lui-même de la Coupe d'Europe (et de toute autre compétition similaire, à formule aller-retour) qui est en cause.

« Il favorise le calcul, disproportionne les rendements et les valeurs, masque les réalités.

« Il fut un temps où les coups d'audace, l'esprit d'entreprise, la volonté d'attaquer portaient encore ses fruits à l'extérieur. Le grand Real Madrid des années 1955-1960, le grand Reims de Batteux, le Manchester United 1957-1958, l'Ajax de Cruyff y faisaient merveille.

« Aujourd'hui, l'intérêt spectaculaire des matches a diminué petit à petit (voir le nombre croissant de qualifications acquises grâce aux tirs au but) en même temps qu'augmentaient, dans des proportions énormes, les chiffres de recettes. Curieux paradoxe !

« Il n'en reste pas moins vrai que la formule demande plus que jamais réflexion, voire révision (bonus, valorisation accrue des buts marqués à l'extérieur ?)... »

La Juventus est persuadée qu'elle a réalisé une bonne affaire à Madrid, oublieuse frivole de la saison précédente où, battue par la même marge de 0-1 à Barcelone, elle perdit la qualification au retour sur le score de 1-1.

Le 5 novembre 1986, le Stadio Comunale accueille 58 123 spectateurs payants pour une recette de 1,563 milliard de lires soit près de huit millions de francs. Il attend le succès de la Juve, peut-être même la curée. A-t-il enregistré que Scirea, l'homme le plus titré du football italien, est absent pour cause de tendinite ; que Laudrup ne court que sur un cylindre, victime de pubalgie ; et que le pourcentage d'efficacité de Maître Platini est passé de 0,71 but par match, en 83-84, à 0,11 en 86-87 ? Ce n'est pas sûr.

Le public italien constate vite que le Real n'est pas venu avec des « arrière-pensées mathématiques » et que, appuyé sur une défense de zone coulissante, il propulse allègrement trois attaquants (Butragueno, Hugo Sanchez, Valdano) au contact des zèbres turinois. Le spectacle s'engouffre dans l'ouverture, vole et nous venge.

Dès la 9ᵉ minute, Massimo Mauro, phénomène du dribble et de la jonglerie, démarre sur l'aile droite et offre, au bout d'un centre-retard qui a piégé les défenseurs madrilènes, la balle du « but d'égalisation » (sur les deux matches) à Cabrini. Trois minutes auparavant, Laudrup, après avoir éliminé Salguero, avait manqué la cible au-dessus du gardien espagnol Buyo.

Celui-ci connaît, au cours de la nuit qui commence, l'une de ces épopées qui font date dans la carrière d'un prestidigitateur. Arrêts-réflexe, manchettes, sauts de carpe, tirs détournés, atterrissages sur la carlingue sans autorisation de la tour de contrôle, il fait mieux encore que son homologue Tacconi pourtant très en veine lui aussi.

Quand, au terme d'une prolongation qui a laissé le score en l'état, 1-0 donc après le 0-1 du match-aller, commence à se dérouler la séance des coups de pied au but (penalties, si vous préférez), le gardien Buyo est un buisson ardent à yeux écarlates : « Quand je voyais un Italien arriver, racontera-t-il, j'étais sûr qu'il allait se planter. »

Quels Italiens ? Serena ne se sent pas bien, Laudrup est sorti, Cabrini a reçu un coup et Platini, souvenir de France-Brésil sans doute, accepte difficilement d'être cinquième sur la liste. Brio s'avance donc le premier, en tremblant et... loupe la cible. Butragueno le suit, plus vautour rigolard que jamais et s'offre une lucarne limpide. Comme Manfredonia et Favero imitent Brio, vous avez deviné la suite. La Juve part se rhabiller. A la roulette des penalties, les Italiens viennent de perdre quatre clubs en un mois de compétitions européennes (dont le Naples de Maradona à Toulouse).

« Quand donc finira cette malédiction ? », se plaint l'Avvocato Giovanni Agnelli. « Cette épreuve est inhumaine », se plaint, lui aussi, Leo Beenhakker malgré le succès de ses hommes. Personne n'est jamais content.

La nuit, c'est le salut de l'âme, disait je ne sais plus qui. En fait, la nuit laisse des traces. Elle est cruelle, éteint les lumières, surtout au moment des coups de pied au but. Mais elle existe pour tout le monde. Brio d'un côté, Hugo Sanchez de l'autre, étaient les tireurs maudits d'une nuit sans lune.

Les haches
de Bucarest

Quand les joueurs de Steaua Bucarest ont gagné la Coupe d'Europe à Séville, en 1986, grâce aux exploits de leur gardien Ducadam (les quatre tirs au but d'Alessanco, Pedraza, Pichi Alonzo, Marcos arrêtés), ils ont décroché la lune. On ne l'a pas su en Occident, mais ils ont été reçus, à leur retour, par le pouvoir politique de leur pays, comme des conquérants. « Nos joueurs ne touchent pas de primes. Leur motivation se situe bien au-delà de ces contingences matérielles », avaient expliqué les dirigeants du club roumain. En fait, chaque vainqueur de Séville a reçu une somme de 250 000 lei, c'est-à-dire, si l'on sait qu'un fonctionnaire d'assez haut niveau touche un salaire mensuel de 3 000, sept années de rétribution supplémentaire. Il en a été heureux, c'est logique.

Avec une toute petite partie de son argent, Ducadam s'est acheté une tronçonneuse. Il aime bien couper du bois, Ducadam. Mais il n'a pas l'adresse d'un bûcheron expert, Ducadam. Il s'est donc entaillé un bras et avec l'infection qui s'en est suivie, il a bien failli le perdre. Ce qui est ennuyeux pour un gardien et pas très élégant, même avec un sweater noir.

Steaua joue donc sans Ducadam, en cette saison 86-87. C'est, en apparence, son seul problème. En effet, en Championnat de Roumanie, l'Etoile n'a perdu qu'un seul point en neuf matches, avec un goal-average de 22-3. Mais la faiblesse de la compétition est telle, avec un déséquilibre marqué des forces en présence, qu'on ne peut guère en tirer d'enseignements. Seule la Coupe d'Europe fournit le *maître étalon*. Surtout quand on s'apprête à affronter Anderlecht, l'un des rois couronnés du continent (C2 76, 78 ; C3 83).

Le club bruxellois possède, lui aussi, des footballeurs farceurs. Enzo Scifo, par exemple, joue avec un porte-bonheur autour du cou. Une chaîne au bout de laquelle pend un petit ballon. En or. Métal souple, vous diront les orfèvres. Mais un vrai ballon de cuir lancé à cent à l'heure sur un petit ballon d'or fait faire la grimace au sternum. Scifo marche un peu voûté en allant à la rencontre de Steaua. Quel dommage que Ducadam ne soit pas venu : Scifo lui aurait offert son petit bijou pour qu'il se le mette autour du bras.

Le 22 octobre 1986, au Parc Astrid, Steaua joue sans son gardien titulaire et sans ses trois joueurs de champ majeurs : le défenseur Bumbescu, le meneur de jeu-dentiste Bölöni et l'attaquant-vedette Lacatus. En fonction de quoi, il décide de ne prendre aucun risque et d'appliquer strictement les termes du manuel du parfait plombier : toute fuite, même légère, doit être instantanément bouchée de plomb en fusion.

Anderlecht en connaît pourtant un bout sur la manière de vaincre les récalcitrants. Son nouveau patron technique, le Hollandais Arie Haan, était un expert de la frappe lourde à distance et il cloua, en son temps, maints gardiens sur leurs poteaux de but.

Sur un terrain très lourd, Anderlecht bouscule donc Steaua pendant une heure et quart sans autre résultat tangible que de faire gonfler les varices des plus vieux Roumains. Arie Haan reste optimiste et dit à ses adjoints : « Vous allez voir, ça va passer. Le football est un sport basé sur la condition physique et nous sommes en meilleure condition physique qu'eux ».

A la 77e minute, le Roumain Weisenbacher, troublé par un pissenlit qui relève la tête, oublie de relever la sienne et de remonter le terrain pour mettre l'Anderlechtois Krncevic hors jeu : but de Krncevic. A la 80e, troublés par tant de vaine agitation, les défenseurs roumains admirent la belle tête de Janssen qui eût mérité de poser pour un peintre flamand : but de Janssen. A la 84e, Gudjohnsen triche en s'envolant à toutes jambes alors que les champions d'Europe ont plutôt envie de s'asseoir : passe et but de Krncevic. Ce qui fait 3-0 en sept minutes et beaucoup de remous au pied des Carpathes.

On a déjà vu, dans le passé, des renversements sur trois buts d'écart, parfois plus. Steaua prépare donc une campagne d'automne particulièrement minutieuse, voire vicieuse, comme le chante Renaud. Les trois absents de l'aller, Bumbescu, Bölöni, Lacatus rentrent. Les crampons de cuir

Scifo n'aime pas qu'on lui prenne la balle. Scifo n'aime pas qu'on lui donne des coups. Alors, parfois, il a envie de mordre (Steaua-Anderlecht, contre Belodedici).

coupent leurs ongles en pointe. Des feuilles de céleri sont ajoutées à la purée d'avant-match. Et des fleurs sont disposées dans le vestiaire de l'arbitre, des fois qu'il n'aurait pas bien compris que la Roumanie est un pays accueillant et touristique.

Les Anderlechtois sont un peu surpris. Quand ils traversent des zones d'ombre, dans les sous-bois, les ronces leur griffent les mollets et leurs fronts percutent les branches d'arbres. Certains diront qu'ils ont entendu siffler des haches. L'arbitre suisse Mr Galler siffle, lui, cinquante-quatre coups francs en faveur d'Anderlecht. « Heureusement, constate Constant Vandenstock, le président du club belge. S'il n'avait pas été aussi ferme, mes joueurs auraient été hachés à la moulinette. »

Bölöni fait un grand match, rayonne au milieu du terrain, marque un but (59ᵉ minute), met des coups à Scifo qui réplique et reçoit un carton jaune. Mais Steaua échoue, ainsi qu'il était prévisible, dans son entreprise de résurrection. L'équipe roumaine manque un penalty et plusieurs autres occasions. Elle est surtout victime de son effondrement athlétique dans le dernier quart d'heure du match-aller. « Ce fait est lié à la faiblesse de notre championnat où une équipe comme le Steaua n'a pas

besoin de se livrer à cent pour cent pour s'imposer, souligne le sélectionneur Lucescu. Il faudrait restructurer complètement le système des compétitions chez nous. »

Cela fait plaisir de savoir que les Roumains ne sont pas plus contents que nous de leur système. Mais eux ont gagné une Coupe d'Europe, même s'ils sont éliminés en 86-87.

Le Real Madrid et Anderlecht, qualifiés pour les quarts de finale, ont six confrères plus ou moins attendus avec eux : le Bayern qui s'est imposé à Austria (2-0, 1-1) et qui, en passant par Vienne, a réservé ses chambres d'hôtel pour la finale (paraît-il) ; Porto qui, battu à Vitkovice (0-1), a fait exploser la machine tchèque au retour (3-0, buts d'André, Celso, Futre) ; l'Etoile Rouge de Belgrade que les Norvégiens de Rosenborg n'ont pu approcher (3-0, 4-1, cinq buts de Cvetkovic en deux matches) ; Dynamo Kiev que Hay, l'entraîneur du Celtic de Glasgow (éliminé 1-1, 3-1) qualifie de géant du football ; I.F. Bröndby, le surprenant club danois, qui a écarté Dynamo Berlin (2-1, 1-1, deux buts de Vilfort) ; et Besiktas le Turc qui a torpillé Nicosie le Chypriote sur le tapis vert à cause d'un forfait qui n'ajoute rien au crédit des politiques.

A 0-3, Lozano l'Anderlechtois avait fait remarquer à Rummenigge II le Bavarois que ce serait insuffisant pour se qualifier au Parc Astrid. Quand Munaron s'étendit pour la cinquième fois dans la sciure par la faute de Wohlfahrt (89ᵉ minute, au sol), les Anderlechtois se turent. Mais pas Rummenigge, traitant soudain Lozano de miniature, de petite coupure, « Qu'un sang impur coule désormais dans ta friture. »

Histoire d'une girafe-marteau

Les stratèges de la Coupe d'Europe, on l'a remarqué et l'on s'en est déjà plaint, ont tendance, à treize ans du troizième millénaire, à gommer les premières manches pour tout miser sur les secondes. Ils se moquent ainsi du spectacle, du jeu et des aspirations humaines. Ils manquent le coche qui pourrait être le leur et le nôtre.

Tous ne raisonnent pas de la même manière, estimant que 180 minutes valent plus que 90 et qu'un copieux fois gras en entrée est largement aussi bon qu'un soufflé en dessert. Udo Lattek est de ceux-là, malgré, ou à cause, de sa réputation de chef-guerrier. Lattek considère que le jeu de football est un combat entre deux équipes de onze hommes, combat au cours duquel l'organisation, la tactique, l'engagement physique, l'intelligence ont autant de poids que la virtuosité individuelle, l'appétit de la balle et la joie de s'en servir. « La joie est un tout, il faut savoir l'extraire ». Les équipes de Lattek sont donc invitées à répondre, dès le lâcher des fauves, à l'appel du jeu et de la jungle. Personne n'a oublié comment Fortuna Dusseldorf plia, en 1979 (finale de C2), sous les blindés du Barça. Lattek était dans la tourelle avec son casque et ses jumelles.

Au printemps 1987, rendez-vous des quarts de finale, Udo Lattek possède une vaste expérience et la compréhension aigüe des réalités humaines. Il a décidé, pour ne pas s'endormir dans son habit de lumière bavarois et pour grossir son compte en banque, de signer au F.C. Cologne à partir de la saison 87-88. Il chante même les louanges, avant l'heure, de son successeur Jupp Heynckes, ancien international et actuel entraîneur de Moenchengladbach.

Il a décidé aussi, pour affronter Anderlecht en match-aller au Stade Olympique de Munich, d'oublier l'absence de ses deux généraux Augenthaler et Matthäus et de miser sur l'audace sans tactique autobloquante. En comptant sur la maturité de ses joueurs, y compris les plus jeunes, il leur recommande de construire le jeu en passes courtes, de varier systématiquement la manœuvre en basculant d'une aile à l'autre et de garder les yeux ouverts vers les failles de l'adversaire.

Il y en a à Anderlecht. Privé de deux défenseurs titulaires (Demol et Van Tiggelen), Arie Haan choisit deux options à effets pervers : il déplace plusieurs de ses joueurs habitués à un certain rôle dans un certain système (Janssen stoppeur, De Groote demi défensif, Krncevic stoppeur à la sortie de Swinnen) ; et il fait adopter d'entrée par son équipe un dispositif verrouillé qui ne correspond ni à ses habitudes, ni au tempérament de ses joueurs. Ce faisant, il ne résout pas le problème posé par la girafe Dieter Hoeness, 188 centimètres sous les nuages, paratonnerre pour attirer la foudre.

Dieter Hoeness, à trente-quatre ans passés (il est né le 7 janvier 1953), avec ses six sélections A, ses quatre titres de champion et ses 120 buts en Bundesliga, vit sa dernière saison de footballeur professionnel. Il joue son 48e match de Coupe européenne et les compétitions continentales l'ont tellement inspiré qu'il y a marqué plus d'une fois sur deux. Il n'a pas son pareil pour se mouvoir dans la masse des défenseurs et pour s'élever au-dessus d'elle en interposant son crâne de boxeur. Il porte en effet, sur son front, sur son nez et sur ses arcades sourcilières, les stigmates du combattant d'avant-garde, du buteur aérien. Sa tête est un marteau qui rencontre souvent l'enclume. Mais, dessous, le cerveau est bon et le discours intelligent.

Par un froid glacial (moins sept degrés centigrades), le Bayern se réchauffe très vite en marquant deux buts durant la première demi-heure : par Michael Rummenigge qui reprend le ballon à bout portant après un coup franc mal repoussé (15e minute) ; et par Pflügler qui, de la même manière, exploite un ballon de corner propulsé de la tête par Dieter Hoeness et repoussé à la désespérée (28e).

Anderlecht perd alors, sur blessure, son libero Swinnen, Hansen entrant à son poste et Krncevic abandonnant la pointe de l'attaque pour s'accrocher (difficilement) aux basques de Dieter Hoeness. Curieusement, dans cette formule bâtarde, Anderlecht tient mieux le coup, souvent sauvé par Munaron dont la pointe de vitesse pourrait être primée aux Jeux olympiques. L'équipe belge se crée même plusieurs occasions entre la 50e et la 68e minute par le jeune et très doué Nilis. Mais cette

réaction en entraîne une autre, féroce, des Munichois qui vont exploiter à fond les carences et la vulnérabilité de leur adversaire.

A la 69e minute, Dieter Hoeness, dont on ne regarde que la tête en oubliant les pieds, recueille une passe en talonnade de Rummenigge II et s'en va battre Munaron du pied droit. A la 86e minute, ce même pied droit jaillit du magma défensif anderlechtois pour porter le score à 4-0. Et, trois minutes plus tard, à la suite d'une reprise aérienne de la girafe-marteau atterrissant sur la barre, Wohlfahrt fixe le compteur à 5-0.

Michael Rummenigge, que l'on surnommait le morpion à l'école, se dirige alors vers Lozano, lequel lui avait fait remarquer, à 0-3, que ce serait insuffisant pour se qualifier au Parc Astrid : « Et à 5-0, lui dit-il, ce sera suffisant ? »

La girafe-marteau a tué Anderlecht et le match-retour. Mais tant qu'il y a de la vie et du football, il y a de l'espoir. Les Belges montent donc leur affaire en vue d'un exploit retentissant. Et quand ils regarderont les images, après coup, ils se diront qu'ils ne sont pas passés loin. Gutjohnsen tire, en effet, deux fois sur un montant du but bavarois (1re, 37e minute). Lozano pique une tête dans les jambes de Pfaff, miraculeusement sauvé par son lacet (10e). Le Bayern ne quitte pas son camp.

Excédé, Lozano fait un coup pendable à Jean-Marie Pfaff, le gardien belge du Bayern. Victime d'une tentative de lob de Brehme sur sa personne, il ramène le ballon de la main sur son pied et marque un but que l'arbitre gallois Mr. Bridges, en train de lire les cours de la Bourse sur son quotidien du soir, accorde à la hausse. Très troublé, très fébrile, le célèbre Jean-Marie laisse échapper, en deuxième mi-temps, un ballon-savonnette anodin de Nilis (73e). Mais les Bavarois ne laissent aucune place à l'incertitude, égalisant deux fois par Roland Wohlfahrt (55e, 88e), l'homme dont le bruit du cor résonne au fond des bois.

Des yeux bleus et des
yeux noirs. Des mains
gantées qui pendent et
des mains nues qui
parlent. Un gardien de
Belgique et un volcan
de Herzogenaurach
transféré en Bavière.
Le Bayern de Munich
s'abreuve à toutes les
sources, se nourrit de
toutes les richesses. Il
brille dans la lumière
(Pfaff et Michael
Rummenigge pour le
soutenir ; Matthaus).

Un Mexicain
grignotant des dents

La Yougoslavie est proche de la France. Bien plus près qu'on ne le croit. Voisine, sœur pourrait-on dire. Comme notre pays, bien plus que notre pays, elle produit des footballeurs-artistes auxquels il ne manque pas un bouton de smoking. Ils sont superbes, les Yougoslaves, quand leur prend le talent et l'envie de montrer ce que l'on peut faire d'une balle, frappée, croisée ou en vrille. Ils possèdent la magie, la vaillance, la science et l'impromptu. Et pourtant, ils n'ont jamais été champions du monde. Ils n'ont même jamais été champions d'Europe alors que leurs fils collectionnent les buts et les couronnes aux quatres coins de la terre. Les frères Vujovic, par exemple, champions de France et vainqueurs de la Coupe de France 1987, ils sont yougoslaves.

L'Etoile Rouge de Belgrade, pour tenter d'être moins yougoslave de malédiction et plus européenne de réussite, a choisi trois Français de trajectoire, sinon de formation : Dzajic, le directeur sportif, a lustré son pied gauche sous les cintres de Furiani, Vasovic, l'entraîneur (vainqueur de la Coupe d'Europe 1971 avec Ajax), est passé par le banc d'Angers, Melic, l'assistant, a donné longtemps à Sochaux une note technique très appréciée. Ces trois grands joueurs, retraités de l'active et porteurs, du savoir, ont conjugué leurs efforts pour faire de l'Etoile Rouge moderne la lanterne du football de leur pays.

Cette Etoile Rouge possède en son sein plusieurs footballeurs remarquables, internationaux et convoités par de nombreux clubs étrangers : Cvetkovic, meilleur buteur de la Coupe d'Europe en cours (six buts avant de rencontrer le Real, sept bientôt) ; Stojkovic, footballeur complet, technicien émérite ; Elsner, libero de grande efficacité et de style ; Jankovic, trois pieds et trois poumons en milieu de terrain ; Mkrela, dont le pied gauche fusille les corbeaux à quarante pas ; Durovski, le capitaine, science et tempérament confondus. Sans oublier le gardien Stojanovic. Sans oublier les autres. Tous bons, et tous décidés à éliminer le Real Madrid en quart de finale.

Le public yougoslave sait tellement, sent tellement que l'Etoile Rouge est mûre pour la conquête que 200 000 demandes de places sont formulées. Le stade Maracana (pourquoi donc Maracana ?) ne pouvant accueillir que 90 000 spectateurs, 110 000 frustrés s'ajoutent aux millions de téléspectateurs pour une recette-record aux guichets de 3,2 millions de francs. Il fait pourtant un froid de banquise à Belgrade, comme à Munich pour Bayern-Anderlecht. Mais qu'est-ce qu'une banquise sous un volcan ?

Car le volcan explose et déborde sur le terrain. L'équipe de l'Etoile Rouge brûle d'un feu incontrôlable par le Real. Elle mène 1-0 (Djurovski, 7e minute), 2-0 (Djurovic, 11e) puis 3-0 (Cvetkovic, 39e). Elle tient là, dans sa main, la clé d'un succès historique et définitif. Elle la tient et elle s'en gargarise, essoufflée par ses efforts, habitée par les démons des anciens.

En face d'elle, le Real Madrid fait le gros dos. Il connaît ce genre de situation. Il connaît la recette pour assurer la perte minimale, celle qui, demain peut-être, si Dieu et ses propres tripes le veulent, permettra de propager le feu à son tour.

Emilio Butragueno, blessé par un joueur de Cadix, n'est pas sur le terrain de Belgrade. Hugo Sanchez y est et a envie de le montrer. Les deux hommes, partenaires et souvent complices dans les situations de jeu, sont des rivaux de cœur, si l'on peut dire. Emilio est la coqueluche de l'Espagne et, depuis la Coupe du monde, la coqueluche de l'Espagne. Il symbolise, sous un paravent de discrétion et d'humilité, l'ambition, l'ardeur et la fierté du peuple espagnol. Il est le porte-drapeau.

Hugo Sanchez est, lui aussi, un porte-drapeau. Mais du lointain Mexique. Il souffre d'être moins considéré, moins applaudi, moins aimé et moins bien payé que Butragueno. « J'ai beau marquer beaucoup de buts, rien n'y fait, remarque-t-il tristement. A Madrid, on ne me considère pas comme une vedette. »

Il se trouve que les clubs italiens ont le nom de Hugo Sanchez sur leurs tablettes. Il n'existe pas tellement d'attaquants-buteurs de son style et de son efficacité pour qu'ils ne songent pas à l'engager. Le bruit court que l'Inter de Milan aurait proposé au Mexicain un contrat sur la base de deux

milliards et demi de lires à l'année (un million de francs par mois) et que le F.C. Barcelone, jamais mécontent de savonner la planche de son rival castillan, aurait ouvert son portefeuille. Pour répondre à ces sollicitations en même temps que pour mettre la pression sur les dirigeants du Real, le dentiste mexicain aurait trouvé, avec l'aide de ses avocats, une faiblesse juridique dans le contrat-type liant un joueur à son club espagnol. Il en jouerait, le renard. Il voudrait se faire offrir des fraises en or pour son cabinet.

Hugo Sanchez sait cependant que son meilleur atout est de marquer des buts. Il en est à vingt-cinq en trente matches de Championnat d'Espagne. Une heure s'est écoulée à Belgrade, les Yougoslaves ont ralenti la cadence et le Real tient mieux le ballon. Beenhakker remplace Solano par le vieux Juanito, bon et mauvais génie des espaces verts, secoué par la foi et la folie. Sept minutes après cette entrée, Juanito centre vers la tête de Valdano qui trouve le pied gauche de Sanchez. Stojanovic est allongé sur le sol gelé et le score n'est plus que de 3-1 en faveur de l'Etoile Rouge.

Il passe à 4-1 à la suite d'un fauchage de Cvetkovic (hors jeu) par Buyo et d'un penalty réussi par Jankovic (82e minute). Mais il revient à 4-2 à la suite d'une faute de Bracun sur Gordillo et d'un penalty réussi par Sanchez (86e minute), lequel Sanchez se rachète ainsi d'un premier coup de pied de pénalité enrayé par Stojanovic à la 8e minute, juste après l'ouverture du score.

Le commentaire instantané de Beenhakker — « Pas de problème : nous gagnerons au moins 2-0 à Madrid » — énerve les Yougoslaves. On le prend pour de l'insupportable provocation. Ce n'est qu'une prévision basée sur des faits : chez lui, le Real renverse les montagnes.

Les Yougoslaves de l'Etoile Rouge, confiants en leurs moyens, ne croient pas au retour du Real. « Si l'arbitre ne siffle pas trois penalties en sa faveur, nous passerons », dit Jankovic, allusion très directe à un match indigne au cours duquel le Rijeka de Skoblar avait été escroqué deux ans plus tôt par un arbitrage abominablement partial.

Dans leur stade fétiche qui fait le plein de ses cent mille spectateurs, comme à chaque fois, les Madrilènes ressortent leurs vieux fantômes. Beenhakker titularise Juanito et Santillana, dont la seule apparition représente un atout psychologique décisif. Il ne se contente pas de cela, prenant une option résolument offensive avec une attaque à trois pointes (Butragueno, Sanchez, Santillana) et un milieu de terrain plus créatif que défensif (Michel, Juanito, Gordillo).

L'arme est à double tranchant. Elle est tout de suite valorisée par un incroyable exploit de Butragueno, celui que Jean-Philippe Réthacker qualifie, dans *France-Football*, de « dribbleur liquide » pour son aptitude à se glisser entre les adversaires comme l'eau dans la moindre fissure.

Butragueno, à la 5e minute du match de Chamartin, élimine deux défenseurs yougoslaves devant et le long de la ligne de but, fait mine d'effectuer un centre en retrait et, revenant à l'intérieur, trompe Stojanovic. Pendant un quart d'heure, les Madrilènes imposent un rythme d'enfer, deux reprises de la tête de Juanito (9e) et de Santillana (13e) mettant le gardien de l'Etoile Rouge à forte contribution.

Malgré la furia espagnole, l'équipe yougoslave a en main, ou en pied si l'on préfère, les moyens de sa qualification. Elle possède sur le plan individuel comme dans les approches collectives du but adverse beaucoup de variété de manœuvres et de vitesse d'exécution. Il suffirait que son ailier gauche Mkrela transforme l'une des trois ou quatre occasions de contre mortel créées en première mi-temps pour que le bénéfice yougoslave soit scellé. Mais le gâchis se consomme peu à peu, insidieusement. L'Etoile Rouge laisse passer sa chance et le Real éternel, le Real increvable, évoluant par rafales plus que par manœuvres rationnelles, transforme une autre de ses seules quatre ou cinq occasions. Sur un très bel effort de l'arrière Chendo et sur son centre, Sanchis le milieu défensif a bondi sous le nez de Stojanovic et catapulté la balle dans les filets de l'Etoile Rouge. Il reste près d'une demi-heure de jeu (2-0 à la 62e minute) mais le Real, avec deux hommes frais (Solana, Martin Vasquez), ne lâche pas son os. Il a joué avec le feu, il n'a impressionné personne mais il est vivant. Et qualifié !

Les dirigeants, joueurs et observateurs yougoslaves sont catastrophés. « Il y a longtemps qu'une équipe de chez nous n'était passée aussi près d'une belle carrière européenne. Mais rien ne sert de pratiquer un jeu brillant et spectaculaire, de dominer la situation au milieu du terrain si c'est pour n'en tirer aucun profit », souligne l'ex-Sedanais, Valenciennois et Strasbourgeois Osim.

Tout n'est pas perdu pour tout le monde, heureusement. Madrid se découvre une réelle affection pour le copain d'Emilio. Le dentiste mexicain aura ses fraises en or et Barcelone l'attendra jusqu'à ce que les poules aient des dents.

Parmalat, c'est du
fromage. Mais le
Real Madrid n'est
pas du gruyère.
Encore que
Butragueno court
aussi vite que du
camembert très
fait et que
Sanchis soit aussi
robuste que de la
fourme des
Pyrénées. Le tout
est délectable.
Sauf pour les
adversaires
préférant les
sucreries.

Igor, ton pied n'est plus en or

Dynamo Kiev a provoqué un choc en mai 1986 au cours d'une finale de Coupe des Coupes marquée par sa vitesse de jeu, son brio collectif, sa variété d'actions, sa frénésie offensive et son efficacité. Nous avions été l'un des premiers, à l'époque, à souligner le caractère révolutionnaire de son apport et le contre-courant dressé devant les ondes négatives des frileux de tout poil. Dynamo Kiev ne détenait pas la Vérité, mais avait défini une sorte de vérité correspondant au caractère ukrainien, aux idées de Lobanovski et aux impératifs du football moderne.

Lobanovski ne s'était pas arrêté là. Ancien sélectionneur limogé et rappelé au pouvoir quelques semaines avant la Coupe du monde 1986, il avait greffé sur la sélection soviétique ses principes et ses exigences. Cette sélection avait réalisé contre la Hongrie (6-0) un match d'une extraordinaire plénitude et, sans un arbitrage très particulier de M. Fredriksson et de ses adjoints, contre la Belgique, en huitième de finale, elle eût pu prétendre à une place dans le dernier carré de rois.

Grâce à ces démonstrations répétées et dans la suite logique de son évolution, on attend de Dynamo Kiev l'affirmation de sa puissance en Coupe d'Europe des Clubs Champions. Jamais encore un club soviétique n'a atteint la finale mais l'histoire est en marche. De 1973 à 1986, neuf champions d'U.R.S.S. ont joué les quarts de finale dont cinq fois Dynamo Kiev. Et l'équipe ukrainienne, demi-finaliste en 1977, a été battue deux fois, en 1973 et en 1974, par le futur vainqueur, en l'occurrence Aston Villa et Hambourg.

En 1986-87, alors qu'elle marche vers un nouveau titre national, l'équipe de Lobanovski élimine sans secousse, en C1, les Bulgares de Stara Zagora (1-1, 2-0, buts de Mikhailitchenko, Blokhine, Yakovenko) et les Ecossais du Celtic (1-1, 3-1, buts de Evtouchenko, Blokhine, Yakovenko, Evtouchenko). Il semble pourtant, aux observateurs avertis, que Dynamo tourne moins efficacement que six à huit mois plus tôt. L'équipe a perdu une part de son étincelle, une part de son âme aussi, avec la très grave blessure de l'un de ses inspirateurs, Yaremtchouk, lors du tournoi de

Madrid, sur une agression de Valdano.

La fin du mois de décembre, période traditionnelle des cadeaux, consacre la gloire d'Igor Belanov, élu meilleur footballeur d'Europe par les jurés de *France-Football*, avec 84 points, devant Lineker (62), Butragueno (59), Amoros et Elkjaer-Larsen (22), Rush et Zavarov (20). L'écart entre Belanov et Zavarov semble excessif aux Ukrainiens, convaincus qu'ils sont de la part énorme prise par Alexandre dans l'organisation et le rythme de jeu de Dynamo. Mais ils sont heureux : Belanov est le deuxième Ballon d'Or du club après Oleg Blokhine, sacré en 1975 devant Beckenbauer et Cruyff.

Dynamo Kiev espère une distinction plus importante encore lorsque, à la fin février 1987, dans le stade-théâtre de la Principauté de Monaco, il affronte Steaua Bucarest pour l'attribution de la Supercoupe, gadget sympathique devenu objet de convoitise et instrument de palmarès.

Dynamo Kiev sort à peine de l'intersaison hivernale. Steaua s'est renforcé en engageant, en janvier, un international de Sportul, Georgi Hagi, excellent technicien à regard périphérique et nourri aux vitamines du jeu. Steaua, technicien et joueurs réunis, a également visionné des cassettes de matches de Kiev. « A l'écran, il est difficile de ne pas s'extasier par moments », souligne Nicolae Balan, l'un des Roumains du milieu de terrain.

Dynamo Kiev, à Monaco, sur un terrain indigne d'un tel écrin, et sans avoir retrouvé sa plénitude athlétique, développe un jeu d'envergure en première mi-temps, mais se fait prendre en contre et concède un but de Demianenko contre son camp (44e). On remarque alors plusieurs choses que l'on avait cru percevoir ici ou là, à travers les matches de Dynamo. Menée au score, l'équipe soviétique manque de lucidité à l'image de son célèbre Blokhine qui oublie ses partenaires mieux placés à des moments décisifs. Elle est gênée quand on prive de liberté de manœuvre Zavarov et Belanov. Elle est engoncée dans son costume quand son adversaire réduit intelligemment les espaces entre les lignes. Et, comme toutes les équipes de football, elle souffre quand elle affronte

un opposant valeureux pratiquant un jeu à une touche de balle, un pressing insistant, des coups d'accélérateurs et des exploits individuels. En résumé, Dynamo Kiev est grand mais imparfait. Et Steaua Bucarest, renforcé par Hagi, a franchi un palier vers le haut de la hiérarchie européenne.

En quart de finale de la C1 86-87, les Turcs de Besiktas Istambul, entraînés par Milos Milutinovic (l'ancien racingman et stadiste), sont persuadés qu'ils peuvent faire des misères aux Ukrainiens de Lobanovski. Forts comme des Turcs, sont-ils. Mais il neige sur les bords du Bosphore. Remis plusieurs fois, le match-aller a lieu à Izmir, loin de la base et du public de Besiktas. Belanov (17e minute), Blokhine (41e, 51e), Yevtouchenko (47e, 61e) font tourner le tableau d'affichage, sans contrepartie.

L'intérêt du match-retour pourrait être entamé par le score d'Izmir. Mais Dynamo tient à faire la fête à Belanov qui va recevoir son Ballon d'Or devant 100 000 spectateurs sous un maillot marqué du sigle publicitaire de Commodore, une marque allemande d'ordinateurs. C'est une autre révolution impulsée par Lobanovski dans sa république socialiste. C'est un autre match de football que Dynamo gagne 2-0, sans souci (buts de Blokhine, 50e et Yevtouchenko, 70e). C'est aussi une déception pour Igor Belanov qui, le jour de sa fête, manque le premier penalty de sa carrière en tirant sur la barre. Igor, ton pied ne serait-il plus en or ?

Un ballon d'or doit rester couvert, surtout durant l'hiver quand les lapins d'Ukraine mettent des bottes fourrées (Igor Belanov, avec le trophée offert par France-Football).

Ce n'est pas la muraille de Chine, c'est la muraille de Porto que le cuirassé ukrainien Dynamo pilonne sur coup franc. Le ballon de Bessonov part à 150 kilomètres-heure, Blokhine (à l'extrême-droite) se précipite aux urgences et les Portugais appellent le Samu. Mais les mieux placés, on le verra, sont les assiégés.

Le cobra est caché
sous les fleurs

Pour aller toujours plus loin dans la voie du progrès et pour tenter de rendre leur club aussi invincible qu'Astérix, les techniciens du monde entier travaillent comme des responsables de programme Apollo. Ils abordent tous les domaines de la mécanique et de la pensée humaine, mettent sur ordinateur les données techniques, visionnent les images, en tirent des synthèses, font appel aux médecins, aux psychologues, aux diététiciens, copient une page sur le voisin, inventent le truc imparable. Et, au bout du compte, comme ils sont sûrs d'eux, ils portent le même costume depuis dix ans. Parce qu'ils sont superstitieux.

Le football, qui était une religion, tourne à l'industrie. Il lui faut des assurances, du rendement. Certains aimeraient le transformer en science exacte avec des équations connues d'eux seuls.

Le responsable du F.C. Porto, Artur Jorge, ancien joueur de très grand talent, universitaire et gentleman, essaye, dans l'approche et la pratique du métier de technicien, de ne rien laisser dans l'ombre et de doser l'importance de chaque secteur dans la vaste alchimie. Il a le respect de ses idées, souligne la responsabilité pédagogique des cadres du football, insiste constamment sur le lien naturel du jeu avec la création et le spectacle et cherche constamment, selon ses propres termes, à « conserver la capacité de surprendre ».

Artur Jorge a choisi, en accord avec ses dirigeants, de gérer un effectif de vingt-six professionnels, ce qui est beaucoup et pose, fatalement, des problèmes à chaque match. Mais Artur Jorge ne s'en plaint pas : « Je savais par expérience qu'il était impossible de courir plusieurs lièvres à la fois sans un grand nombre de bons joueurs. Nous en avons donc engagé plusieurs cette saison en pensant à la Coupe d'Europe, Mlynarczyk et Madjer notamment. Les vingt-six pros ont les mêmes chances de jouer, et ils le savent. Mais je sais qu'avant chaque match, je suis injuste et que je fais une dizaine de malheureux. Mon intervention est donc compliquée : je suis un équilibreur de tensions entre des garçons qui sont à la fois des amis et des concurrents. »

Artur Jorge estime que la concurrence est un élément fondamental de la progression. « Avec elle, dit-il, chacun travaille le double et l'équipe avance de deux ans en une seule année.. »

Dans la Coupe d'Europe 86-87, le F.C. Porto ajoute à ses forces une dose de chance non négligeable lors des tirages au sort, ce qui lui permet d'éliminer sans trop de problèmes les Maltais de Rabat Ajax (9-0, 1-0), les Tchécoslovaques de Vitkovice (0-1, 3-0) et les Danois de Bröndby (1-0, 1-1) avant d'arriver en demi-finale.

En fait, la double confrontation avec Bröndby a été plus serrée que prévu, l'équipe danoise ayant remarquablement défendu à Porto (un seul but de Madjer, 71e, sur une montée de Joao Pinto) et ayant ouvert le score au retour sur le terrain de l'Idraetsparken de Copenhague, devant 30 000 spectateurs. Casagrande, jambe cassée en portant un tacle sur John Jensen à la 20e minute, Porto tarde à imposer son indiscutable supériorité technique. Il faut une rapine de Juary, sur quarante mètres de course, au coude à coude avec Madsen, pour rétablir l'équilibre (70e minute) et assurer la qualification de Porto. Les commentaires sont, alors, modérément flatteurs pour les joueurs de Porto lesquels déclarent, avant le tirage au sort des demi-finales, qu'entre le Bayern, le Real et Dynamo Kiev, ils souhaitent surtout éviter le troisième.

A trois mille cinq cents kilomètres de là, Valery Lobanovski surprend tout le monde en affirmant, dans le même temps, qu'il ne souhaite pas voir Dynamo Kiev affronter l'équipe-surprise de Porto, son stade, son public, son style vif et engagé. « Je suis sûr que nous ne serions pas à l'aise », prévoit le sorcier ukrainien sans que l'on sache très bien sur quoi il s'appuie.

Artur Jorge s'est penché sur ses fiches, sur ses vidéo-cassettes. Il va dire à ses joueurs que, pour noyer Dynamo Kiev, il faut prendre exemple sur Steaua Bucarest, ne laisser aucun espace entre les lignes et effectuer un pressing incessant sur le porteur du ballon. Pour le reste, pour savoir où en est sa propre équipe, il n'a besoin de personne.

Le F.C. Porto est la seule équipe au monde qui a mis son jeu et ses joueurs en chiffres et en graphiques.

L'histoire est étonnante. Parmi ses adjoints, Artur Jorge compte un physiothérapeute dont la licence en éducation physique comportait une option statistiques. Chargé de la récupération et de la rééducation des joueurs blessés, José Carneiro Oliveira Neto, dit Professeur Neto, a inventé une méthode pour saisir et codifier tous les gestes importants du football. Il note le temps de possession de la balle de chaque équipe, les mauvaises passes, les ballons récupérés, les frappes au but (après contrôle, sans contrôle, de la tête), les fautes commises réparties par zones, les actions offensives et leurs conséquences (débordements, corners, tirs, buts), les passes décisives, etc.

Toutes ces informations sont ensuite traitées et ajoutées aux précédentes dans trois types de tableaux différents. Instantanément, les tendances sur les cinq derniers matches (ou plus) apparaissent. Par exemple, Gomes est le joueur de Porto qui a fait le moins de passes à l'adversaire en 86-87. « Quelquefois, Neto me révèle un élément qui m'avait échappé, admet Artur Jorge. Et il me donne des idées pour la confection d'entraînements. »

Pour recevoir Kiev à Porto, Artur Jorge choisit l'option du milieu de terrain renforcé afin de limiter les risques. Il faut dire que Pacheco est blessé et Frasco suspendu. Dans ces conditions, Dynamo Kiev, avec le quatuor Rats-Yakovenko-Mikhailitchenko-Zavarov, gagne la bataille du milieu en première mi-temps. Le temps joue pour lui si Artur Jorge ne modifie pas ses batteries.

Mais l'entraîneur de Porto a compris. Pour doubler Futre, le vertigineux dribbleur gaucher qui grimpe au firmament, il remplace Sousa par le Brésilien Juary, feu follet monté sur roulements à billes et il fait décrocher Gomes, le capitaine à tout faire. L'équipe portugaise se met à contrôler le jeu, et encore un peu plus après l'expulsion de Bal (53e pour deux avertissements). En douze minutes après le repos, elle marque deux buts par Futre (48e) et par André (57e sur penalty).

Réduit à dix, souffrant de la méforme persistante du Ballon d'Or Belanov et de la condition physique encore précaire de Yakovenko, Dynamo Kiev fait une démonstration supplémentaire de sa force collective en faisant appel à son courage et à la solidarité pour sauver l'essentiel. Il a même la satisfaction de réduire le score par Yakovenko (73e) ce qui, compte tenu de la domination portugaise, est un résultat tout à fait favorable. Ce sentiment, partagé par Artur Jorge, le mène à faire entrer Madjer en piste, huit minutes avant la fin,

à la place de Magalhaes. Sous l'impulsion de l'Algérien, deux ou trois occasions de buts superbes (Joao Pinto, Vermelinho seuls devant Tchanov) s'offrent aux Portugais mais rien de plus ne passe.

La déception est sensible à Porto. « Une larme de Porto » titre d'ailleurs L'Equipe, en ajoutant que l'équipe d'Artur Jorge « demeure capable de poser de gros problèmes à Kiev dans deux semaines. »

Lobanovski a tout analysé. Mais il ne commande pas à un certain nombre d'éléments : le mauvais état du terrain de Kiev, à peine dégagé de la neige et jaune comme une feuille morte ; l'absence de Yaremtchouk, toujours autant préjudiciable à l'ensemble ; la méforme de certains joueurs importants et non des moindres ; le trouble psychologique de certains joueurs qui entraîne chez eux, depuis plusieurs semaines, un manque de concentration. Lobanovski sait tout cela mais, avec la rentrée de Bessonov, il est raisonnablement optimiste. Onze minutes après le coup d'envoi du match-retour, il ne l'est plus du tout : Porto vient d'inscrire deux buts contre toute attente. Le premier sur un coup franc de Celso détourné par le mur soviétique (4e), le deuxième sur un corner tiré de la droite, du pied gauche, par Madjer pour la tête de Gomes (11e) au deuxième poteau.

« Dans l'esprit de mes joueurs, expliquera Lobanovski, il paraissait impossible de marquer quatre buts pour obtenir la qualification. Or, pour vaincre, il faut d'abord croire à la victoire. »

Lobanovski donne une autre explication intéressante à l'impuissance de son équipe, malgré le but qu'elle marque très rapidement pour réduire son retard (Mikhailitchenko, 12e, 1-2) et malgré le tir sur la barre du même joueur peu de temps après (17e). « Nous avions plusieurs solutions tactiques à appliquer. Malheureusement, sur ce terrain bosselé et inégal, tous nos points forts, comme la vitesse d'exécution et la technique en mouvement, disparaissaient. L'attention des joueurs était concentrée sur un seul but : le contrôle et la maîtrise du ballon. »

De manière surprenante, le grand favori de la compétition s'efface. Il n'avait pas compris, à Porto, que sous le massif de belles fleurs entretenues et exposées par Artur Jorge et son équipe, se cachait un cobra.

Football, sport de contact. Je te tiens, tu me tiens par le bras (Augenthaler, Sanchis). Je te tacle, tu plonges vers le bas (Gordillo, Wohlfarth). Et si vous n'aimez pas ça, n'en goûtez pas les autres. Bayern-Real était du genre quart de tour-contact.

Lothar Germanicus fils d'Attila

Six Coupes d'Europe d'un côté, trois de l'autre, normalement un Real Madrid vaut deux Bayern, à moins de ne pas savoir compter. C'est ainsi qu'à l'école, on s'échange les vignettes. C'est ainsi que sur le terrain, les gamins des clubs confrontent leurs biceps.

Les confrontations entre géants du football européen portent en elles le soleil, le tonnerre et la tempête. Elles subliment les talents, exaspèrent les tempéraments. Elles ravivent des souvenirs, transmis de génération en génération. Elles sont répétitives d'harmonies ou de rejets, de ballets ou de spectacles guerriers. Entre Espagnols et Allemands, on s'offre souvent la mort subite. On a du sang, on veut le montrer.

A la pesée des valeurs et des possibilités, le Bayern et le Real 1987 pèsent d'un poids identique, terrifiants de force, de caractère et d'audace, féroces dans leur appétit de victoire, superbes quand ils déclenchent leurs orgues offensives. Avec le Bayern ou le Real en Coupe d'Europe, on s'ennuie rarement. Alors, avec les deux…

Udo Lattek, entraîneur du Bayern, n'est pas un tendre mais c'est un tacticien et un homme de football convaincu que, pour gagner des matches, il faut marquer des buts. Il sait qu'un double affrontement européen avec le Real Madrid, en étant soumis à l'obligation de jouer le match-retour au Stade Santiago-Bernaben, implique une étude sérieuse des risques. Et entraîne à la conclusion que le risque le plus grand serait de ne pas en prendre.

Le Bayern décide donc d'attaquer et d'attaquer d'un bout à l'autre, sans répit et sans faiblesse. Il s'ouvre ainsi d'entrée à un contre de Santillana que Butragueno, pas encore concentré, gâche devant Pfaff. Les vagues bavaroises déferlent et, sur l'une d'elles, le libero Augenthaler (qui a mangé du lion) réussit à déclencher une frappe fracassante des dix-huit mètres au ras d'un poteau. C'est un crédit pour le Bayern mais pas encore le pactole car le Real ne perd pas une once d'occasion, pas une bribe d'adresse. Il est là, présent, porteur de sa foudre.

Mais un match est fait d'événements inattendus, d'enclenchements incontrôlables qui échappent à l'équilibre et à la programmation. A la 30e minute, l'Allemand Dorfner, idéalement lancé en profondeur par Augenthaler, pénètre balle au pied dans la surface de réparation espagnole. Il tente de lancer le ballon à droite du gardien Buyo mais celui-ci contre l'intention, repousse le ballon et poursuit son plongeon qui fait basculer Dorfner. Le tout en une fraction de seconde.

L'arbitre écossais M. Valentine commet alors une erreur, humaine, mais indiscutable, en sifflant penalty. Penalty que transforme Matthaus, qui porte le score à 2-0 et qui énerve prodigieusement les Espagnols. Wohlfarth profite de leur flottement et ajoute un troisième but sept minutes plus tard (37e). Le ton monte alors et l'on fauche aux quatre coins du terrain avec une ardeur de diaboliques. Pourquoi faut-il, dans ce contexte explosif, que Lothar Matthaus applique un cataplasme poivré et cramponné sur un mollet de Chendo ? L'arbitre prépare son carton jaune quand soudain, sous ses yeux, Juanito le Choléra applique sa chaussure cloutée sur la mâchoire du coupable. Difficile dans ce cas-là de ne pas sortir aussi un carton rouge.

Le Real joue donc à dix, est énervé, a envie de transformer M. Valentine en ronron pour chats, mais réussit, grâce à Butragueno, à réduire le score avant la mi-temps (44e, 3-1). On retrouve bien là, chez lui, cette habileté à renaître du néant qui le rend à nul autre pareil.

Mais les émotions, dans ce match-aller, ne sont pas terminées. A la 52e, un long centre de Nachtweith va chercher la haute tête de Dieter Hoeness et va à coup sûr la trouver quand Mino, qui n'est pas finaud, interpose ses deux mains pour un penalty cette fois-ci indiscutable. Que transforme sans mollir Lothar le Léopard.

Trouvant sans doute qu'il a à se racheter, Mino exécute sur Augenthaler un ciseau à la carotide qui lui vaut un avertissement (65e) puis se propulse en torpille dans les chevilles de Wolfarth, ce qui lui permet d'obtenir la même faveur que Juanito : une douche chaude avant l'heure.

Le Real joue à neuf, le Bayern mène 4-1 et il reste dix-sept minutes à jouer. Le temps favorable pour obtenir un score de tennis et tuer définitivement la

Pour contenir girafe, il fau tenir en laisse, faire plier pattes et rentre cou. Di Hoeness la gi avait quelq problèmes a son teneur lai

Juanito ne changera jamais, mais on ne le reverra plus en Coupe d'Europe, suspendu qu'il est, pour une longue durée, après le match Bayern-Real du 8 avril 1987 et cette agression sur Matthaus (coup de pied à la mâchoire). Auparavant, Juanito s'était déjà distingué en massant les deltoïdes de l'arbitre M. Valentine pour l'aider à mieux courir (Camacho à gauche, le gardien Buyo en soutien).

Il existe plusieurs variétés de tacles : le couché, le sauté, le précis, le vicieux, l'acrobatique et le classique, le français et le japonais, tous n'étant pas réglementaires. Mais celui de Mino sur Augenthaler sort particulièrement de l'ordinaire. On l'appelle le tacle à la carotide ou le « mords » aux dents. C'est un tacle définitif, du genre de ceux qu'on voyait à Verdun.

bête madrilène. Mais on assiste au spectacle d'une équipe bavaroise totalement déboussolée par sa bonne fortune, mal inspirée dans la conclusion de ses multiples actions offensives et donc incapable d'accentuer son avantage.

Les Madrilènes, très remontés, rappellent aussitôt que trois buts d'avance ne sont jamais synonymes de qualification quand on doit se rendre à Chamartin et qu'il leur est arrivé souvent d'y rétablir des situations très compromises. « Le match-retour sera dur pour eux, très dur », affirme Chendo en se massant le mollet.

Pour cet événement atomique, l'Union Européenne délègue l'arbitre français Michel Vautrot dont l'autorité et la compétence reconnues sont de nature à désamorcer la bombe. Il n'empêche qu'en entrant sur le terrain, Pfaff et Vautrot voient tomber autour d'eux des tiges de fer, des balles de golf et tout ce qui fait le petit commerce des récupérateurs. L'arbitre menace alors de ne pas faire jouer le match si le calme n'est pas rétabli.

Drôle de calme. Le Real a récupéré Hugo Sanchez mais pas Valdano, victime d'une hépatite. Le Bayern joue sans Matthaus, suspendu. Dans l'atmosphère d'émeute et de provocation, l'équipe allemande fait preuve d'un remarquable sang-froid, aidée par un Jean-Marie Pfaff des grands soirs. Chauffé par le public qui le bombarde, le gardien belge du Bayern additionne les prouesses et réalise un sauvetage miraculeux, en saut de carpe et du bout des doigts, sur une tête de Gordillo.

Le Real ne marque qu'un but, par Santillana (28e). Augenthaler, provoqué par Hugo Sanchez qui vise systématiquement son emplâtre à la cuisse, se fait expulser, ce qui le privera de finale.

Le Bayern trouve que la vie est belle mais nous sommes quelques-uns à penser, en cette soirée européenne du 22 avril 1987, que le football d'élite prend parfois une sale tournure. Et que, demain, les causes du Heysel produiront les mêmes effets et les mêmes larmes de crocodile. L'homme, décidément, est bien « un assemblage monstrueux de choses incompatibles. »

Ce coup-là n'est pas courant. D'ailleurs, s'ils le pouvaient, les Allemands l'interdiraient. Sur un centre venu de la droite, en finale à Vienne, alors que le Bayern mène encore 1-0, Madjer brise la trajectoire du ballon d'une talonnade et provoque l'égalisation. A treize minutes de la fin, le cours de l'histoire se modifie. Porto court vers la couronne.

Madjer sur un tapis volant

Le Bayern a tellement voulu sa finale de Vienne et il insiste tellement sur sa volonté de renouer avec son prestigieux passé qu'on lui accorde tout le crédit qu'il réclame. Il est puissant, organisé, roule dans un autobus à un million de marks offert par son sponsor. Le transfert de Karl-Heinz Rummenigge, deux ans plus tôt, a rempli sa caisse pour longtemps. Un nouveau titre de champion d'Allemagne se dessine, loin devant Hambourg S.V. Il est mûr, dit-il, pour sa quatrième Coupe d'Europe des Clubs Champions.

Les faits ne plaident pourtant pas tous en faveur exclusive du Bayern. Son libero Klaus Augenthaler qui a atteint une dimension exceptionnelle dans le jeu au cours de cette saison 1986-87 et dont l'influence sur le rendement de l'équipe bavaroise est décisive, est suspendu à la suite de son expulsion de Madrid. Roland Wolfarth, blessé quatre jours plus tôt en championnat, est indisponible. Sa défense prend parfois de grandes libertés, contrepartie d'un style offensif voulu et entretenu. Mais surtout, l'équipe de Lattek va affronter un adversaire très typé, fort bien armé pour le contrer avec des armes de vivacité, de technicité et de solidarité qui existent rarement à un tel niveau de plénitude. Dynamo Kiev, le soi-disant invincible, en sait quelque chose.

Ce qui est troublant, avant cette finale, c'est la confiance extraordinaire qui habite le camp de Porto. « Notre équipe est beaucoup plus forte moralement que lors de la finale de Coupe des Coupes contre la Juventus, affirme Artur Jorge. Mais physiquement aussi. Et, tactiquement, elle a franchi une étape. ».

Artur Jorge n'évoque à aucun moment les graves blessures de Casagrande, de Lima Pereira, de Jaime Pacheco et de Gomes (fracture) qui les rendent indisponibles. A ceux qui soulignent ces absences, il répond :« Je regrette qu'ils ne soient pas là. Mais je dois faire comprendre aux autres qu'ils peuvent gagner sans Gomes. » Celui-ci, de son lit de souffrance, est très optimiste :« Nous ne commettrons pas, à Vienne, l'erreur de Bâle en croyant qu'une participation à une finale est un aboutissement. Nous jouerons pour gagner,

conscients de la légitimité de notre ambition. »

Le Bayern compte sur Lothar Matthäus pour donner à son équipe le tempo. Il s'agit là d'une méprise. Car l'ancien garde-chasse de tous les numéros 10 d'Allemagne et du monde, s'il a évolué dans le sens d'un demi plus ouvert aux responsabilités collectives et à la perception du jeu, n'a pas la dimension d'un créateur de génie. C'est un numéro 8, tout en muscles et en souffle, ardent sur l'homme et la balle, mais pas un ordonnateur ou un metteur en scène. Le Bayern l'a pourtant installé en laissant partir le Danois Lerby à Monaco, en lui offrant un nouveau contrat — somptueux — de trois ans et en lui permettant, insigne faveur, de continuer à porter les couleurs de Puma au sein d'une équipe sous contrat avec Adidas.

La première mi-temps est totalement bavaroise. L'équipe de Lattek exerce une formidable pression athlétique sur son adversaire, zèbre le terrain de balles fortes et précises, saute d'une aile à l'autre, ne commet pas une erreur. Il tient le chat écrasé sous sa patte de lion et regarde de temps à autre si sa proie respire encore. A la 25ᵉ minute, sur une remise de touche de Pflügler, Magalhaes, en marche arrière, dévie le ballon sur Kögl, lequel, dans un réflexe instantané et d'une belle tête plongeante, le propulse dans la cage. C'est la sanction logique d'une domination complète, une sanction qui appelle d'ailleurs naturellement d'autres buts. Malheureusement pour lui, le Bayern traîne en route et gâche plusieurs occasions, notamment une par Michel Rummenigge, contré magnifiquement par Mlynarczyk.

Certains diront que le Bayern a péché par orgueil au cours de cette mi-temps étonnamment favorable. Il pèche surtout par manque de justesse et de précision dans la phase terminale de ses actions. Il donne des verges pour se faire fouetter.

Personne ne pense, cependant, à la mi-temps, que l'équipe de Lattek est vaincue. Elle a donné une telle impression de force collective qu'on la voit mal céder cette finale qui lui tend les bras. On a mal évalué en fait la capacité de réflexion tactique et d'adaptation aux circonstances de Porto. Artur Jorge fait d'abord entrer Juary à la place de Quim, ce qui allège la surveillance dont Futre, seul attaquant de pointe, faisait l'objet. Et il confie à Madjer le rôle de faux centre-avant habituellement dévolu à Gomes.

L'équipe de Porto devient alors réellement dangereuse pour le Bayern. Elle ne se contente plus, par son quatuor du milieu, de tisser une toile d'araignée, de boucher les espaces et de harceler l'adversaire. Elle tient la balle et la fait vivre. Futre réalise alors un exploit fantastique sur le côté droit, perforant la défense bavaroise de quatre dribbles irrésistibles et tirant de très peu à côté. Le Bayern est essoufflé. Sur le banc, Lattek accuse Matthäus de « présence inexistante ». Il apparaît clairement, en effet, à ce moment-là, que le Bayern manque cruellement d'un chef et d'un inspirateur.

La première option offensive (Juary) n'ayant pas suffi, Artur Jorge définit une troisième version d'organisation. Il fait sortir un défenseur (l'arrière gauche Inacio) pour faire entrer un demi offensif (Frasco), ce qui libère un peu plus Madjer et permet à l'international algérien de prendre plus de risques offensifs.

L'ancien joueur d'Hussein-Dey et du Racing Club de Paris, qui a déjà causé le malheur de la R.F.A. en Coupe du monde 1982 avec l'Algérie, s'embarque sur son tapis volant. A la 77ᵉ minute, une percée de Juary et un centre propulsent le ballon devant la cage du Bayern. Madjer tourne le dos à celle-ci et comprend en un éclair qu'il n'aura pas le temps de contrôler et de se retourner. Il se laisse donc dépasser par le ballon et le frappe du talon, geste de farceur génial et illuminé. Porto a égalisé et le Bayern a un genou en terre.

Les joueurs portugais se sont précipités sur Madjer. Ils l'ont félicité, embrassé, plié en petit paquet. Rabah Madjer a une crampe, qu'il soigne sur la touche. Les Bavarois l'ont oublié. Sur le bord du terrain, Madjer attend l'autorisation de rentrer. Il l'obtient. Aussitôt, Celso lui adresse une longue passe sur l'aile gauche. Dans l'enchaînement, Madjer élimine un défenseur allemand puis, avant l'intervention d'un second, adresse un centre judicieusement dosé que Juary, lancé comme un avion, reprend en hauteur ; de l'intérieur du pied (80ᵉ minute, 2-1).

Le Bayern, pour n'avoir pas cru aux pouvoirs d'invention de son adversaire portugais, reçoit le ciel sur la tête. Matthäus l'accepte plutôt bien, estimant que « cela fait partie du jeu. » Udo Lattek, lui, est en rage. La plus grande déception de sa carrière, dit-il. « Je suis heureux de quitter Bayern. A mon âge, je préfère ne plus être responsable d'une équipe qui perd la tête dans les moments difficiles. Il y a même des joueurs que je ne veux plus apercevoir, ni de loin, ni en photo. »

Porto baigne dans le bonheur. Il est couronné, enfin reconnu. En plantant un arbre de la liberté, il a transformé son rêve en réalité.

Juary, l'ex-Brésilien du Calcio devenu l'un des Brésiliens de Porto (avec Celso notamment) est un joueur d'instinct et de jaillissement. Sur un centre de la gauche expédié par Madjer, il a bondi et frappé sous la barre. Il vit son grand soir, sa révolution. Et comme il est croyant, il fait aussitôt ses dévotions.

Vercruysse et ses pantoufles dorées

Une ère nouvelle s'est instaurée à Bordeaux après la difficile victoire en Coupe de France 1986. Ce succès masquait en effet un affaiblissement du rendement collectif dû peut-être au vieillissement de certains joueurs, dû aussi aux fatigues accumulées et à des tâtonnements dans la préparation physique. Bordeaux, rappelons-nous, avait été éliminé dès le premier tour de la Coupe d'Europe des Clubs Champions. Par Fenerbahce, le représentant turc ! Il en avait conçu une forte amertune et, sûrement, des enseignements.

Aussi, quand le premier tour de la Coupe des Coupes 1986-87 survient, avec le club irlandais de Waterford comme adversaire, Aimé Jacquet et les joueurs girondins se montrent prudents. Pas inquiets mais prudents. L'entraîneur bordelais est allé constater sur place que Waterford pratiquait un jeu primaire sur un terrain en pente et bosselé. Le « *kick and rush* » (la frappe et la course en avant) comme disàient nos ancêtres quand ils entendaient l'Anglais.

Sans que cela ait été clamé sur les toits et dans les gazettes, il ne déplairait pas au président, à l'entraîneur et aux joueurs girondins de faire de Bordeaux le premier club français à gagner une coupe européenne. Chacun y pense, là-bas, sur les bords de la Mersey française. Et Bernard Lacombe n'est pas le dernier, malgré une douleur à un genou, une tendinite ailleurs et la certitude mitigée qu'il sera titulaire cette saison. « La Coupe d'Europe, cela demande un mental extraordinaire, une motivation extrême. Chaque match y est un événement qui exige toutes ses forces, de la concentration et de la lucidité. Aucune erreur n'y est pardonnée ».

Bernard Lacombe a remarqué, du banc de touche, que la sauce au vin girondine n'avait pas encore pris. « Le jeu collectif nous fait encore défaut et, sur les balles d'attaque, le déchet est beaucoup trop grand. » Lacombe, sans se cacher, évoque les difficultés de Ferreri et de Vercruysse à s'intégrer techniquement et à assimiler les réalités du jeu girondin. Mais il précise, ce que l'on retiendra : «Vercruysse a des qualités énormes.

Il n'est pas personnellement en cause mais il est démontré une fois de plus qu'il n'est pas évident, avec une somme d'individualités brillantes, d'obtenir de meilleurs résultats. Il nous sera sans doute difficile de retrouver le niveau de jeu qui était le nôtre il y a deux ans. »

A Waterford, avec un milieu Tigana-Vercruysse-Girard-Zoran Vujovic (Thouvenel arrière gauche) et une attaque Ferreri-Zlatko Vujovic, Bordeaux joue sérieux. Très sérieux. Claude Girard, qui marque le premier but sur une frappe de vingt mètres, de l'extérieur du pied droit (passe en retrait de Ferreri) dira à la fin : « On ne s'est pas fait plaisir. Dans ces conditions de jeu, ce n'était d'ailleurs pas possible. En revanche, on a fait exactement ce qu'il fallait. »

Face à des adversaires frustes, avec un ballon qui rebondit comme s'il était ovale et aux prises avec un gardien de but qui ne part sur aucune feinte quand on se présente face à lui, les Girondins « assurent ». Quand Vercruysse marque, d'un plat du pied, le deuxième but de son équipe (grâce à un débordement sur la gauche de Zlatko), les Girondins ont assuré leur qualification (62e, 2-0). Mais une étourderie, sur corner et à une minute de la fin, leur coûte un but marqué par Synnott et « ennuie » Jacquet parce que, selon lui (et selon les observateurs) « les Irlandais ne méritaient absolument pas de marquer ».

Au retour, à Bordeaux, devant 12 000 spectateurs, les Girondins confirment qu'ils ne sont pas à l'aise, du moins pas encore. Avec un milieu Tigana-Ferreri-Girard-Vercruysse (Zoran Vujovic arrière gauche) et une attaque Lacombe-Zlatko Vujovic, les Bordelais piétinent pendant soixante-quinze minutes et butent presque systématiquement contre la défense en ligne des Irlandais et le piège du hors-jeu. Ils terminent cependant par un feu d'artifice de onze minutes — quatre buts marqués par Zoran Vujovic (79e), Zlatko Vujovic (85e), Reinders (85e, encore là mais qui va bientôt partir à Rennes), Vercruysse (90e) — et se font discrets dans le commentaire. « Il nous a fallu ruser. » (Aimé Jacquet).

Au tour suivant — huitième de finale — les Girondins se voient attribuer Benfica, deux fois vainqueur de la C1 dans les temps anciens (1961, 1962) finaliste trois autres fois (1963, 1965, 1968), et redoutable compétiteur en toutes circonstances. On pense que ce n'est pas une affaire pour Bordeaux. Ce n'en est pas une, non plus, pour Benfica.

Au Stade de la Luz, devant 110 000 spectateurs, et dans une version plus fermée qu'ouverte (Roche au milieu, Ferreri en pointe modulée), Bordeaux laisse venir Benfica, s'appuie lourdement sur sa défense et, de sa ligne médiane bien fournie, expédie de temps à autre une flèche empoisonnée. Le combat est âpre (« J'avais peur que nous craquions face à une pareille agressivité physique et une pareille percussion athlétique » dira Jacquet) mais les Girondins ont déjà connu le baptême du chaudron à Bilbao, à Bucarest et à Krivoï-Rog en 1984-1985. Ils font front. Mieux : ils mènent 1-0 à la suite d'un mauvais renvoi portugais et d'une exploitation immédiate de Zlatko Vujovic (17e minute). Malheureusement, sur un coup franc tiré de la gauche par Carlos Manuel, les Bordelais ne parviennent pas à contrôler Rui Aguas dont la reprise de la tête expédie le ballon juste sous la barre (31e).

Benfica, rassuré, mène alors des incursions fréquentes dans le camp adverse mais Bordeaux réagit souvent, au point de se créer plusieurs occasions franches. « La seule lacune de Bordeaux à Lisbonne, va écrire L'Equipe, est son manque de réalisme. Sinon, l'équipe girondine est forte. Collectivement. Techniquement. Tactiquement. Moralement. Et l'enseignement majeur de ce match est la démonstration de son aptitude à bien gérer les événements en cours de partie. »

En réussissant à préserver le résultat nul (1-1) à Lisbonne, les joueurs girondins ont acquis la conviction que la qualification aux quarts de finale est tout à fait dans leurs cordes. Ils n'ont pas tort mais, le 5 novembre 1986, ils ne sont pas dans leur assiette, fatigués par le calendrier démentiel. Entamés sur le plan psychologique. « Il nous manque le petit plus qui fait la différence, le soupçon de lucidité nécessaire dans l'instant décisif », remarque Jacquet.

24 000 spectateurs bordelais assistent donc au spectacle un peu irritant d'une équipe girondine se faisant piéger par le hors-jeu et gâchant beaucoup de choses par précipitation (« Peut-être jouons-nous trop vite. »). Mais Benfica, s'il a tout pour embêter Bordeaux — occupation du terrain, actions individuelles — manque d'une dimension pour pouvoir l'éliminer. Et il n'a pas Vercruysse !

Le « grand », à la 44e minute, dans cette tranche « minutaire » si importante de l'avant-repos, se voit confier le soin de tirer un coup franc à vingt mètres, à la suite d'une faute de Veloso sur Zlatko Vujovic. La veille, il en a tiré une trentaine à l'entraînement et, s'il ne possède pas encore la régularité de métronome de Platini dans cet exercice, il n'est pas mal du tout. Il jauge le placement du mur et, d'une frappe brossée très enveloppée, expédie un ballon qui semble partir vers la droite avant d'aller se ficher dans la lucarne du but portugais.

Quand Bordeaux est qualifié (1-0 final), Aimé Jacquet fait plein de compliments à son tireur d'élite chaussé de pantoufles dorées : « Il dispose d'une marge de progression énorme. Mais d'ores et déjà, il sait prendre ses responsabilités. Il peut devenir le chef d'orchestre dont nous avons besoin. »

Zlatko superstar

Quand reviennent le printemps et le temps des quarts de finale, Philippe Vercruysse n'est pas le chef d'orchestre des Girondins. Il n'en est même plus l'un des solistes. Blessé puis maintenu dans le cadre de réserve, il ne va pas jouer un match de championnat entre le 29 novembre 1986 et le 17 avril 1987, soit pendant douze journées. Au moment où l'équipe bordelaise éliminait Benfica, Jacquet se plaignait de la « stagnation » de son équipe « à tous les niveaux ». « Nous sommes bloqués à un palier après avoir effectué une grosse progression », disait-il. Au moment où l'équipe bordelaise doit affronter Torpedo Moscou en quarts de finale (4 et 18 mars 1987), il ne le dit plus. Il y a eu la longue trêve d'hiver (handicap au niveau du rythme mais bénéfice à celui de la récupération), le Challenge des Champions, remporté à Pointe-à-Pitre contre Paris Saint-Germain (1-0), la rentrée de José Touré, l'arrivée de Philippe Fargeon, l'affirmation d'Alain Roche à différents postes (mais surtout à celui de stoppeur, dans la suite de Léonard Specht), une redéfinition de l'équipe et une série d'essais tactiques lors de plusieurs matches amicaux à Porto, à Glasgow et

Philippe Vercruysse, dans un désert, exécute le gardien de Waterford, Flavin, d'un plat du pied et d'un tir croisé.

Jean-Marc Ferreri, dans un corridor encombré, se fait coincer par deux Irlandais. Mais Bordeaux gagne 2-1 en déplacement.

ailleurs. Ces essais, et les enseignements qui en ont découlé, ont amené Jacquet à proposer à ses joueurs, pour le match-aller à Bordeaux (22 627 spectateurs), un « coup tactique » à partir d'une analyse très poussée du jeu de Torpedo.

« L'équipe moscovite fonde son système sur son assise défensive. Elle est capable de se laisser dominer, sans jamais offrir un ballon négociable à l'adversaire. Puis, tout d'un coup, elle jaillit. De partout, avec des joueurs extrêmement rapides comme les jumeaux Savitchev. Nous allons donc, pour lui bloquer les espaces de dégagement et de contre, évoluer avec deux liberos, Battiston et Roche, qui relanceront très vite, jouer la ligne derrière pour mettre hors jeu les jaillissements adverses et presser Torpedo sur ses bases, constamment. Cela va exiger de nous beaucoup de générosité et de concentration mais cela en vaut la peine. »

Pendant une heure dix, Torpedo n'a pratiquement pas son mot à dire dans le jeu. L'équipe girondine impose son idée directrice et bloque les espaces. Mais, dans le même temps, remarque Jacquet, son jeu manque d'envergure. A la mi-temps, l'entraîneur bordelais demande donc à ses hommes de construire un peu plus et de multiplier les courses croisées pour offrir plus de solutions au porteur du ballon. Zlatko Vujovic est d'accord pour se multiplier. A la 56e minute, il reçoit une passe de Tigana, crochète, déborde et expédie son ballon au deuxième poteau, où Fargeon se retrouve tout seul pour le mettre au fond et marquer ainsi son sixième but en six matches avec les Girondins. De la tête, qui n'est pas son point fort, paraît-il. « C'est un régal de jouer ici, s'extasie le « petit Suisse ». Les ballons vous arrivent presque à chaque fois dans les meilleures conditions. »

Zlatko Vujovic est, effectivement, éblouissant. Six minutes avant d'avoir offert le but à Fargeon, il a distillé une passe géniale à Ferreri (qui s'est fait devancer par le gardien Kharin). Et, sept minutes avant la fin, il en cisèle une autre que le même Ferreri transforme en tir fracassant sur la barre transversale.

On a remarqué cependant, au cours des vingt dernières minutes, un net retour de Torpedo aux affaires. « Quelle intelligence, quel esprit conquérant, constate Jacquet. Cette équipe moscovite est très attachante et surtout, elle est redoutable. »

Très heureux, dans un premier temps, de la manière dont ses joueurs ont absorbé et utilisé son coup tactique, l'entraîneur bordelais l'est un peu moins à la réflexion. « Un but d'écart, c'est indiscutablement insuffisant. Cela ne nous paye guère

de notre investissement considérable dans l'effort athlétique et la construction du jeu. »

Jean Tigana, lui, est optimiste : « Nous progressons. En jouant différemment que par le passé parce que les hommes ont changé mais sans inquiétude. Nous avions mis trois ans pour arriver à bien synchroniser l'équipe précédente. Il nous faudra bien encore un an pour atteindre le même objectif avec celle-ci. Cela dit, je pense que le Bordeaux actuel, s'il est moins brillant que celui de 1985, est plus percutant, mieux armé pour le contre. Notre jeu est totalement différent. Il faudra attendre un peu pour savoir s'il est mieux adapté à la Coupe d'Europe. »

Le match-retour en territoire soviétique — à Tbilissi parce que la neige recouvre encore les dômes de Sainte-Sophie à Moscou — ne peut être une partie de plaisir. Aimé Jacquet le sait, qui a planché sur les données tactiques de la rencontre en sachant que Torpedo « est une équipe de Coupe, donc une équipe de coups ».

Il en a conclu que l'entraîneur moscovite Ivanov a deux possibilités : soit injecter quatre nouveaux joueurs dans son équipe, soit se contenter d'une retouche avec l'apport d'un attaquant supplémentaire. Ivanov choisit la première avant de se rallier à la seconde car José Touré a ouvert le score sur penalty, à la 38e minute.

C'est, pour José, l'affirmation d'une résurrection, un an (à un jour près) après son accident contre l'Inter de Milan avec le F.C. Nantes. C'est, dans le match, le premier événement d'une série qui va laisser les cœurs (des spectateurs) et les corps (des participants) dans le désordre et la meurtrissure. Car, indépendamment des mesures tactiques prises des deux côtés, c'est au coffre,

José Touré est ressuscité, tout à fait entier. S'il est assis dans la luzerne, c'est pour récupérer avant d'aller tirer un coup de pied au but à René Muller (Lokomotiv Leipzig-Bordeaux).

aux mollets et à la savate que se jouent la plupart des duels. Une colombe, de passage inopiné, s'enfuit épouvantée. Il pleut de la grenaille en Géorgie et les Bordelais ont sorti la sulfateuse pour soigner la vigne.

L'équipe française, après avoir mené 1-0, mène 2-1 après qu'Agachkov ait égalisé sur penalty (48e) pour une faute de Zoran Vujovic sur Chirinbekov. Dans le rond central, José Touré a réussi une interception diabolique, poursuivi le contre rectiligne et tiré un peu tard sur le gardien Kharin sorti à la manière d'un boomerang tournoyant. La balle a frappé le gardien, rebondi sur Prigoda et pris le chemin initialement prévu par Touré.

A 2-1 pour Bordeaux, comme l'écrit *L'Equipe* « c'est le petit Jésus en culotte de velours ». C'est aussi, comme le veulent les Moscovites furieux (et sifflés par les spectateurs géorgiens), le diable en culotte de peau monté sur un char d'assaut. Rien n'est autorisé à rester debout plus de deux secondes à partir des trente mètres de chaque côté. C'est ainsi qu'un coup franc à vingt-cinq mètres déclenche un extraordinaire coup de canon victorieux de Chirinbekov, le gardien Dropsy étant cloué comme un papillon par le naturaliste (62e, 2-2) et qu'un penalty sifflé à la suite d'une « planchette japonaise » de Touré sur Youri Savitchev permet à Torpedo de reprendre l'avantage par Agachkov (70e, 3-2).

Il manque encore un petit but à l'équipe moscovite pour réussir l'exploit et vingt minutes pour tenter d'y parvenir. C'est l'enfer pour Bordeaux. Et l'investissement total dans l'expression physique. Zlatko Vujovic offre un merveilleux ballon de contre à Ferreri que celui-ci transforme en bâton de guimauve.

Bordeaux préserve finalement sa qualification à l'issue d'un match ultra-défensif (deux stoppeurs, Roche et Rohr devant Battiston). « On peut aimer un certain football et être amené à choisir une option radicalement autre que sa propre conception, parce que la haute compétition l'exige » dit Jacquet. « C'est la victoire d'un groupe solidaire », affirme Tigana.

José Touré a été superbe. Mais le grand homme, le sublime, le sorcier, s'appelle Zlatko Vujovic. Il en a mis plein les yeux d'Ivanov, l'entraîneur soviétique, plein les yeux de tout le monde. « C'est un joueur qui possède une manière de photographier le jeu extraordinaire. Il allie forte personnalité et altruisme. En plus, il est extrêmement dangereux balle au pied et par ses appels incessants. A Tbilissi, il a tenu la baraque offensive tout seul. » (Jacquet).

Zlatko Vujovic superstar.

Le syndrome de Lokomotiv

Les quatre clubs demi-finalistes de la C_2 86-87 sont de natures diverses et il est bien difficile de savoir lequel s'accorderait mieux aux qualités et au tempérament girondins. De toute façon, il n'y a pas le choix.

Ajax Amsterdam a éliminé Burcsaspor (Turquie, 2-0, 5-0), Olympiakos du Pirée (4-0, 1-1), Malmoë F.F. (0-1, 3-1). Saragosse s'est imposé à l'A.S. Roma (0-2, 2-0, penalties), Wrexham (Pays de Galles, 0-0, 2-2 après prolongation), Vitocha (Bulgarie, 2-0, 2-0). Lokomotiv Leipzig a écarté Glentoran (Irlande du Nord, 1-1, 2-0), Rapid de Vienne (1-1, 2-1 après prolongation) et Sion (Suisse, 2-2, 0-0).

Les Bordelais ne tiennent pas particulièrement à Lokomotiv Leipzig. Cette équipe leur a cassé les pieds en 1983, en trente-deuxièmes de finale de C3, en s'imposant à Bordeaux (3-2) et en les écrasant en R.D.A. : 4-0, quatre buts de Richter au total des deux matches. C'est pourtant Lokomotiv que le sort attribue aux Girondins, petite facétie sans importance si l'on en croit les observateurs. L'équipe est-allemande n'est pas, en effet, du génie dont on fait les gratte-ciel. Elle ferraille, boulonne, roule sur des rails immuablement rectilignes et ne compte guère, dans le genre artiste et incongru, que le gardien René Müller, l'un des trois ou quatre meilleurs du monde à son poste.

Bordeaux, après avoir éliminé successivement Waterford, Benfica et Torpedo Moscou, a du crédit. On souligne sa régularité dans la performance européenne, la préparation tactique et psychologique poussée que mène Aimé Jacquet auprès de ses hommes, l'harmonie et la solidarité à l'intérieur du groupe entraîneur-joueurs, l'aptitude à voyager et à subir la pression, les ressources morales très élevées de l'ensemble. On en conclut que Bordeaux a de bonnes chances de jouer la finale à Athènes et de devenir le premier club français à remporter l'une des 88 coupes européennes mises en jeu depuis 1956.

On gomme ainsi, par vouloir, par gourmandise, plusieurs réalités. L'équipe girondine est engagée sur trois fronts de compétition et elle est tellement

Zlatko Vujovic l'attaquant n'est pas un tendre. Pour conquérir le ballon, il n'hésite pas à transformer son adversaire en petit tas (Lokomotiv-Bordeaux).

Frank Rijkaard le défenseur n'est ni un tendre, ni un garçon de bains. Mais son adversaire, dans une seconde, sera une serpillière (Ajax-Saragosse).

engagée qu'elle va triompher de deux. Lokomotiv a évolué encore (vers le haut) depuis 1983.

Avec une défense Rohr-Specht-Battiston-Zoran, une ligne médiane Girard-Tigana-Touré, Ferreri et une attaque Fargeon-Vujovic, Bordeaux réalise un début de match-aller remarquable sur ses terres, devant 37 082 spectateurs. Et il continue, après une grosse émotion causée par une erreur de Rohr (passe en retrait hasardeuse) qui oblige Dropsy à réaliser un exploit devant Leitzke.

L'équipe de Jacquet domine, n'est absente d'aucun compartiment du jeu y compris le domaine aérien, prend des initiatives, produit des efforts considérables de déplacement et de percussion, attaque, maîtrise le match. Mais ne marque pas.

A la 44e minute, à la suite d'un coup franc à vingt mètres, légèrement sur la gauche, Touré ajuste une frappe magnifique. La balle heurte violemment la barre transversale, revient sur la tête de Fargeon et se fait cueillir par Müller, placé miraculeusement sur la trajectoire.

Cinq minutes après le repos (50e), la reprise d'un centre de Ferreri par Touré, du bout du pied, échoue pour quelques centimètres.

La succession d'occasions manquées a toujours un effet négatif, ou du moins réducteur, sur le moral des troupes combattantes. Bordeaux a donc tendance à rétrécir son champ, à ne pas aller plus loin dans sa conquête et à attendre que Lokomotiv perde un peu de vapeur. Il n'a pas prévu l'impondérable.

A la 65e minute, sur un long centre de Bredow venu de la droite, Richter (ah ! celui-là !), tire, du pied gauche, sur la transversale. La balle revient en jeu sur la tête de Bredow qui trompe Dropsy (0-1). Bordeaux ne méritait évidemment pas ça.

L'effet Fargeon s'étant estompé, la présence quasi permanente de quatre joueurs à la pointe du combat (Fargeon, Zlatko Vujovic, Touré, Ferreri) n'ayant pas donné les résultats escomptés, Jacquet fait entrer Vercruysse (68e) à la place du « petit Suisse ». Il faudrait de la lucidité et du sang-froid pour concrétiser la pression, des gestes techniques plus variés et plus précis. Mais la reprise acrobatique de Vercruysse, quatre minutes avant la fin, passe au-dessus.

Trois sentiments habitent les Girondins après cette défaite à domicile. L'injustice provoquée par la bizarrerie du résultat. Une forme d'admiration pour Lokomotiv (« Je n'imaginais pas cette équipe aussi intelligente et aussi truqueuse, aussi efficace pour casser le rythme », dit Jacquet). La conviction qu'il est possible d'aller gagner à Leipzig

(« La chance doit tourner. J'y crois, j'y crois fort. » Touré).

Or, jamais une équipe de football française n'a gagné en R.D.A. Mais Bordeaux, depuis le début de la Coupe des Coupes 86-87, a marqué six fois à l'extérieur : trois à Waterford, une à Benfica, deux à Tbilissi.

« Il faut tenter un coup et déclencher quelque chose à partir d'une certaine idée offensive. Nous sommes devant un adversaire qui n'attaquera pas car il a tout pour lui, toutes les garanties », explique l'entraîneur bordelais à ses hommes.

Bordeaux, rassuré par ses résultats en championnat (3-0 contre Marseille, 2-2 à Monaco), souhaite « un peu de réussite » pour l'aider à s'en sortir. Mais cela commence mal avec le forfait de Battiston (blessure musculaire à la cuisse) et l'obligation de bâtir une charnière centrale défensive Rohr-Roche. Rohr stoppeur et Roche libero.

Cela commence mal mais cela commence bien. Sur le terrain de Leipzig. A la 3e minute, sur un centre en chandelle de Girard au point de penalty, Fargeon effleure de la tête un ballon sur lequel Zlatko Vujovic se jette, lui aussi de la tête. Avec la complicité de la cuisse de Lindner, Müller est enfin battu. Et, à deux fois 0-1, l'égalité est rétablie, avec 87 minutes devant soi pour faire avancer la qualification.

Lokomotiv commet des erreurs. Bordeaux joue avec détermination. Un choc aérien entre Touré et Zötsche ouvre la pommette gauche de l'Allemand (20e). Lokomotiv se stabilise après le repos. Deux équipes en parfait état de marche, mécaniciens aux machines, graisseurs aux clapets, techniciens aux réglages, s'affrontent piston contre piston. La maîtrise technique de Bordeaux est mise en évidence, sa maturité également. Pour la première fois — l'une des premières fois, s'agissant de Bordeaux — une équipe française s'exprime à l'extérieur.

L'exploit se dessine. A la 72e minute, sur une percée dans l'axe, José Touré déclenche un tir soudain et rectiligne qui voit le ballon... frapper la base d'un poteau. Manque de réussite évident.

Il faut aller en prolongation. Les deux machines continuent à tourner et le public est-allemand (73 000 spectateurs) s'enflamme comme rarement il l'a fait. A la 106e minute, début de la deuxième tranche de prolongation, Bordeaux semble devoir être éliminé. Un penalty vient d'être sifflé par l'arbitre anglais M. Courtney pour une faute de Zoran Vujovic sur Richter. Zötsche l'ensanglanté voit son tir repoussé par Dropsy et le ballon, repris par Marschall, va rebondir sur la transversale.

Johan 1er en son royaume

Bordeaux n'est pas éliminé et il ne l'est toujours pas au terme des cent vingt minutes ! Tirs au but donc, pour une place en finale à Athènes. Pour le jour de gloire ou le désespoir.

Aimé Jacquet a un principe en ce domaine. « Nous ne nous entraînons jamais à tirer des penalties. Cela ne sert à rien. C'est une question de sang-froid et de maîtrise. » Après cent vingt minutes de jeu intense, les mollets sont durs et les cerveaux pollués. Vercruysse, entré à la 79e minute à la place de Ferreri, manque son essai dans la première série de cinq, Touré, Rohr, Girard, Roche réussissant le leur. Heureusement, de l'autre côté, Liebers manque aussi le sien, Lindner, Marschall, Zötsche, Kühn battant Dropsy. Deuxième série et le premier qui rate a perdu. Tigana marque, Altmann aussi, Cinq à cinq.

Des quatre Bordelais qui restent, indépendamment de Dropsy, ni Thouvenel, ni Fargeon, ni les frères Vujovic n'ont envie d'aller au casse-pipe. Il faut pousser Zoran vers l'abattoir. Qui voit son tir bloqué par René Muller. Alors, celui-ci dopé par sa réussite, porté par la foule, animé par le goût du défi, va tirer le premier penalty de sa carrière. Dans le coin gauche, en haut, en force. Par six coups de pied à cinq, Lokomotiv élimine Bordeaux et c'est, dans l'Hexagone, un gros coup de déprime même si soixante pour cent seulement du pays a pu voir les images relayées par la Cinq (contre une indemnité de huit millions de francs versée à Bordeaux).

« Nous sortons la tête haute... Nous avons gagné en R.D.A., il ne faut pas l'oublier... Pas question pour nous de remettre en cause nos choix et nos orientations... Mais la sanction de ces deux matches contre Lokomotiv est terrible. Cela dit, je suis sans regret. Le temps, les faits nous donneront raison. » (Jacquet).

Trois jours après, Bordeaux s'impose devant Monaco en Coupe de France (2-0). Un bon petit Saint-Emilion n'est pas malvenu, « après toutes ces galipettes à travers des pays sauvages où l'on ne sait même pas ce que c'est qu'une vigne ».

Lokomotiv Leipzig va donc jouer la finale de C$_2$, troisième équipe est-allemande après Magdebourg 1974 et Carl Zeiss Iéna 1981 à atteindre le stade ultime de cette compétition. Son adversaire, qui l'attend de pied ferme à l'ombre de l'Acropole, est le célèbre Ajax Amsterdam, trois fois vainqueur de la Coupe d'Europe des Clubs Champions au temps de la belle armada Cruyff, Keizer, Rep, Haan, Neeskens, Muhren, Krol et compagnie.

Cette équipe d'Ajax, qui vient de passer les agités de Saragosse à l'essoreuse (3-2, 3-0), a marqué vingt et un buts en huit matches. Et tous les observateurs qui l'ont admirée en action s'accordent à dire qu'on n'a pas vu depuis longtemps une formation aussi délibérément offensive et aussi bien organisée pour se donner les moyens de sa politique audacieuse.

Il faut préciser que cette équipe d'Ajax 1987 est dirigée par un technicien de quarante ans qui joua avec succès jusqu'à trente-sept et qui fut le plus grand joueur néerlandais de l'histoire. L'un des meilleurs du monde également, juste derrière Pelé l'inimitable. Johan Cruyff en personne.

Johan Cruyff, que l'on surnomma Johan 1er pour le distinguer de Johan II Neeskens, son porteur d'eau à Ajax, à Barcelone et chez les diables orange ne fait pas dans la nostalgie, les idées fixes ou le « moi, je ». Il a, du football, des idées extrêmement précises à partir desquelles il estime que le jeu appartient aux joueurs et que le terrain est fait pour s'y amuser. « Pour obtenir des résultats, il est indispensable d'atteindre son plein équilibre physique, mental, technique. Le meilleur moyen d'y parvenir est, à partir d'une organisation collective rigoureuse, d'être toujours en mouvement, toujours disponible, de dicter sa loi à l'adversaire en imposant son propre style de jeu basé sur l'offensive. Avec moi aux commandes, Ajax jouera toujours de manière offensive et ni mes joueurs, ni le public ne s'ennuieront. »

Pour obtenir ce résultat, Johan Cruyff a expliqué, exigé, agi. Il s'est surtout appuyé sur un noyau de jeunes joueurs doués (« ma chance », dit-il) qu'il a encouragés à oublier l'Ajax mythique des années 1970 (« ce serait la pire erreur à commettre que de ne pas le faire ») : « Vous êtes

A l'attaque. Aux canots. A l'abordage. Allah Akbar. Ajax et Lokomotiv s'étripent et s'époumonent. Silooy l'Ajaxien a un poitrail d'avance sur Scholz (photo de gauche). Menzo, le gardien batave, a une longueur de retard sur Richter (au contact) et sur Zoetsche. Mais Ajax tient bon la barre.

Quand Van Basten la Tornade souffle sur le ballon, il faut fermer les rideaux. Lokomotiv Leipzig avait oublié de tirer le sien.

vous. Vous êtes perfectibles. Ecoutez-moi et vous irez loin. »

Disposant de trop de bons joueurs évoluant sur le même registre durant la saison 85-86, Johan Cruyff a tenu à engager Wouters qui évoluait à Utrecht et Blind qui jouait à Sparta. « J'ai pu rééquilibrer mon équipe et, aujourd'hui, je comparerais l'Ajax à une chaîne dont chaque maillon est fiable. »

Pour Athènes, Ajax est privé de Johnny Bosman, expulsé à Saragosse après avoir marqué, làbas, ses septième et huitième buts dans la compétition. Mais il peut compter sur Arnold Muhren, le capitaine de route âgé de trente-six ans ; sur Mark Van Basten, le Soulier d'Or européen de *France-Football* et Adidas déjà engagé par Milan A.C. ; et sur le phénoménal libero Frank Rijkaard, un essuie-glace en or et diamants capables d'effectuer des passes (précises) de quarante mètres, d'exercer un pressing d'enfer et de se porter en attaque pour créer le surnombre.

L'Ajax de Cruyff le technicien a remis en valeur le jeu des ailiers spécialisés. Johnny Van't Schip (182 centimètres, 72 kilos) opère à droite ou à gauche, Richard Witschge (180 centimètres, 78 kilos, vingt ans) à gauche ou à droite. Et quand l'un des deux faiblit, Dennis Bergkamp, un extraordinaire dribbleur de dix-sept ans, entre en scène.

Blind s'étant tordu le pied le matin de la finale, Cruyff le remplace par Boeve mais, surtout, il titularise le jeune Verlaat en défense centrale, lui offrant ainsi... son premier match européen. Et Ajax attaque, prenant des risques importants, se livrant aux contres de Lokomotiv Leipzig, notamment sur une bavure du jeune Silooy effectuant une passe en retrait mal dosée (2e minute).

Mark Van Basten, rendu célèbre dans toute l'Europe par un énorme ciseau retourné victorieux dont les télévisions ont fait leur chou gras, est surveillé comme le lait sur le feu par les défenseurs est-allemands. Mais il est manifestement présent, et pesant. A la 20e minute, l'arrière droit d'Ajax, Silooy, pour se racheter peut-être de sa bévue, enfile le couloir de l'aile et réussit à centrer un

ballon aérien au premier poteau. Un arrière bondit à côté de Van Basten. René Müller a confiance. Il a tort. Le ballon est au fond de ses filets. Van Basten est un poison mortel contre lequel il n'existe pas de tisane.

La finale est bouclée, Lokomotiv Leipzig est bien incapable de prendre le jeu à son compte et d'assurer une partie du spectacle. Ajax, moins bon que d'habitude, ne parvient pas à se dépêtrer du système chewing-gum de son adversaire. Ça colle aux chaussures, ça poisse sur les mains, ça obscurcit les yeux.

Ajax reste tout de même maître des opérations et remporte la Coupe des Coupes. Les Ajaxiens confient à Johan Cruyff le soin de brandir le trophée. Le maître s'exécute, goûte la satisfaction de la réussite mais ne perd pas sa lucidité : « Avec Bordeaux, je pense que la finale aurait été plus spectaculaire. Lokomotiv n'avait pas le profil pour permettre à Ajax de briller. Nous manquons encore d'expérience, nous n'avons pas joué un match de haut niveau et nous avons déçu, j'en ai conscience, l'élan de popularité qui s'était manifesté autour du nom d'Ajax. Mais nous avons gagné. »

La victoire ! Sans aller jusqu'à « compter les batailles perdues le jour de la victoire », on peut dire que le football-spectacle n'a pas gagné à Athènes. Johan 1er a gardé dans sa poche la clé de son royaume. Et Bordeaux, dans la sienne, la clé des songes.

Quand j'étais enfant de chœur

La Coupe de l'U.E.F.A., la C$_3$ comme l'on dit, n'a pas la même valeur et le même impact que ses deux aînées. Mais de grands clubs l'ont gagnée et jamais onze Français ne se sont alignés pour poser avec elle. C'est dire qu'elle n'est pas aisée à conquérir et qu'il faut quelques poils autour des tétons pour songer à la fréquenter.

Trois clubs français sont qualifiés pour participer à l'édition 86-87 : Nantes, deuxième du Championnat de France 85-86 ; Toulouse, quatrième ; Lens, cinquième, Bordeaux ayant pris la place en C$_2$ grâce à sa victoire en Coupe.

Nantes s'est forgé, au fil de ses succès nationaux, une expérience européenne appréciable, participant même à deux demi-finales, ce qui n'est pas donné à tout le monde. Mais Nantes n'a pas suivi le mouvement financier qui aspire les meilleurs joueurs vers l'endroit où l'argent se ramasse à la pelle. Il a donc perdu tous ses cadres reconnus ou à venir. Et, en plus, il n'a pas eu de chance, sa nouvelle recrue Garande s'étant blessé au genou et son inspirateur Amisse traînant à l'infirmerie. C'est donc une moitié d'équipe de division III qu'il aligne pour affronter Torino ou va aligner en cours de match au fil des remplacements, avec Kombouaré, Desailly, Debotté, Morice, Robert (au départ), Deschamps, Obry (à l'arrivée).

Torino n'est pas la meilleure équipe italienne du moment mais c'est l'une des cinq ou six plus compétitives, représentante d'un football qui a été trois fois champion du monde et qui grince des dents chaque fois que la compétition l'appelle. Ses points forts portent sur le Brésilien Junior, sur le meneur de jeu international Dossena et sur le buteur hollandais Kieft, grand blond perdu en Piémont sans avoir égaré ses souliers cloutés.

Nantes, on le sait, a modifié son style, recherchant dans une combativité accrue la compensation de sa dilution technique. On est jeune et on rabote un peu chez les Canaris nouveaux. Burruchaga et Bracigliano, deux routiers de la vieille lune, mettent en place un bon dispositif tactique avec blocage de Dossena et Junior sur les côtés. Le F.C. Nantes se crée quelques occasions durant la première demi-heure avec deux alertes sérieuses pour Bertrand-Demanes qui a vu débouler vers lui deux locomotives haut le pied (un arrêt, un but refusé pour hors-jeu).

A la 39e minute, Bracigliano effectue un tacle en même temps que l'Italien Sabato. L'autre ne porte pas de protège-tibias et Bracigliano a déjà reçu un avertissement. L'Italien saigne, trop fragile sans doute. Bracigliano est expulsé, à la grande rogne de Burruchaga qui avait prévenu ses coéquipiers de regarder où ils mettaient les pieds et leur avait rappelé qu'un « tour de Coupe d'Europe se joue parfois sur un seul match ».

A dix contre onze, désorganisés et inexpérimentés, victimes de la blessure de Le Roux (fracture à un pied), les Nantais explosent en deuxième mi-temps et encaissent quatre buts : Comi (54e), Beruatto (61e), Kieft (82e, 89e). Bertrand-Demanes fulmine : « C'est incroyable. Avec un joueur en moins, on ne se découvre pas. On joue le 0-0 en espérant gagner à Turin sur un contre. Et maintenant, avec ce score, on a l'air de quoi ? ». Ben, de canaris boiteux !

Au retour, avec Amisse, une défense centrale Deschamps-Desailly et un esprit résolument offensif, les Nantais réalisent un bon match et se donnent des regrets, marquant un joli but (Anziani, 66e, sur une passe de Morice) pour répondre à un penalty injuste transformé par Kieft (48e). Grâce à ce 1-1 synonyme d'élimination, ils peuvent fredonner *mezza voce* : « Quand j'étais enfant de chœur et que je revenais de la messe... ».

Jorge Burruchaga, l'un des deux champions du monde du F.C. Nantes, ne se satisfait pas de ce constat. Il rêve, dit-on, d'être transféré à Naples pour y retrouver Maradona, l'ambiance des grands événements et le plaisir de vaincre.

Mais il n'est pas pressé. « Je suis ambitieux, c'est vrai. Et, un jour, j'irai probablement jouer en Italie. En attendant, je suis bien à Nantes. J'aime cette équipe et les gens qui s'en occupent. Je souhaite seulement que nous grandissions rapidement afin de ne plus vivre ce que nous venons de connaître. »

Il arrive que les rois tombent de leur trône. Diego Maradona, à Toulouse, pensait trop aux violettes qu'il allait rapporter à sa belle. Il tira son coup de pied au but sur un poteau. Et Naples fut éliminé. Maradona n'était plus à ce moment-là qu'un citoyen très humilié.

Crocodile Dundee

Le R.C. Lens, en se voyant attribuer Dundee United pour le premier tour, n'a pas fait la grimace. Il avait raison car, dans le tableau des trente-deuxièmes, figuraient quelques monstres autrement plus dangereux en apparence, du style Moenchengladbach, Craiova, Hajduk Split, Barcelone. Le R.C. Lens ne pouvait pas savoir qu'il allait être la première victime de Crocodile Dundee avant que les terribles Ecossais n'éliminent les quatre précédemment cités et n'aillent jusqu'en finale. Il y a des carrefours qu'il vaudrait mieux éviter quand on veut vivre longtemps.

Les Lensois, qui ont perdu Vercruysse et Xuereb partis à Bordeaux et au P.S.-G., ont récupéré Lefebvre (de Nice), Oudjani (prêté par Laval), Hanini (de Bordeaux) et Tobollik, un Polonais qui jouait à Aschaffenburg. Ils n'ont pas des ambitions démesurées mais ils sont conscients qu'ils devraient bien, un jour, pour leur public, pour eux-mêmes, dépasser les limites d'un honorable comportement.

A l'aller, au Stade Bollaert que n'occupent que 11 300 spectateurs (pourquoi ?), l'équipe nordiste fait mieux que jeu égal avec son adversaire. Elle a tiré la leçon de sa défaite dans le derby contre Lille et elle fait preuve de réalisme. Elle a tout intérêt d'ailleurs car, dès la 7e minute, Huard a dévié sur sa transversale un centre-tir de Sturrock. Mais, à la 42e, c'est elle qui ouvre le score grâce à une action Deplanche-Njo Lea et un tir victorieux de Carreno sous la barre.

Joachim Marx, l'entraîneur lensois, demande alors à ses joueurs de resserrer les rangs derrière, de laisser venir les Ecossais et de placer des contres. « Nous n'avons pas les moyens d'assurer à tout coup le spectacle et le résultat », dit-il, lui aussi.

Lens réussit tout de même à se procurer quelques occasions supplémentaires, Njo Lea butant sur le gardien Thomson (60e) et un tir de Dewilder terminant sa course sur un poteau (87e).

Cette victoire 1-0 ne représente pas le Pérou mais elle existe et elle plaît bien à Marx : « Ces Ecossais ont un jeu qui nous convient. »

A Dundee, les Lensois tiennent pendant près d'une heure, regroupés autour de leurs valises, grimpés sur des escabeaux pour repousser les ballons aériens, utilisant le chasse-mouches ou le calibre douze selon les circonstances. Mais, une heure, ce n'est pas suffisant devant des Ecossais qui ont impérativement besoin de perdre trois kilos pour aller boire leurs six pintes au pub après la rencontre.

Lens aurait pu ouvrir la marque sur une action à deux menée par Oudjani et Deplanche mais celui-ci s'est fait accrocher une aile au moment du tir et sa limousine est allée au fossé. Les Ecossais ont sorti leurs tracteurs à moteur surcompressé. Ils écrasent les mottes, arrachent les moustaches des blaireaux et, sur un ballon bêtement perdu par les Lensois, Sturrock s'en va, bien décidé à faire la peau à Huard. Celui-ci sort de son trou et, hop, dans son dos, Milne troue le dernier rideau (55e, 1-0). Quatre minutes plus tard, dans une tempête étourdissante, Milne donne le ballon à Coyle, lequel, en position suspecte de hors-jeu, se croit à Cap Canaveral sur l'aire de lancement des fusées. Cela fait 2-0 et tellement de bruit que Marx se fait expulser de son banc.

Les Lensois, comme les Nantais, sont éliminés. Marx fait le compte de ses investissements psychologiques, de sa préparation minutieuse, des occasions offertes à son équipe, du sentiment de frustration qui en résulte et de sa conclusion : « Nous avions tout prévu, sauf les erreurs d'arbitrage. Et sauf le fait, qu'en France, quand on affronte une espèce de rugby comme ce Dundee, on ne tient pas le coup jusqu'au bout. »

Didier Sénac est encore plus remonté, plus ulcéré. « Nous avons joué un match sérieux. Nous les avons bien contenus. Mais, à l'arrivée, nous sommes éliminés. Pourquoi ? Parce qu'ils nous sont rentrés dans la pipe de la première à la dernière minute, ce que nous aurions dû faire à l'aller pour marquer deux ou trois buts. Nous manquons de moelle et d'ambition. Nous nous contentons de trop peu. J'en ai assez, je me sens frustré. » Claire Brétecher pourrait en faire un album.

Maradona glisse sur une violette

Le Téfécé lui, est heureux. Totalement heureux. Il a décroché le gros lot quand le sort, généreux et vachard à la fois, lui a offert le Naples de Maradona en hors-d'œuvre et dessert. Le capitaine des champions du monde au Capitole !

Auparavant, il faut lui rendre visite au pied du Vésuve. Tout un programme. Jacques Santini, pour être allé observer *de visu* cette équipe prestigieuse, en a tiré la conclusion que « neutraliser Maradona, c'est neutraliser Naples ». Bon, d'accord, cela peut paraître simpliste à première vue. Mais les choses simples ne sont pas forcément les moins justes. Et puis, pour neutraliser Maradona dans les termes légaux autorisés, on fait comment ? On réfléchit, dit Santini, on suppute, on soupèse et on prie Saint-Christophe, le bon saint des routards. En réfléchissant, on pense à Benoît Tihy, ce cher garçon expérimenté (vingt-sept ans) dont le centre de gravité se rapproche de celui du maître et qui est donc, subséquemment le mieux désigné pour vérifier en permanence si ses chaussures sont bien placées sur le paillasson.

Benoît Tihy est enthousiasmé par l'idée, demande de menus conseils, du style « que fais-je s'il va faire pipi ? » Tu le suis, lui répond Tarantini mais tu reste poliment à la porte. S'il passe par la fenêtre, je le cueillerai à la sortie.

73 875 spectateurs napolitains voient donc, à San Paolo, onze Toulousains tenir tête dignement au Maradona's Band : Durand tire même sur la base du poteau de Garella (8e), histoire de voir s'il est en bois ou en fer blanc.

Maradona est ficelé mais le score ne l'est pas. A la 55e minute, après une remise en touche, Bagni balance de la gauche une longue balle « aveugle » vers le deuxième poteau toulousain. Bergeroo consulte son horoscope : « Ne sortez pas par temps orageux. » Bergeroo ne sort donc pas. Ruty reçoit Carnevale sur le dos. Et le ballon est au fond. Tarantini dit ce que tout le monde pense : « En Coupe d'Europe, on n'a pas le droit de prendre un but pareil. » Maradona pense la même chose mais ferait mieux de se taire : « Pour la qualification, c'est dans la poche. »

Les motifs de satisfaction sont tout de même assez nombreux côté toulousain : solidité défensive, solidarité entre toutes les lignes, sentiment de n'avoir pas usurpé le cadeau européen, bon fonctionnement du plan anti-Maradona, bon résultat quoi qu'on en dise.

Pour le retour, dans une ambiance exceptionnellement chaleureuse, voire outrancière (34 951 spectateurs, 3 942 000 francs de recette), les Toulousains tiennent le manche de la poêle et le premier quart d'heure décide du reste : Bergeroo plonge dans les pieds de Carnevale (12e), Stopyra fracasse le fond de la cage napolitaine après une action Durand-Marcico-Passi (1-0).

Maradona est encore au purgatoire, pas du tout dans son assiette. Une jeune Napolitaine a révélé, quelques jours plus tôt, que son nouveau-né avait dit Papa en voyant Diego sur le journal et le champion en est retourné. Mais pas autant que sa légitime. Les Toulousains, sans problème de paternité immédiate, font preuve d'intelligence tactique, d'abnégation et d'efficacité. « Quelque chose qui rappelle les Verts » va titrer *L'Equipe* le lendemain. Stopyra, de la tête, pourrait marquer un deuxième but (64e). Mais Tihy a dégagé sur la ligne de but un ballon expédié par la tête de Carnevale (52e).

C'est égal au terme des cent vingt minutes : un but napolitain à Naples, un but toulousain à Toulouse. Et la séance inhumaine des penalties déguisés en tirs au but.

Stopyra, excellent en cours de partie, ouvre dramatiquement le supplément au programme en manquant totalement sa tentative. Mais Bagni en fait autant de son côté, ce qui équilibre à nouveau les chances. Marcico, Durand, Marx (entré tout exprès), Tarantini plantent leur banderille. Giordano, Ferrario, Renica également. Reste plus que Maradona dont le pied gauche, nous le savons tous, est un violon, un bistouri, une âme. Le maître a tiré, superbement comme d'habitude. Sans élan. En force. Brossé. Cousu main. Le poteau a renvoyé et Bergeroo, tout fier, a reçu le ballon dans les mains.

*Le Suédois de Göte-
borg, P. Larsson,
est un joueur très
concentré sur le bal-
lon (devant Stur-
rock). L'Ecossais de
Dundee, Kirkwood,
ne s'est pas assez
concentré sur son
plat de lentilles,
compte tenu de
l'état de ses dents.
Mais il en réclame
encore.*

« Je ne suis pas celui que tu crois. » - « Tu n'es pas celui que je croyais ». Stopyra le Toulousain et Garella le Napolitain n'étaient pas d'accord sur le temps de cuisson des pâtes.

Sale coup pour la fanfare napolitaine. Sale coup pour Maradona, répandu sur un tapis de violettes. Mais Toulouse porté aux nues, Toulouse prêt à recommencer !

Justement, le Spartak de Moscou vient en visite au Stadium, trois semaines après Naples, avec tous ses internationaux. Le plus célèbre d'entre eux, Rinat Dassaev, était considéré, au moment de la Coupe du monde 1982, comme le meilleur gardien de la planète. Il a un peu vieilli, Dassaev. Il est moins diablement présent, moins rayonnant. Mais il pèse lourd en talent et en expérience.

Le Téfécé joue offensivement, sur un système qui s'apparente au 4-2-4, avec un Gérald Passi très près de Stopyra en de nombreuses circonstances. Des occasions s'offrent, manquées, étouffées. Mais, deux minutes avant la fin, un corner de Bellus offre le ballon à Passi : contrôle de la poitrine au milieu des défenseurs soviétiques et tir instantané en lob au-dessus de Dassaev. Du très grand art, mais on n'a pas tout vu.

Car Gérald Passi marque deux autres buts en seconde mi-temps, le premier sur un tir ciselé à la terminaison d'un mouvement Tihy-Stopyra (76e), le second à la suite d'un chef d'œuvre « maradonesque », un slalom chaloupé ponctué d'un pointu devant Dassaev (80e).

En une soirée, Gérald Passi devient un héros national, un footballeur hors normes, une étoile. « Il a fait un match exceptionnel et sa réussite a été totale », déclare Henri Michel.

La réussite du Téfécé, elle, n'est pas totale. Car, à la suite d'une bourde monumentale sur un coup franc tiré de quarante mètres par Rodionov (57e minute), le Spartak a marqué un but qui vaut cher.

Le Téfécé y croit cependant. Et il n'a pas tort puisqu'il mène 1-0 à Moscou dès la 7e minute, grâce à Durand. Cela fait trois buts d'avance et une sacrée aubaine. Mais le Téfécé n'embraye pas sur la rencontre, ne fait pas peur aux Soviétiques. Alors, ceux-ci, avec pas mal de réussite, allongent la foulée et les buts : Rudakov (9e, 18e), Rodionov (49e), Novikov (77e sur penalty, 90e). C'est à peine croyable mais c'est ainsi. Assez inexplicable « sauf qu'une Coupe d'Europe ne ressemble pas au championnat » et que « les ballons ne sont pas faits pour être perdus » (Santini).

Les anges le boivent sec

Sans Français, la coupe de l'U.E.F.A. poursuit sa route, pas avare de surprises, pas chiche de facéties. « Crocodile » Dundee, pour consoler le Racing Lensois, additionne les dingueries. Cela commence par Craiova (3-0, 0-1), continue par Hajduk Split (2-0, 0-0) et prend de l'ampleur avec le F.C. Barcelone.

L'équipe écossaise, victorieuse chez elle (1-0, Gallacher, 2e) s'en va gagner 2-1 au Nou Camp, dans les cinq dernières minutes (Clark, 85e ; Ferguson, 89e), provoquant la révolution — une de plus — dans le club catalan. En demi-finale, tenu en échec chez lui par Moenchengladbach, Dundee United provoque la stupéfaction en gagnant dans le bassin minier allemand : les joueurs du cru n'avaient pas perdu un match européen chez eux depuis 1970, soit cinquante-quatre rencontres. Qu'a donc ce Dundee United que les autres n'ont pas ? Impossible à résumer sinon dans un cocktail de force et de malice, de simplicité et de rouerie tactique, de générosité athlétique et de réalisme. Surtout cela d'ailleurs. Deux buts en contres (Ferguson, 43e ; Sturrock, 73e) à Moenchengladbach témoignent de leur efficacité.

Ils jouent donc la finale, les Ecossais de Jim Mc Lean le sorcier. En deux manches, comme c'est prévu, l'aller chez leur adversaire, le retour chez eux.

Cet adversaire n'est pas tout à fait un inconnu. Ni un manchot. Il s'appelle Ifk Göteborg, est Suédois et a causé l'une des plus grosses surprises de l'histoire européenne en gagnant déjà la C3 en 1982 contre le Hambourg S.V. de Ernst Happel. Ceux qu'on surnomme « les Anges » parce que le club a été fondé en 1904 par un pasteur luthérien ont éliminé les Tchécoslovaques d'Olomouc (1-1, 4-0), les Est-Allemands de Stahl Brandenburg (2-0, 1-1), les Belges de la Gantoise (1-0, 4-0), les Italiens de l'Inter de Milan (0-0, 1-1) et les Autrichiens du F.C. Tyrol (4-1, 1-0) avant d'arriver en finale. Ils n'ont pas perdu un seul de leurs dix matches et en ont même gagné six. Ils sont en béton armé. Ils jouent bien aussi, un peu dans le style de Malmoë qui, la saison précédente,

aurait mérité de gagner la C1 au lieu de tomber aux penalties devant Barcelone en demi-finale.

Le match-aller, qui a lieu le 6 mai 1987, au Stade Ullevi, est un peu psychédélique. Six joueurs suédois sont sous le coup d'un avertissement préalable (Wernersson, Carlsson, Tord et Tommy Holgren, Pettersson, Zetterlind) et cinq Ecossais sont dans la même situation (Redford, Bannon, Malpas, Sturrock, Beaumont). Un écart de conduite les priverait du match-retour décisif. Ils se conduisent donc en joueurs au-dessus de tout soupçon, ce qui allège le jeu au point de le rendre transparent.

« Crocodile » Dundee, carapacé dans son marigot, attend, prive Lennart Nilsson et Stefan Pettersson de plusieurs ballons chauds. Mais ne peut empêcher celui-ci d'inscrire, à la 38e minute, le seul but de la rencontre.

Jim Mc Lean, après le 0-1 concédé en terre suédoise, a ces mots prémonitoires : « Göteborg a toutes les chances de gagner la Coupe car c'est une formation complète, remarquablement organisée et très difficile à déstabiliser. Nous essaierons bien sûr, mais la tâche sera rude. »

A Tannadice Park, devant 23 000 spectateurs, Dundee United n'a pas le temps de tenter grandchose : Lennart Nilsson frappe d'entrée (23e minute), modifiant un peu plus les données du match, contraignant les Ecossais à verser dans un jeu débridé et manquant de réflexion. Dundee réussit à marquer un but (Clark, 60e, 1-1) mais les Anges tiennent la boutique selon le schéma prévu par leur entraîneur Gunder Bengtsson, quarante ans, frère de lait d'Ericsson parti diriger l'A.S. Roma en 1982 après le premier succès européen.

Wernersson, Fredriksson, les frères Holmgren viennent de gagner leur deuxième Coupe de l'U.E.F.A. en cinq ans. Ils ont droit à un grand verre de lait, qu'ils boivent sec, sans whisky, sans grenadine. A la santé de nos Nantais, Lensois et Toulousains qui ont trop tendance, les pauvres, à se noyer dans un verre d'eau.

TIMBRES FOLIES

Tout ce qui concerne le football nous est cher. Et nous savions qu'un certain nombre de timbres à travers le monde glorifiaient la balle ronde et ses saints. Mais nous n'imaginions pas l'ampleur du phénomène : 2 000, 5 000 ou 10 000 timbres ont-ils été édités au total, en un siècle ? Nous en avons un petit millier dans notre album, des petits, des grands, des beaux et des communs. Des séries. Des solitaires. Quelques-uns assez rares. Nous avons choisi de vous en offrir quelques spécimens, en patchwork, sans thème particulier, au hasard du coup d'œil. Les années prochaines, nous les classerons pays par pays, ou par thèmes, la Coupe du monde notamment ayant beaucoup inspiré l'univers de la philatélie. Parmi ces 144 timbres venus de tous les continents, de tous les pays et immortalisant les plus grands champions de Pelé à Kopa en passant par Breitner, Zoff et Beckenbauer, il en est un tout à fait prodigieux. Il est là, sous vos yeux, en bas de cette première double page, cinquième à partir de la gauche. Vous n'avez pas reconnu le personnage ? Il s'agit de Charles de Gaulle, géné- ral et président français du même nom, en tenue de footballeur à l'âge où il était censé participer au jeu de balle. L'authenticité de la scène n'est pas garantie. Mais celle du timbre l'est, édité que fut celui-ci par les pos- tes du royaume du Yémen.

...LL WORLD CHAMPIONSHIP 1970. MEXICO

...EIRA POSTAGE

EL MUTAWAKELITE KINGDOM of YEMEN

MEXICO WORLD CUP '70

5 EUROPA

KUPA E EUROPES NDERMJET KOMBEVE 1963

SHQIPERIA

Leif Eriksson RASALKHAIMA

ENGLAND 1966

WINNER ...LAND 4 GERMANY 2

...SHARJAH DEPENDENCIES

MÜNCHEN 72

FOOTBALL WORLD CHAMPIONSHIP FRANCE 1938

WINNER ITALY-HUNGARY 4-2

JULES RIMET CUP

Y.A.R. 2¾

15 DH FRANCE 1938

WINNER ITALY 4 HUNGARY 2

FOOTBALL WORLD CHAMPIONSHIP JULES RIMET CUP

SHARJAH & DEPENDENCIES

MÜNCHEN 15

Argentina '78

5 DPRK 조선우표

200F

REPUBLIQUE DU TCHAD

½ WEST GERMANY v CHILE

WORLD CUP

GRENADA GRENADINES

1st Place Italy 2nd Place W-Germany 3rd Place Poland 4th Place France

ESPANA 82

Football World Cup Winners 1982

조선우표 DPR Korea 20

1982

5

AIR MAIL

MANAMA 5 DEPENDENCY of AJMAN

EUSEBIO FERREIRA

60 POSTE AERIENNE

Argentina '78

REPUBLIQUE ISLAMIQUE DE MAURITANIE

POSTES LAO

JEUX OLYMPIQUES

ANVERS 1920

ລາວ

POSTAGE

FIFA WORLD CUP 1974

1L

REPUBLIC of MALDIVES

Poland v Argentina MUNICH 1974

25c LIBERIA

1982 Cabo Verde correios

10$50

...E DU MONDE DE FOOTBALL MEXICO '86

...na Faso POSTE AERIENNE 250f

COUPE MONDIALE DE FOOTBALL - 1974

20F

REPUBLIQUE DU BURUNDI

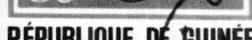

HAFIA FOOTBALL CLUB DE GUINEE

TRIPLE CHAMPION

8s

REPUBLIQUE DE GUINEE

VIÊT-NAM DÂN CHÚ CÔNG HOA

20½

BUU CHINH

NGUYEN VAN KHANH

England for ever

ANGLETERRE

On n'échappe pas au football anglais même quand on l'exclut *sine die* des coupes européennes parce que des rebuts de la société, produits d'une civilisation décadente, s'en vont, un jour tragique de mai 1985, tuer quarante personnes au Heysel de Bruxelles.
On n'échappe pas au football anglais parce qu'il est, en racines, en passion, en soutien populaire et en valeur pure, le meilleur et le plus vrai du monde. Les gazons, les stades et les joueurs d'Angleterre respirent quelque chose qui ressemble à la vérité du jeu. Ils sont simples, généreux, honnêtes, fiers des principes qui régissent leur environnement, respectueux de leur public et de la tradition. Ils sont anglais, quoi !
En 1986-1987, loin de la scène européenne malheureusement, Everton est devenu champion d'Angleterre, privant son voisin et rival traditionnel, Liverpool, de son titre habituel. Arsenal, grâce à Charlie Nicholas a gagné la Coupe de la League. Et l'étonnant Coventry, pour la première fois en... cent quatre ans, a gagné la célèbre Cup d'Angleterre.
Mais ce n'est pas tout. Pour montrer au monde que la Football League restait le berceau de l'univers, Liverpool a cédé son Gallois Ian Rush à la Juventus de Turin et Tottenham son meneur de jeu Hoddle à Monaco.
On n'échappe pas, on le disait, au football anglais. England for ever !

Ray Clemence aux pâquerettes. Houchen au pavois et ses copains aux anges. Coventry en est à 2-2 en finale de Cup devant Tottenham. Le 3-2 n'est pas loin.

Liverpool et Everton sont les phares du football anglais. Ian Rush et Peter Reid sont les phares des deux phares. A force d'éclairer, Ian le Gallois a ébloui la Juventus de Turin et, contre trois milliards de centimes, pris la route du Piémont. A force de batailler, Peter, le vieux guerrier, a encore été sacré champion (en opposition musclée avec Steve Mc Mahon, de... Liverpool).

Blues and Blues d'Everton à Coventry

Liverpool, depuis une quinzaine d'années, mais surtout depuis une dizaine, est la référence absolue du football anglais. Sa gestion sportive, sa politique de transferts (mi-formation, mi-vedettes reconnues), la pérennité de son style collectif, sa soif de vaincre et la collection de ses titres démontrent à l'évidence que le club d'Anfield Road a défini une mystérieuse recette tout à fait impossible à copier mais génératrice de frustrations profondes. Songez que de 1975 à 1986, au moment où débute la saison nouvelle 1986-1987, les Reds ont remporté huit titres de champion, une Coupe d'Angleterre, quatre Coupes de la League, quatre Coupes d'Europe des Clubs Champions et une Supercoupe européenne. Cela fait vraiment beaucoup, surtout pour un club comme Everton dont le stade de Goodison Park est l'un des hauts lieux du football national et le palmarès non dénué de couronnes (huit titres, quatre Coupes, une Coupe des Coupes).

En 1985-1986, l'exaspération est à son comble chez les Blues d'Everton. Champions d'Angleterre et vainqueurs de la Coupe des Coupes 1985 à l'issue de la plus magnifique saison du club, exemplaires de sportivité et de dynamisme, ils se retrouvent privés de la compétition européenne qui a fait leur gloire. Il leur reste le Championnat d'Angleterre, la Cup et la Coupe de la League.

Mais, dans la maison d'en face, Bob Paisley a cédé son poste de manager à Kenny Dalglish lequel, avec son tempérament d'Ecossais et son flair de renard, réussit l'incroyable exploit pour un technicien débutant de faire réaliser le doublé Championnat-Coupe 1986 par son équipe, en reléguant Everton à deux points au classement (88 contre 86) et à deux buts en finale à Wembley (3-1). Ian Rush est évidemment passé par là, tandis que Gary Lineker, meilleur buteur en championnat national (30 buts en 42 matches) et en Coupe du monde au Mexique (6 buts contre 5 à Maradona) est transféré à prix d'or à Barcelone.

Il semble alors que Liverpool — qui a réussi à garder un an de plus Ian Rush, promis à la Juventus — possède une marge de sécurité sur les Bleus d'Everton. Ceux-ci, pour se renforcer, sont allés chercher deux joueurs assez peu connus : Power, un milieu de terrain, à Manchester City ; Aspinall, un polyvalent, à Wigan. Tandis que Liverpool a engagé un arrière gauche, Venison, venu de Sunderland.

Les deux clubs de la Mersey se livrent, une fois de plus, un combat acharné. La finale de la Supercoupe, épreuve-ersatz regroupant les six clubs anglais qui auraient dû participer aux différentes coupes européennes (C_1, C_2, C_3), oppose les Reds et les Blues en matches aller et retour, au mois d'octobre 1986, avec un score global de tie-break au tennis : 7-2 en faveur de Liverpool.

Le dimanche 23 novembre (oui un dimanche), les deux équipes se retrouvent pour le 135e derby du Lancashire, avec seize des vingt-deux finalistes de C_1 et de C_2 en1985. Everton aligne Southall - Harper, Ratcliffe, Mountfield, Power - Langley (Wilkinson, 74e), Steven, Adams, Sheedy - Heath, Sharp. Liverpool : Grobbelaar - Gillepsie, Lawrenson, Hansen, Beglin - Whelan, Nicol, Mölby, Mac Mahon - Walsh, Rush.

Tous les spectateurs (48 407 à Goodison Park) ont les yeux fixés sur Ian Rush qui, avec seize buts marqués lors des derbies, n'est plus qu'à trois longueurs du record légendaire de Dixie Dean. Mais c'est Ratcliffe, le copain gallois de Rush, qui veille sur la terreur et l'annihile à tel point que le match se termine sur le score très décevant — pour la première fois depuis 1981 — de 0-0. A cette époque, après seize journées, Liverpool est à trois points du leader Arsenal et Everton à cinq. Mais les victoires, en Championnat d'Angleterre, comptent pour trois points (les matches nuls pour un) et la route est encore longue.

Liverpool connaît un sérieux coup dur en perdant son défenseur central Lawrenson. Mais Everton n'est guère mieux loti en se voyant privé successivement de Reid, de Bracewell et surtout de Graeme Sharp en plein milieu de la saison. Heureusement, le manager des Blues, Howard Kendall, et son assistant, Colin Harvey, ont la main heureuse en recrutant deux types de division II, Watson et Snodin, qui ont des rêves de grandeur.

Tandis qu'Everton progresse au fil des semai-

Glen Hoddle n'était plus un artiste à éclipses en 1987 et toute l'Angleterre rendait hommage à son regard brûlant.

nes malgré des permutations incessantes dues aux blessures (vingt-trois joueurs utilisés), Liverpool s'évade un peu, comparativement à son rival. Son gardien Grobbelaar commet quelques bêtises et, si son attaque est à peu près à la hauteur de celle des Blues (28 buts pour Rush), sa défense est moins bonne d'un tiers.

La sanction vient sur deux tableaux pour l'équipe de Dalglish, lequel joue de moins en moins malgré sa double licence joueur-manager. Les Reds commencent par perdre la finale de la Coupe de la League contre Arsenal, à Wembley, devant 96 000 spectateurs. Ils ont ouvert le score par Rush (21e minute) mais Nicholas a égalisé (29e) et contraint Whelan, dix minutes avant la fin, à marquer contre son camp sur un centre de Groves.

Ensuite, en championnat, dans la dernière ligne droite, les Reds perdent d'une courte longueur en déplacement à Tottenham (0-1), à Norwich (1-2), à Manchester United (0-1) et à Coventry (0-1).

Ils n'ont plus, pour l'honneur et pour le principe, qu'à battre le champion Everton à Anfield Road, ce dont ils ne se privent pas (3-1), avec un dix-septième but de Ian Rush dans le derby, soit le... huitième de la saison contre les Blues : un lors du Charity Shield, deux plus trois (à Goodson Park) en finale de la Supercoupe, un en quart de finale de la Coupe de la League et un à Anfield en championnat.

C'est le dernier derby de Ian Rush qui prend des leçons d'italien avant de s'en aller à la Juventus contre un transfert pharamineux de trois millions de livres (31,5 millions de francs). C'est peut-être aussi le début d'une ère difficile pour Liverpool qui ne retrouvera pas de sitôt un phénomène du gabarit de Rush pour lutter contre un Everton lancé vers la stratosphère.

La Juventus se frotte les mains, persuadée qu'elle a recruté là un successeur digne de Platini et surtout un avant-centre d'école classique qui ne fera pas « reposer le jeu turinois sur des ambiguïtés », vieille rengaine alimentée par le style de notre Michel national.

Avec Lineker et Hughes à Barcelone, Hoddle à Monaco, Wilkins à Milan A.C. puis à Paris

Y'a du tangage, y'a du roulis quand Cyrille Régis, au-dessus du tas, prend les autres pour un tapis (Gough et Mitchell Thomas). Y'a aussi du petit tamis quand Waddle l'attaquant se prend pour décapant (sur Downs). La finale de la Cup se buvait chaude, à Wembley, en mai. Et Tottenham, devant Coventry, y laissait son porte-monnaie.

Gary Mabbutt entre dans l'Histoire. Un but dans la cage de Coventry, un but dans celle de Tottenham (la sienne). Ray Clemence a beau faire, il bute sur le but de Mabbutt.

S.-G., Trevor Francis à l'Atalante, Hateley à Milan A.C. puis à Monaco, Rush à la Juve, sans oublier les Ecossais de France, Stephen à Nancy et Black à Metz, le football britannique s'exporte. Mais c'est surtout le calcio qui s'internationalise un peu plus, véritable Tour de Babel des champions de la balle ronde avec les recrutements supplémentaires, en vue de la saison 1987-88, de l'Allemand Berthold (à Vérone), de l'Argentin Borghi (à Milan A.C.), des Hollandais Van Basten et Gullit (à Milan A.C.), du Belge Scifo (à l'Inter), du Brésilien Careca (à Naples) et de quelques autres de moindre rayonnement.

L'international de Tottenham, Glen Hoddle, avant de partir pour l'étranger, est un homme presque heureux au mois de mai 1987. Il a convaincu ses détracteurs qu'il n'était pas un artiste à éclipses et il a réalisé, tant en championnat qu'avec la sélection d'Angleterre, des matches techniquement parfaits et athlétiquement plutôt performants. Sous sa conduite, Tottenham a terminé troisième derrière Everton et Liverpool et Clive Allen, l'avant-centre du club, a inscrit trente-trois buts dont pas loin d'une dizaine sur des passes du faux « grand méchant mou ».

Tottenham et Hoddle trouvent leur récompense dans l'accession à la finale de la Coupe d'Angleterre, cet événement fameux que les télévisions du monde entier s'arrachent pour le transmettre en direct ou en différé. Sauf la France qui désire protéger « son produit » et, peut-être, empêcher des comparaisons fâcheuses.

Tottenham, qui a gagné sept finales sur sept au cours de l'histoire (1901, 1921, 1961, 1962, 1967, 1981, 1982), est amené à rencontrer Coventry City dont les cent quatre ans d'histoire se sont traduits par trois titres de champions en... division II et en division III (deux fois), il y a déjà un certain temps.

Tout plaide en faveur de Tottenham. Le lieu de la finale. Son expérience. Sa valeur reconnue. Son formidable milieu de terrain, composé de Wadddle, Ardiles (champion du monde 1978), Paul Allen, Hoddle, Hodge. Son buteur-miracle, Clive Allen. Son gardien de but, Ray Clemence.

Et un premier but marqué dès la première minute par le roi des canonniers, d'une superbe reprise de la tête.

Coventry, entraîné par un quinquagénaire souvent très excité et toujours très gueulard, John Sillett, ne possède pas de joueurs de grande notoriété, sauf Cyrille Regis qui s'est refait une santé en mettant de l'humilité sous sa réputation. Mais l'équipe provinciale est remarquablement équilibrée, d'un bon niveau technique et d'un tempérament ardent. Elle possède aussi des joueurs intelligents, aptes à intégrer les données tactiques d'un match. Sillett a demandé, par exemple, au jeune Lloyd Mc Grath d'évoluer constamment dans la zone, voire sous les narines de Hoddle : « Il ne te connaît pas, il faut qu'il apprenne à te connaître car, bientôt, il sera sur le continent. »

Hoddle, qui rêvait d'une finale valorisante et victorieuse, se retrouve au charbon face à une équipe d'enragés qui courent comme des marathoniens et voient clair. A la 8e minute, Bennett égalise. Regis et Houchen manifestent une puissance dévastatrice dans les airs. Tottenham doute. Mais juste avant la mi-temps (42e), Mabbutt concrétise le jeu offensif magnifique des Londoniens au sein duquel Chris Waddle a réalisé des prodiges.

Tottenham mène 2-1 et son manager David Pleat dit à ses joueurs : « Vous êtes dans une position délicieuse. Un but de plus et vous les tuez. »

Le malheur de Tottenham, en 86-87, c'est qu'il ne parvient à achever personne, même dans ses périodes de forte domination. Dans une finale extraordinairement riche et rythmée dont les observateurs vont dire qu'elle est l'une des cinq ou six plus belles de l'après-guerre, Coventry surprend tout le monde par sa vitesse de jeu et sa qualité technique. Il surprend encore plus en égalisant par Houchen (63e) dans une action où la défense londonienne, Clemence en tête, n'a pas fait de miracles.

Les internationaux de Tottenham, Hoddle le premier, s'étiolent au fil des minutes. Quand vient l'inévitable prolongation, Ardiles, saisi par les crampes, est remplacé par Stevens. Coventry con-

tinue à s'engager à fond, à suivre tous les ballons, à secouer le cocotier. Le fruit tombe à la 96e minute, sous la forme d'un but contre son camp de Mabbutt, qui ne méritait pas ça et qui devient le troisième joueur de l'histoire à avoir ainsi marqué pour les deux camps dans une finale de Coupe.

C'est l'effondrement à Tottenham et l'hystérie populaire à Coventry où les joueurs de Sillett sont accueillis par deux cent cinquante mille personnes, sous la pluie, dans des rues habillées de bleu, couleur du club. Les familiers du Royal Warwickshire jouent *Go Fort it, City* et l'inévitable *You'll Never Walk Alone*. Un des directeurs du

club, Ted Stocker, est hilare : il est le seul inconscient à avoir parié mille livres sur la victoire de Coventry auprès d'un bookmaker qui offrait du cinquante contre un et qui, soudain, se retrouvait sans un.

Dégoûté par tout ce bleu qui envahit l'Angleterre, d'Everton à Coventry, et tache le maillot immaculé de Tottenham, Glen Hoddle s'en va, sans couronne, vers Monaco où l'attend un maillot rouge. Mais, en levant les yeux, il ne voit que du ciel bleu. Les oracles lui affirment que c'est un bon présage.

FRANCE

La Coupe du monde 1982, la Coupe du monde 1986, le Championnat d'Europe 1984 avec son génial Platini, c'était hier. La vie de l'équipe de France, aujourd'hui, sans les glorieux anciens Bossis, Giresse, Rocheteau, Lacombe, Platini et bientôt Tigana, est devenue une autre vie. Celle d'un groupe de jeunes joueurs doués mais encore inexpérimentés qui doivent se forger une identité collective, un style, une volonté et apprendre que la conquête passe par l'école du sacrifice. De toute façon, demain sera autre chose, mais pas moins séduisant. A condition de ne plus mettre le sélectionneur Henri Michel et nos internationaux dans la situation d'Oslo, dernière pierre noire d'une saison 86-87 tout à fait noire.

(Debout, de gauche à droite : Thouvenel, Bats, Domergue, Amoros, Boli. Au premier rang : Poullain, Ferreri, Micciche, Stopyra, Tigana, G. Passi).

117

Minuit, place du Chat-Noir

Quand on a, longuement, côtoyé le paradis et moultes fois fréquenté les allées du pouvoir ; quand on s'est, abondamment, abreuvé à la source du plaisir et nourri des délices des sommets, on ressent comme une profonde injustice l'obligation de revenir aux fréquentations et aux mets simples. On était prince et l'on croyait que c'était un dû. On redevient gentilhomme et l'on se croit manant.

Nous savions bien — et nous l'avions écrit — que nous vivions, avec Michel Platini et ses frères très doués, une embellie exceptionnelle du football français, et qu'après l'avoir vécue, dégustée, idéalisée, nous remettrions forcément les pieds sur terre. Deux fois demi-finaliste de la Coupe du monde (1982, 1986), champion d'Europe des Nations (1984), champion olympique (1984), le football français se goinfrait au banquet. Il était évident que le Bon Dieu ne le réinviterait pas avant longtemps malgré la sympathie qu'il lui porte.

Il y avait donc eu Mexico durant l'été 1986, les images fabuleuses d'un France-Brésil d'anthologie, l'affirmation au monde d'un style à la française et il y avait maintenant la saison 1986-1987 qui commençait. L'équipe de France se retrouvait propulsée d'emblée sur un parcours parsemé de trous et de bosses afin de défendre son titre européen dans un groupe éliminatoire composé de l'U.R.S.S., de la R.D.A., de la Norvège et de l'Islande. Elle n'avait pas la chance d'être qualifiée d'office, comme le détenteur de la Coupe du monde l'est dans cette épreuve et nous étions beaucoup à penser que son aventure à venir n'allait pas être une sinécure.

Trois des glorieux mousquetaires avaient tiré leur révérence : Alain Giresse (34 ans), Dominique Rocheteau (31), Maxime Bossis (31). Deux autres se faisaient tirer l'oreille pour continuer sous le maillot bleu : Michel Platini (31), Jean Tigana (31), l'un parce qu'il entendait siffler ses tendons, l'autre parce qu'il n'arrivait « plus à se faire comprendre » au sein de la sélection et parce qu'il avait constaté qu'il donnait « trop par rapport à ce que ça lui rapportait. » Ces commentaires sybillins cachaient un différend avec les res-ponsables fédéraux chargés des recettes publicitaires. Ils allaient être bientôt dépassés et l'on retrouverait Platini et Tigana aux affaires tricolores, chargés de leur poids de gloire, d'expérience et de lassitude.

Le sélectionneur Henri Michel comptait sur eux pour assurer la transition entre la génération bénie et la nouvelle, pour tenter de se qualifier tout en constituant un nouveau groupe et pour transmettre le flambeau d'un style qu'il n'était pas question, c'était claironné, de laisser se détériorer.

On entrait dans une saison un peu révolutionnaire, coupée d'une longue trêve d'hiver de deux mois dont on ne savait pas quelle incidence elle aurait sur le comportement des marguerites et des footballeurs français. Mais on avait remarqué que l'équipe de France ne jouerait pas pendant cinq mois, du 19 novembre 1986 au 29 avril 1987, ce qui semblait curieux.

Quand on sortit de cette saison de transition, le bilan de l'équipe de France ressemblait à une descente aux enfers. Battue en Suisse (en match amical), battue par l'U.R.S.S. au Parc des Princes, battue en Norvège, tenue en échec à Reykjavik et à Leipzig, et seulement victorieuse de l'Islande à Paris, elle n'avait marqué que deux buts en six matches. Contre l'Islande ! Michel Platini était dans la tribune pour le dernier match à Oslo. Serein et philosophe. « C'est la meilleure chose qui pouvait arriver » disait-il avec ce goût du paradoxe qu'il cultive volontiers. « Nous allons pouvoir travailler l'esprit libre. »

L'équipe de France d'aujourd'hui est libre en effet. Libre de compétition. Mais cela ne ressemble pas vraiment au « feu d'artifice de la déesse liberté. » Il est minuit, place du Chat-Noir et les réverbères sont éteints.

Les Gaulois
sont dans la peine

Le Championnat de France a débuté depuis quatre journées quand se présente le match amical contre la Suisse voulu par Henri Michel afin de préparer les éliminatoires du Championnat d'Europe. L'ambiance est à deux teintes en ce 19 août 1986. L'une n'échappe pas à la tristesse de voir disparaître derrière le rideau une sélection très compétitive qui, même dans ses jours moyens, présentait un fonds de garantie élevé. L'autre est de se dire que toutes les raisons d'être optimiste existent à partir du moment où la démonstration a déjà été faite, au mois de mars précédent, contre l'Argentine future championne du monde, que les absences conjuguées de Platini et de Giresse pouvaient être allègrement surmontées. Ce soir-là, le duo à poil ras Ferreri-Vercruysse avait brillé autant que les vieilles barbes habituelles et l'on s'en était chaudement félicité. D'ailleurs, si l'on avait été inquiet, ici et là, dans les replis de cerveaux tortueux, on avait été forcé d'admettre l'évidence lors du match France-Belgique de Coupe du monde offrant la troisième place aux Bleus. Le football français était vraiment très fort, même avec ses remplaçants.

Bossis, Giresse, Rocheteau ont donc demandé à la Caisse de Retraite des Internationaux de remplir leur dossier. Platini, très fatigué — et n'ayant pas encore donné son accord définitif pour continuer — s'est vu accorder une prolongation de congé par les médecins de la Juventus. Le Roux est suspendu par l'U.E.F.A., conséquence de son expulsion en finale du championnat d'Europe. Tigana boude, pour les raisons exposées plus haut. Ayache est blessé. Fernandez a un genou qui grince. Genghini, transféré au Servette de Genève, n'est pas prêt. Tusseau, appelé en renfort, a un genou et les amygdales enflés.

Henri Michel réussit tout de même à récupérer, pour aller se faire bronzer à Lausanne, sur les rives du lac Léman (il y pleut à seaux), huit des vingt-deux Mexicains. Il saupoudre de nouvelle vague et obtient le cocktail suivant : Bats — Thouvenel, Boli, Battiston, Amoros — Ferreri, Poullain, Bijotat, Vercruysse — Stopyra, Buscher. Remplaçants : Domergue, Bellone, Papin, Martini.

Diverses constatations peuvent être faites : le dosage anciens-nouveaux est adroit ; Basile Boli, appelé au poste de stoppeur, occupe depuis peu celui de libero à Auxerre ; les quatre du milieu ont tous déjà joué en équipe de France : deux sont à vocation très offensive (Vercruysse, Ferreri), deux assignés à des tâches défensives (Poullain, Bijotat) ; Gérard Buscher, le Brestois, a démarré la saison en trombe.

« Je vais essayer des formules nouvelles, explique le sélectionneur, en songeant à un avenir plus lointain. Mais évitons de vivre sur le passé. Laissons l'enthousiasme, la détermination, l'ambition se développer normalement. L'équipe de France, je vous l'assure, est promise à de beaux lendemains. »

Les matches France-Suisse fournissent l'un des chapitres les plus anciens et les plus fournis de l'histoire du football français. Le premier remonte au 12 février 1905, à Paris (1-0), en ouverture d'une longue série de difficultés traduites par douze victoires seulement en vingt-huit matches (six matches nuls, dix défaites) et un goal-average de 53-51 qui n'appelle pas à pavoiser. De surcroît, deux déculottées mémorables (2-5 en 1911, 2-6 en 1960) ont fait la preuve que le jeu de France, vanté pour sa technique et son esprit, supportait mal le jeu d'Helvétie fait de trois tendances diverses venues d'Alémanie (rigueur germanique), de Romandie (culture française) et du Tessin (inspiration et ardeur italiennes). On ne sait jamais vraiment, en affrontant la Suisse, à qui et à quel système on a affaire.

Le sélectionneur du moment, chez les Helvètes, s'appelle Daniel Jeandupeux. C'est un Romand. Mais un Romand qui a joué à Zurich avant de faire carrière professionnelle à Bordeaux et à Toulouse et de se faire salement casser la jambe par Berdoll. Sa culture du football est vaste et pointue, ses idées multiformes. « Le vrai problème pour la Suisse, dit-il, est de ne pas avoir un jeu réellement identifiable, comme l'ont la France, l'Italie ou le Brésil. Mon objectif est donc de favoriser une unité et une mentalité. Pour commencer, je me suis d'abord attaché à mettre sur pied une

Cela avait commencé
par Lausanne et une
défaite en Suisse.
Déjà, Jean-Marc
Ferreri faisait la moue.
Déjà, le capitaine
helvétique Hermann
nous montrait la sortie.

bonne organisation défensive en préconisant la zone, ce qui est une petite révolution chez nous. »

Mais Jeandupeux ne fait pas ce qu'il veut en son pays. Pour rencontrer la France, il est privé des internationaux de Grasshopper Zurich parce que ceux-ci jouent un tournoi. D'autre part, le match a été conclu sans qu'on lui demande son avis, pendant qu'il assistait à la Coupe du monde. Enfin, il a été fixé à Lausanne où, en vingt-sept matches, l'équipe nationale à croix blanche n'en a gagné que... six. Pour conclure, et à la manière de Henri Michel, Jeandupeux explique que « l'équipe suisse est en reconstruction » mais que « la jeune génération offre pas mal de promesses. »

Patrick Battiston honore, ce 19 août 1986, sa cinquantième sélection. Il est capitaine, comme il l'est à Bordeaux. A son côté, Basile Boli, qui croît et embellit. En 1983, il mesurait un mètre soixante-dix-huit et pesait soixante-neuf kilos. Il en est à un mètre quatre-vingt-trois et soixante-dix-huit kilos. « Il est décontracté » dit Battiston de Basile. « Il m'impressionne » dit Basile de Battiston.

A la 7e minute, Basile Boli voit sa passe à Bijotat interceptée mais il revient en trombe sur Halter à qui il subtilise le ballon. Battiston lui parle, l'association se met en place.

L'équipe de France, à part quelques bavures diverses, tient le jeu et la balle. La pelouse de La Pontaise, très glissante, oblige à un exercice délicat de dosage et de prudence. Elle n'autorise pas le jet instinctif et le déboulé aveugle. Il lui faudrait du velouté, du travail d'orfèvre. Or, les Français, avec la jeunesse qui les pousse aux crampons, veulent aller plus vite que la musique aux champs. Une tête de Buscher provoque un corner (8e). Un plat du pied d'Amoros manque la cible ouverte (18e). Un coup franc de Vercruysse (39e) réchauffe les mains du gardien Zurbuchen. L'équipe de France gambade, seulement inquiétée par les contres sporadiques des Helvètes, très friands d'espaces à cause peut-être des montagnes qui leur bouchent si souvent la vue.

A la reprise, l'équipe de France accentue son pressing avec Battiston à la manœuvre et Bijotat au relais. A la 47e minute, le Monégasque lobe la ligne défensive des Suisses et Vercruysse voit son tir repoussé par Zurbuchen. Quatre minutes plus tard, un « une-deux » Bijotat-Battiston permet au capitaine de tirer sur le gardien suisse. A la 54e minute, un recentrage impeccable de Buscher ne trouve pas preneur. Le même Buscher s'ouvre le chemin du but d'un petit pont superbe mais se fait contrer à la sortie (57e), etc.

Manquant de l'efficacité finale indispensable à cause de l'inadaptation quasi permanente de certains sélectionnés aux circonstances du jeu — contrôles-retard, passes imprécises, ballons mal dosés, choix inversés, dribbles côté fermé — l'équipe de France voit se diluer son intention collective et sa supériorité apparente. Elle ne mérite pas de perdre, mais elle va perdre.

A la 72e minute, alors que Domergue a remplacé Amoros au poste d'arrière gauche, le Néo-Marseillais commet une faute que l'on peut qualifier de stupide. Sutter tire le coup franc et profitant du mauvais placement défensif des Français, offre à l'excellent capitaine suisse Heinz Hermann (Neuchâtel Xamax, 67 sélections) l'occasion d'un but de la tête retentissant. Trois minutes plus tard, sur la même aile, Wittwer échappe à Domergue et trouve le pied droit de Sutter pour une foudroyante reprise du pied droit.

Pour accentuer le désastre, Stopyra manque la transformation d'un penalty sifflé à la suite d'un fauchage de Boli (lancé par Battiston, 80e). Et il manque encore, dans la foulée, la transformation de deux autres occasions (tête, 84e, tir croisé, 90e)

Henri Michel, pour la première fois de son règne, ne mâche pas ses mots. « Je suis déçu par la qualité du jeu. J'espérais de l'allant, de la vivacité, de l'enthousiasme. Or, nous avons joué sur un rythme monocorde, sans spontanéité et sans imagination. Ferreri n'a pas eu d'influence sur le jeu et Vercruysse a nettement baissé de pied en seconde mi-temps... Entre un bon joueur et un grand joueur, il y a une marge. Il faut regarder la vérité en face : pour s'aguerrir, les jeunes ont besoin d'être encadrés par des anciens. »

Les Gaulois sont dans la peine et le titre de présentation de *France-Football* — « L'Helvétie pour une lanterne » — qui se voulait plaisant (et qui l'était) affiche un humour macabre.

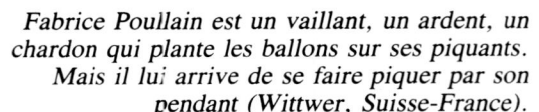

Fabrice Poullain est un vaillant, un ardent, un chardon qui plante les ballons sur ses piquants. Mais il lui arrive de se faire piquer par son pendant (Wittwer, Suisse-France).

Du coq surgelé à l'islandaise

L'environnement de l'équipe de France et les structures techniques de la Fédération, c'est-à-dire celles de tout le football français, ont été fortement perturbés durant 1986. Michel Hidalgo, on s'en souvient, a donné sa démission de Directeur Technique National bien avant la Coupe du monde, contraint qu'il était de choisir entre sa mission supérieure et le contrat qu'il venait de signer avec Bernard Tapie sous la bannière de l'Olympique de Marseille. Beaucoup avaient regretté, à ce moment-là, que la Fédération et son président, M. Fournet-Fayard, ne se soient pas donné les moyens — ou n'aient pas voulu se les donner — de retenir Hidalgo pour tout ce qu'il représentait d'expérience, d'autorité et de prestige. Quand la perte du D.T.N. Hidalgo avait été consommée, M. Fournet-Fayard s'était donné un temps de réflexion. Il ne voulait pas, disait-il, adopter la solution de facilité consistant à faire du sélectionneur Henri Michel l'homme-orchestre total, toutes responsabilités confondues. Deux postes, deux hommes. C'était aussi notre opinion.

Pour ne pas laisser flotter la D.T.N., ou pour occuper le terrain vis-à-vis du ministère de la Jeunesse et des Sports, un intérimaire est nommé. Il s'appelle Henri Guérin, il a dirigé l'équipe de France en Coupe du monde 1986, il est entraîneur national depuis longtemps et il a le respect de tous. Mais il faut le pousser, à quelque mois de sa retraite, pour qu'il accepte le sombrero.

Michel Hidalgo n'est pas parti seul à Marseille et il a emmené avec lui Gérard Banide, désireux de se resourcer dans une responsabilité de club, désireux aussi, pourquoi le cacher, de ne pas échapper totalement au courant financier irriguant le football. Car la Fédération, si elle souhaite les meilleurs, n'a pas encore compris qu'elle devrait, sinon s'aligner, du moins s'approcher des tarifs pratiqués par la concurrence.

Or, Banide est un élément essentiel du système fédéral et de la préparation de l'équipe de France. C'est lui qui a imaginé, conçu, dirigé, sur les terrains d'entraînement, les programmes des internationaux de 1982, 1984 et 1986, prenant ainsi une part fondamentale dans les succès récoltés.

Les pêcheurs d'Islande, pensait-on dans la lointaine France, allaient pêcher deux points.
Ils ne pêchèrent qu'une sensible désillusion malgré le beau geste du harponneur Amoros
et le regard profond du capitaine au long cours Tigana. Le compteur était bloqué sur 0-0.

Hidalgo et Banide partis, c'est tout un pan de compétence qui s'effondre.

Au retour de Mexico, le président de la F.F.F. a viré de bord. Il a, sous la main, Henri Michel avec lequel il se sent « en phase » et qui vient de démontrer, en deux ans, un sens de l'efficacité assez étonnant. « La D.T.N. a un rôle considérable à jouer, dit le président, pour proposer au Conseil fédéral les orientations du football français. Elle ne peut fonctionner que si elle est acceptée par l'ensemble des hommes de terrain. On ne peut donc y parachuter personne et Henri, compte tenu du respect général qu'il inspire, est l'homme de la situation. »

Henri Michel devient donc, à trente-neuf ans, l'un des plus jeunes patrons du football international, déjà champion olympique et troisième de la Coupe du monde. Mais il n'a pas d'adjoint pour entraîner l'équipe de France, ce qui est un comble. Après Lausanne, il souligne cette insuffisance et il obtient la nomination de Jean Djorkaeff, l'un des internationaux français les plus capés (47 sélections), qui fut d'ailleurs son capitaine sous le maillot bleu pendant plusieurs saisons.

Au moment de partir pour Reykjavik afin d'y affronter l'Islande en Championnat d'Europe des Nations, le climat autour de l'équipe de France est d'expectative. Michel Platini, s'estimant insuffisamment prêt, a décliné l'offre de s'y rendre.

Jean Tigana est là, Luis Fernandez également, ce qui densifie le groupe des anciens. Et Henri Michel, après avoir mûrement réfléchi, soupesé les différentes options, titularise une équipe formée de Bats − Ayache, Boli, Battiston, Amoros − Fernandez, Tigana, Genghini, Vercruysse − Stopyra, Paille.

Le choix de Stéphane Paille le Sochalien au détriment de Buscher est une demi-surprise. Champion d'Europe juniors en 1983, une vingtaine de fois sélectionné en Espoirs, Paille a vingt et un ans. Et il plaît à Henri Michel : « Il a toutes les qualités pour s'imposer. Sa technique, son jeu de tête, sa frappe de balle sont très intéressants compte tenu de l'opposition islandaise. »

Stéphane Paille est venu (à Reykjavik). Il a vu. Et on ne l'a pas retenu. Mais on reverra ce jeune attaquant très doué.

Le sélectionneur déclare sans ambages qu'il faut absolument gagner et qu'un match nul constituerait une réelle contre-performance. A ceux qui croient l'avoir entendu dire, au cours des semaines précédentes que « l'important, ce sera de se qualifier pour la Coupe du monde 1990 en Italie », ce qui sous-entendrait un certain renoncement par rapport au Championnat d'Europe, il répond en nuançant ses propos : « Après l'aboutissement d'une aventure telle que la Coupe du monde, il existe fatalement une période de décompression. Il est dur de se relancer, sans trop se retourner. Il faut trouver des motivations nouvelles, un titre de champion d'Europe à défendre, par exemple. Mais il est nécessaire d'être réaliste : pour participer à la phase finale du Championnat d'Europe 1988, en R.F.A., nous devons terminer premiers d'un groupe qui comprend l'U.R.S.S., la R.D.A., la Norvège et l'Islande alors qu'en Coupe du monde, il y a deux qualifiés par groupe. »

L'Islande est, évidemment, un petit pays de football, très peu peuplé, très venté, très froid et très particulier. Mais, de ses 250 000 habitants concentrés sur quelques-uns de ses 103 000 kilomètres carrés (le cinquième de la France), dix pour cent frappent dans la balle avec une énergie légendaire. De plus en plus, les Islandais ont leur place dans le concert international, essaimant ici et là, en Europe, des champions de qualité : Asgeir Sigurvinsson par exemple, meneur de jeu incontesté du V.F.B. Stuttgart, costaud comme un rocher volcanique (182 centimètres, 79 kilos), coulant comme une anguille et adroit comme un chat ; Arnor Gudjohnsson, attaquant d'Anderlecht ; Sigurdur Jonsson, demi de Sheffield Wednesday ; Ragnar Margeirsson, demi de Waterschei ; Atli Edvaldsson, demi de Bayer Uerdingen.

Cette sélection quasiment professionnelle a donné du fil à retordre, lors des éliminatoires de la dernière Coupe du monde, au Pays de Galles, (battu 1-0), à l'Ecosse (victorieuse 1-0 à la dernière minute) et à l'Espagne (victorieuse 2-1 après avoir été menée 0-1 à la mi-temps). Sur son terrain lunaire, étroit et bosselé qui favorise son style britannique, l'équipe d'Islande affiche une véri-table personnalité exempte de complexes et de faiblesses. Elle est souvent surprenante d'intelligence et de technicité. Elle ne se laisse dominer — et rarement à Reykjavik — que par des formations supérieures au mental engagé.

Or, l'équipe de France, le 10 septembre 1986, n'est vraiment supérieure dans aucun domaine. Elle semble surprise d'ailleurs par la qualité, la force athlétique et la rouerie de son adversaire. L'ombre de Platini plane sur la rencontre tant il manque à l'équipe de France de la réflexion et de la justesse, de la lucidité et de l'efficacité. Philippe Vercruysse, dans le rôle du maître, et dans un costume encore un peu grand pour lui, manifeste des insuffisances. Mais il n'est pas le seul. Genghini, à son côté, ne respire pas du grand souffle atlantique autorisé par les circonstances et le lieu. Stopyra, qui joue son dixième match en trente-six jours (et s'en plaint), manque de fraîcheur et d'inspiration. L'équipe de France coince sans vraiment faillir. Elle participe au combat, âprement. Elle se crée quelques occasions (Genghini, 15e minute ; Genghini, Stopyra, Fernandez en fin de match). Elle impose un pressing tenace. Et elle ne se laisse pas surprendre par un contre, ce qui eût pu survenir si elle n'avait pas été rigoureuse. Mais elle perd un point, en retard donc sur son tableau de marche.

« Ce qui m'ennuie le plus, constate Michel, c'est que nous n'ayons inscrit de but ni en Suisse, ni en Islande. Ce 0-0 n'est pas un bon résultat, inutile de se le dissimuler. Il nous a manqué tout au long de la partie une forme de lucidité et de discernement. Je ne dis pas qu'avec Michel Platini, nous aurions gagné en Islande, mais il est sûr que sa présence aurait clarifié le jeu. »

L'équipe de France 1986-1987 n'a pas encore trouvé les solutions aux problèmes posés. Mais tout n'y est pas gris : Paille a plu au sélectionneur, Basile Boli a coupé du saumon islandais en tranches, les anciens ont tenu la maison. On n'attend plus que le Grand Timonier pour savoir si le bateau France est encore capable de tailler sa route dans toutes les mers du globe à défaut de l'avoir bien fait chez les pêcheurs de Pierre Loti.

Michel Platini est un farceur. Il fait une grosse frayeur à Dassaev en se jetant, pour jouer, au ras de ses oreilles. Tchivadze, qui en a vu d'autres, regarde les deux gamins se houspiller.

Le Soviétique Rats a bien raison de manifester son bonheur après le second but de l'U.R.S.S. Le champion d'Europe en titre est battu. Et son successeur est peut-être tout trouvé.

Platini n'est plus un surhomme

Quand le tirage au sort des groupes éliminatoires du Championnat d'Europe avait été effectué, le cri du cœur des Tricolores avait été unanime : il faudra vaincre l'U.R.S.S. à Paris après avoir gagné en Islande et gérer ensuite la situation du groupe. Après Reykjavik, Luis Fernandez est toujours optimiste : « Il n'y aura pas de match nul au Parc le 11 octobre. »

Le camp des Bleus sent la poudre, effectivement, à l'approche de l'événement, entraîné par Michel Platini en personne. On va rejouer, sur commande, le France-Hollande de 1981 et le France-Bulgarie de 1977. La confiance règne. « Platini revient dans le rôle du chef, du guide, du grand frère » dit le sélectionneur. « J'attends de lui, ajoute-t-il, et avant tout, qu'il organise le jeu des Bleus. Pour le reste, je souhaite que l'équipe de France retrouve son esprit d'entreprise, qu'elle étale pendant une heure et demie cette fraîcheur psychique qui lui est nécessaire pour aller au bout d'elle-même, qu'elle soit conquérante. »

Cinq jours avant le match, Patrick Battiston doit déclarer forfait pour cause d'adducteurs en détresse. C'est un réel coup dur qui nécessite un choix délicat : soit appeler un stoppeur et faire de Boli le libero titulaire, poste qu'il occupe depuis peu à Auxerre ; soit demander à Bossis s'il accepterait de venir faire une « pige » supplémentaire (« mais c'était inconcevable », dira le sélectionneur) ; soit appeler un libero de métier, réputé et en état de marche.

Henri Michel choisit assez logiquement cette troisième solution en appelant Philippe Jeannol, le numéro 5 du P.S.-G. « C'est un libero de métier dont je sais ce qu'il vaut pour l'avoir eu avec moi pendant les Jeux Olympiques. De surcroît, il connaît parfaitement Ayache, Bats et le Parc des Princes. »

Les deux autres interrogations du sélectionneur, avant d'affronter en compétition l'une des toutes meilleures équipes du monde, concerne le milieu de terrain — qui adjoindre à Tigana-Fernandez-Platini pour contrer la formidable organisation soviétique ? — et l'attaque : qui, pour épauler Stopyra, l'indiscutable titulaire malgré l'envol de sa forme mexicaine ? Henri Michel préfère finalement Ferreri (vitesse, vivacité, engagement) à Vercruysse et Papin (percussion, punch, culot) à Bellone. Ce qui donne une équipe de France formée de Bats — Ayache, Boli, Jeannol, Amoros-Tigana, Fernandez, Ferreri, Platini — Stopyra, Papin.

Formée en permanence de sept à huit joueurs de Dynamo Kiev (plus Dassaev, Tchivadze, Aleinikov, Khidiatouline ou un autre), l'équipe d'U.R.S.S. dirigée par Valeri Lobanovski fait peur par son caractère complet, son jeu d'amplitude et son système à coulisses. Au Mexique, ainsi que le remarque Guy Roux, elle n'a même pas eu le temps de montrer ses limites, éliminée injustement qu'elle fut devant la Belgique. « Chaque joueur soviétique possède une technique parfaite, rêve Guy Roux. Il sont tous capables, en sélection, de tous les exploits individuels tels que grands ponts, petits ponts, écrans en pleine course, passes longues, contrôles, frappes. Quant à leur culture tactique, elle approche la perfection. »

Mais l'entraîneur auxerrois pense que l'on peut jouer comme l'U.R.S.S. si on le veut : « La tactique soviétique est, selon moi, l'expression la plus élaborée d'un football simple. Si l'on doit copier quelques chose, c'est cette simplicité. »

En première mi-temps, dans un Parc des Princes empli de 43 000 spectateurs (dont 1 600 scolaires invités), l'équipe de France répond du tac au tac, sur un rythme incroyablement élevé, à la perfection d'équipe qui se trouve en face d'elle. Elle puise alors, sans qu'on le sache encore, au tréfonds de ses capacités physiques, individuelles et collectives pour répondre à ce jeu soviétique futuriste où la précision n'exclut jamais la vitesse, où la maîtrise du ballon n'empêche pas les démarrages incessants et où le brio des individualités est aussi élevé que la qualité exceptionnelle du collectif.

Pendant une mi-temps, et même une heure, l'équipe de France relève le défi et, dans un somptueux corps à corps, échange des occasions nettes : deux centres de Ferreri, un de la droite, un

Demianenko n'est pas un arrière latéral comme les autres. Il monte, il déborde, il centre, il frappe (devant Jeannol). Les Soviétiques n'ont pas de faiblesse.

de la gauche (2e, 3e minutes), un grand pont de Platini qui ne peut assurer son centre (6e) une offrande de Platini à Papin échouant devant Dassaev (12e), trois coups francs de Jeannol (28e, 37e), et Platini (35e), dont deux frôlent la transversale et le troisième un poteau.

Les Soviétiques, on l'a dit, ne sont pas à la traîne, et plutôt aux commandes. Bats a dû repousser des deux poings un tir atomique de Bessonov (7e minute). Un boulet de canon de Tchivadze — le superbe libero de Tbilissi — sur coup franc, expédie le ballon sur un poteau, sur le dos de Bats et de nouveau sur le poteau (13e). Zavarov enfin, sur un nouvel exploit et au terme d'une échappée de cinquante mètres, tire au ras du poteau tricolore (42e).

Durant cette période, les Bleus s'offrent deux ou trois fois plus d'occasions que pendant les deux matches à Lausanne et à Reykjavik. Platini régule magnifiquement, Tigana et Fernandez se subliment dans la récupération et la relance. L'affaire tourne, mais elle tourne vite. Trop vite.

Au bout d'une heure exactement, après que Ferreri ait échappé deux fois sur l'aile droite aux Soviétiques (49e, 51e, Kouznetsov enlevant de la tête le ballon à Papin), l'équipe de France cale. Physiquement. Usée par les efforts consentis, laminée, anémiée, elle abandonne pratiquement le milieu de terrain à un assaillant trop supérieur en nombre et en qualité. Zavarov, déjà très brillant, en prend possession totalement pour le plus grand régal des amoureux du foot. Technicien subtil, stratège avisé, Alexandre le Grand se livre avec Rodionov à un grand numéro dans la surface de réparation française, à la 67e minute, et offre à Belanov un but-cadeau qui ne se refuse pas. Six minutes plus tard (73e), l'exécution finale, impulsée par Zavarov et Demianenko (centre de la gauche) est conclue par un tir de Rats à ras de terre. Deux à zéro, en voulez-vous encore ?

Victime de sa médiocre force de frappe (Papin-Stopyra totalement dominés par leurs adversaires), moins épaulée que prévu par Michel Platini (en petite forme), trahie par ses forces physiques, impuissante à contrer tactiquement pendant une heure et demie les démarquages, les permutations, les courses sans ballon, les accélérations et les enchaînements de son formidable adversaire, l'équipe de France baisse pavillon. Pour la première fois depuis le 13 octobre 1972, date de l'inauguration du nouveau Parc par les Bleus, elle y perd un match de compétition : elle y avait remporté seize victoires et réalisé quatre partages auparavant.

Chacun a le sentiment d'avoir assisté à un double événement : la montée supersonique d'une équipe soviétique confortée dans ses options ; et la fin d'une époque fabuleuse illustrée par les Bleus de Platini pendant une décennie. « L'intention et l'envie de pratiquer le même football sont les mêmes mais nous n'en avons plus les moyens. Nous ne marquons plus de buts, le milieu de terrain est moins présent et notre défense a été mauvaise en deuxième mi-temps. Quand on perd chez soi en compétition, on peut en effet penser que tout est fini. Mais il nous reste une chance. Il faut la jouer, même si elle est très mince » conclut Henri Michel.

« Je croyais que les Français allaient prendre le jeu à leur compte », s'étonnait Berndt Stange, le sélectionneur est-allemand. En fait, pour ne pas prendre de baffes, les Français avaient pris le parti de ne pas prendre de risques. On les prit en flagrant délit de prolifération défensive prononcée (Amoros et Ayache prenant Kirsten en tenailles).

Ne réussissant pas à s'imposer dans les airs, Kirsten essaya donc de passer balle au pied. Il ne savait pas que, quand ils le veulent, Battiston et les Français sont en acier trempé.

Circulez, y'a rien à voir

Il peut être tentant, dans une situation de ce genre, de provoquer une révolution comme cela se fait dans certains pays. Mais, ainsi que Lobanovski estimant, malgré ses succès, que « la perfection n'existe pas », Henri Michel considère que la valeur d'une sélection nationale n'échappe pas à la valeur intrinsèque des joueurs qui la composent. En clair, que l'équipe de France 1986-87 ne peut pas être meilleure qu'elle ne l'est avec des joueurs qui n'existent pas ou qui n'existent plus. « Des prises de conscience s'imposent. Dans la vie, il y a des périodes plus ou moins euphoriques. La nôtre a duré très longtemps dans sa phase rose. »

Il peut être tentant, aussi, de raisonner en d'autres termes que ceux de vocation offensive, de fleur au fusil et de Brésiliens de l'Europe. Il peut être vraiment très tentant, dans des circonstances particulières, de renforcer le secteur défensif, de resserrer les espaces et d'exprimer « la volonté certaine d'une plus grande sécurité » ainsi que va le dire Henri Michel, à Leipzig, à l'occasion du match R.D.A.-France.

La raison du choix est toute simple : pour garder une minuscule chance de se qualifier et, qui sait, de conserver son titre européen, l'équipe de France doit impérativement prendre un point en R.D.A. avant d'aller gagner, mais c'est une autre histoire, à Oslo, à Moscou, dans les cœurs. Et, pour prendre au moins un point en R.D.A. :« Il faut voir les choses en face, dit le sélectionneur, et admettre que quand on est moins fort, il faut penser le football différemment, même si ça déplaît aux puristes. »

Pour la première fois de son règne de sélectionneur, Henri Michel choisit une équipe-hérisson, une équipe de contres avec trois demis défensifs (Le Roux s'ajoutant à Poullain-Tigana). « Je sais ce que l'on va me dire. Mais, à partir du moment où nos seuls résultats acceptables à l'extérieur, depuis dix ans, sont le 2-2 de Sofia en 1976 et le 0-0 de Zagreb en 1985, je n'ai pas l'impression de trahir des principes si j'effectue certains choix. Je pense même que le changement est devenu une nécessité. Posséder une bonne assise défensive est

l'une des différentes manières d'obtenir la victoire. »

L'équipe de France s'aligne donc, le 19 novembre 1986, en formation 1-3-3-1-2 qui est plutôt, ainsi que le souligne Jean-Philippe Réthacker dans *L'Equipe*, un schéma en 7-1-2 : Battiston libero, Boli stoppeur, Ayache-Amoros arrières latéraux, Tigana-Le Roux-Poullain demis défensifs répartis sur la largeur du terrain en premier rideau, ces sept joueurs regroupés bouchant tous les espaces ; Platini en général du centre, déchargé des tâches de repli ; Stopyra-Papin en commandos-parachutistes chargés de la contre-attaque et du harcèlement.

Le plus étonné de tous les observateurs — et l'un des plus concernés — est le sélectionneur est-allemand, Berndt Stange. « Vraiment, l'attitude des Français m'étonne, dira-t-il. Je pensais qu'ils prendraient le jeu à leur compte, comme d'habitude. » Il en est choqué, le pauvre, sachant bien que si l'équipe de France n'honore pas sa tradition, sa sélection à lui est bien incapable de le faire, tristounette qu'elle est par tous les bouts et seulement capable de récupérer à son profit les risques que prennent les autres.

Pendant plus d'une heure, donc, sur un terrain rendu très lourd par les pluies de la journée, les guerriers de l'un et de l'autre bord s'affrontent sur les rives de leurs tranchées. Ils gratifient le public d'un festival de maladresses et d'erreurs techniques, médiocres dans la relance, insignifiants dans la création. Mais, à ce jeu de la barbichette postiche, les Tricolores ont manifestement plus d'idées et plus de poigne. Quelques courses cinglantes de Thom (Thom pousse, dit Victor Peroni) et deux ou trois frappes de Pastor, si elles inquiètent momentanément les Français, n'ont pas la puissance et la riche couleur des deux occasions principales des Bleus. A la 56e minute, Le Roux (qui ne s'appelle pas Platini, souligne un iconoclaste) expédie dans les nuages la reprise d'un centre très pur de Stopyra. Et, à la 70e minute, enfer et damnation, un exploit pharamineux de Platini (contre plein champ) se perd dans une passe terminale délicate à négocier et un jaillissement très tardif de Papin-le-Bref.

On s'aperçoit alors, à deux encablures du 0-0

Yvon Le Roux est demi défensif.
L'équipe de France en 7-1-2.
A Leipzig, les Allemands de R.D.A. n'en
reviennent pas.

programmé, que les Tricolores auraient très bien pu, avec un peu plus d'audace, avec un peu plus d'ouverture d'esprit offensif, obtenir une victoire sans appel. C'est tout le sujet du débat qui ne manque pas de s'ouvrir. « Un observateur des deux dernières Coupes du monde débarquant au Zentral Stadium n'aurait pas mieux débarqué sur la lune... A notre sens, la solution dite de Leipzig ne peut fonctionner que dans l'extrême besoin où l'on se trouve, un jour d'automne, mais non sur le long terme. On ne peut jouer longtemps à ce point contre nature sans abandonner toute idée d'aboutir à un résultat probant ou, mieux encore, établir un règne, de laisser une noble trace de son passage. On ne retourne pas sa veste sans un jour le payer de beaucoup de regrets. » (Gérard Ernault, *L'Equipe*).

« Le verre de Leipzig est-il à demi plein ou à moitié vide ? interrogeons-nous dans *France-Football*. En prenant un point sur le terrain de la R.D.A., l'équipe de France a-t-elle fait une bonne affaire, donné un coup d'épée dans l'eau ou oblitéré quelques fantasmes dévastateurs ? Peut-on tirer de ces quatre-vingt-dix minutes des motifs d'espoir ou d'inquiétude ? Henri Michel est-il un pragmatique, un fossoyeur, ou un génie ? Fallait-il faire jouer Le Roux au milieu de terrain ou prendre le risque calculé de titulariser Gérald Passi pour son éblouissante forme actuelle ? Fallait-il changer le fusil d'épaule à la mi-temps et s'enhardir à tirer la queue du faux tigre en deuxième période ? Platini n'a-t-il pas joué trop en retrait et trop longtemps alors que l'environnement avait été conçu pour qu'il soit devant ? Avec zéro but en quatre matches (Suisse, Irlande, U.R.S.S., R.D.A.), les canons tricolores se sont-ils définitivement tus ou s'agit-il d'une pénombre passagère ? La notion de choix sécuritaire au plan tactique implique-t-elle régression, palier ou choix ponctuel ? Va-t-on dorénavant s'ennuyer autant qu'à Leipzig chaque fois que l'équipe de France sortira son drapeau ? Existe-t-il des joueurs plus talentueux et plus efficaces que ceux qui opéraient en R.D.A. ? Michel Platini est-il toujours compétitif au plus haut niveau ou bien a-t-il atteint le chemin de traverse ? Le football français ne joue-t-il pas contre nature quand il met le tablier de forgeron ? L'équipe de France, grâce à ce point pris (deux points en trois matches), reste-t-elle en mesure d'arracher la qualification dans un groupe 3 où il n'y aura qu'un vainqueur et où l'U.R.S.S. compte déjà cinq points en trois matches ?... »

A ces questions auxquelles il est bien difficile de répondre sans risquer de se coincer la langue, Henri Michel oppose un raisonnement en béton armé, comme celui de Boli-Battiston sur le terrain : « Cela fait vingt ans que j'entends dire que nous devons être conquérants à l'extérieur. Cela fait aussi vingt ans que nous en revenons la queue basse. Le match de Leipzig n'a pas montré de football-champagne, mais, au moins, nous avons été efficaces derrière à défaut de l'être devant. Nous avons gagné un répit... Je sais bien que ce n'est pas la solution pour faire un grand jeu et une grande équipe. Mais si j'avais cinq attaquants de valeur internationale, j'aurais adopté une tactique différente, nous aurions gagné 5-0 et j'aurais été le plus heureux des hommes. »

En résumé : circulez, y'a rien à voir.

« Adieu, France, adieu mes beaux jours... » Platini, en ce 29 avril 1987 contre l'Islande, au Parc,
tire sa révérence. « Ô souvenirs, printemps, aurore », en ce 29 avril,
José Touré ressuscite sous le maillot bleu (devant Sigurvinsson).

Carmelo sur sa moto

A cause de la longue trêve d'hiver et d'un calendrier curieusement élaboré, l'équipe de France disparaît de la circulation pendant cent soixante et un jours, c'est-à-dire cinq mois et plus d'une semaine. Pendant près d'une demi-année, il se passe beaucoup de choses. Certains vieillissent, le prix du pétrole baisse, le soleil n'est plus à la même hauteur, les pastèques n'ont plus la même saveur. On ne sait plus très bien où l'on en est.

Michel Platini, par exemple. Son patron et protecteur de la Juve, l'Avvocato Giovanni Agnelli, s'est laissé aller, à son sujet, à un pessimisme notoire : « J'espère que Platini va retrouver son niveau, a-t-il déclaré, autrement, il vaut mieux qu'il s'arrête. En quatre ans, il a fait beaucoup de miracles mais il y en a un qu'il ne peut pas accomplir, celui de redevenir jeune. Un grand champion ne devrait pas ternir sa plus belle image parce que c'est celle qu'il doit laisser. »

Tandis qu'une étoile piémontaise décline au firmament, un fils d'émigrés siciliens fait claquer ses sabots lorrains sur la route qui mène à la gloire. Carmelo Micciche, déjà vainqueur de la Coupe de France 1984 et fort en vue lors de cette finale Metz-Monaco, a pris du volume, du culot et de l'ambition. Son entourage le pousse d'ailleurs à aller voir du pays, afin d'enjoliver ses vingt-huit mille francs mensuels, somme tout à fait indigne d'un gros calibre en voie de développement. Mais son mentor messin Marcel Husson, qui l'a fait sortir de sa gangue, l'encourage à poursuivre sa formation dans son milieu d'origine, avec un peu d'émotion dans la voix : « Carmelo sait absolument tout faire. Il faut simplement lui laisser une certaine liberté d'expression. »

Il est donc naturel et tout à fait logique que le sélectionneur pense à Carmelo Micciche au moment de s'orienter vers une équipe de France délibérément offensive pour accueillir l'Islande au Parc des Princes le 29 avril 1987. Il s'agit du match-retour éliminatoire du Championnat d'Europe et, en principe, de l'épreuve la plus facile des huit proposées. L'opinion publique, les observateurs, les publicistes et les joueurs eux-mêmes, ce qui est probablement le plus important, souhaitent non seulement deux points, mais un carton plein. Pour soigner le goal-average, lequel en a bien besoin.

Les forfaits en cascade des Bordelais engagés sur tous les fronts (Battiston, Tigana notamment), la modification des forces durant les derniers mois, le niveau de l'adversaire, donnent aux choix de Henri Michel des directions inattendues. Son équipe de France est radicalement différente de celle de l'automne précédent avec, devant Bats, une défense composée d'Amoros-Boli-Domergue-Thouvenel, une ligne médiane formée de Fernandez-Passi-Touré-Platini et une attaque à deux branches constituée de Stopyra-Micciche.

A part Micciche, phosphorant en Championnat de France, les deux événements principaux sont constitués par la titularisation du Toulousain Gérald Passi, éblouissant en Coupe de l'U.E.F.A. et en compétitions nationales et par le retour au premier plan de José Touré que l'on avait quitté un an plus tôt avec une très grave blessure à un genou.

Mais, avec Platini, cela fait trois numéros 10 sur le tapis vert. « Pourquoi pas ? dit Henri Michel. Ils me paraissent complémentaires et c'est à nous de faire le jeu. Nous allons avoir besoin de créateurs, d'impulseurs d'occasions et de buteurs, ce qu'ils sont tous les trois. »

Le sélectionneur fixe trois objectifs aux Bleus : la victoire, l'efficacité traduite en buts, le plaisir du jeu. Ce à quoi 30 000 spectateurs souscrivent mais pas le crack islandais Sigurvinsson : « Un carton ? Ne rêvez pas, ce temps est dépassé. »

Au moment où ils entrent sur le terrain, les Tricolores apprennent que l'U.R.S.S, grâce à deux buts de Zavarov et Belanov, ont battu la R.D.A. à Kiev et qu'en conséquence, leurs carottes de qualification sont archicuites. Ce n'est cependant pas pour cette raison, du moins peut-on l'espérer, qu'ils cherchent leurs marques devant les Islandais, multipliant les travaux d'approche lents et compliqués, multipliant aussi les passes imprécises. Face à ces Tricolores qui se véhiculent en train de marchandises et s'arrêtent à toutes les gares pour consulter l'horaire, les Islandais s'enhardis-

*Carmelo Micciche,
le diablotin
italo-lorrain :
une grosse capacité
d'expression,
et un petit salaire.*

sent par le pied gauche de Sigurvinsson et les dribbles de Petursson.

C'est au moment où ils manifestent le moins d'idées et le plus de gestes désinvoltes que les Tricolores se remettent en selle par un contre de Platini sur Torfasson à quarante mètres des buts islandais. Le capitaine des Bleus accélère et, au contact des défenseurs adverses, décale Micchiche et Passi sur la gauche. Carmelo, sur sa moto pétaradante, devance la sortie du gardien Sigurdsson et le trompe d'une frappe fouettée de l'extérieur du pied droit (37e minute).

Cet avantage ne contribue pas pour autant à éclaircir ce que Jean-Jacques Vierne, dans *L'Equipe*, qualifie de « bouillie pour chats ». Balles aériennes perdues, carences au plan de l'organisation collective, initiatives malheureuses, tout y passe de ce que l'on espérait ne pas voir dans un match supposé aussi facile et aussi apte à rendre confiance à des joueurs français déboussolés.

L'équipe de France obtient cependant un second but à la suite d'une montée rageuse de Domergue, un centre rentrant de Micchiche devant la cage islandaise et une intervention de Stopyra au contact avec un adversaire (65e). Elle a gagné, sous les sifflets d'un public frustré et privé de la magie ancienne.

« Un goût d'inachevé », « Deux buts en bleu de travail », « La croix et la bannière », titrent les journaux. « Nous avons fait ce qu'il fallait » estime Platini. « Nous n'avons pas atteint la plénitude que j'espérais », conclut Michel.

Comme disait quelqu'un, « on s'habitue à ses infirmités, le plus difficile, c'est d'y habituer les autres. »

Oslo, morne plaine. Les têtes de Stopyra ne passent pas (belle détente, pourtant).
Les envolées de Passi s'enfoncent dans le gazon. L'une des plus mauvaises saisons tricolores de l'histoire
se termine dans une omelette norvégienne noyée par la pluie.

Comme un point sur un « I »

Il reste, pour terminer cette décevante saison 1986-87, à aller affronter la Norvège à Oslo, le 16 juin, six jours après la dernière finale de la Coupe de France et onze après la dernière journée du championnat. La date, on peut le dire, n'a pas été judicieusement choisie, venant après une coupure des esprits et des corps. D'ailleurs, une flopée de forfaits s'abat sur la sélection, à commencer par celui de Michel Platini qui a annoncé sa retraite définitive le 17 mai et joué, le même jour, son dernier match officiel contre Brescia. « On va se rendre compte à présent de tout ce qu'il apportait au football en général et au football français en particulier », déclare Henri Michel, quelques heures après l'annonce de la nouvelle.

Le sélectionneur doit également se passer, pour aller à Oslo, de Battiston, d'Ayache, de Fernandez, de Le Roux, de Bellone, de Touré au dernier moment, et de quelques autres. En résumé, des vingt-deux « Mexicains » de l'été précédent, seuls restent Bats, Amoros, Ferreri, Tigana et Stopyra.

Ces cinq hommes, avec leur entraîneur, ne peuvent s'empêcher de penser qu'un an plus tôt, jour pour jour, l'équipe de France allait affronter l'Italie en huitième de finale de la Coupe, et la vaincre sans problème. Il leur faut maintenant, ainsi que le dit Henri Michel, gagner les quatre matches qu'il leur reste à jouer dans le groupe 3 du Championnat d'Europe, pour rétablir une situation désespérée. Une gageure. Une utopie.

Pour affronter les Norvégiens dont il est difficile d'oublier qu'ils jetèrent le football français dans la crise en gagnant à Strasbourg en 1969 et en l'éliminant de la Coupe du monde, Henri Michel aligne une équipe formée de Bats-Thouvenel, Boli, Domergue, Amoros — Poullain, Ferreri, Tigana, Passi — Stopyra, Micchiche. Il compte sur Tigana (promu capitaine) pour véhiculer l'esprit de conquête. Il s'en remet, pour perturber les qualités athlétiques, le jeu aérien et la défense en ligne des Norvégiens, au pouvoir d'accélération de Ferreri, remarquable en finale de Coupe contre Marseille. Il prône la maîtrise du jeu. Et il garde en réserve Sénac, Delamontagne, Bijotat, Fargeon et Martini.

L'équipe de Norvège, battue quinze jours plus tôt par l'U.R.S.S. à domicile (0-1) n'est pas un foudre de guerre. Mais pas non plus un canard boiteux. Elle appelle à son secours, pour chacun de ses matches, une dizaine de professionnels opérant en Allemagne, en France, aux Pays-Bas ou en Grèce. Et elle pratique un football à la danoise, généreux, athlétique mais moins prolifique car les vrais buteurs, chez elle comme chez nous, se font rares.

Le temps, le terrain sont d'essence nordique le 16 juin 1987. Il pleut à seaux et les grenouilles se font des signes d'une cage à l'autre. Les crampons seront longs et les ceintures en flanelle un peu mouillées. Les ballons fusants et la marmite norvégienne à la sauce diablesque.

Après un quart d'heure d'étude technique appropriée — tout ballon plongé de haut en bas dans un liquide exerce une poussée, etc. — les Tricolores s'aperçoivent qu'ils ont en face d'eux onze ravageurs imperméables qui n'appellent pas maman quand on les pèle, qui sautent plus haut que la tête à Basile et qui ont manifestement un compte à régler avec le ballon tant ils tapent dessus sans se fatiguer.

Les Norvégiens ne possèdent pas la subtilité technique de Gérald Passi, ni le pas aérien de Jean Tigana mais leur milieu de terrain, très homogène et très entreprenant, crée souvent le surnombre en attaque. L'équipe de France, elle, rarement dangereuse et étriquée dans ses conceptions offensives malgré les bons tirs à distance de Passi, manifeste en défense des approximations fâcheuses, se mélangeant les pieds dans ses alignements et commettant des erreurs dans ses manœuvres de couverture.

Après soixante-dix minutes de pousse-ballon et de piétinements, soixante-dix minutes pendant lesquelles Jean-Marc Ferreri n'a pas réussi à doser ses passes et à régler son attelage avec Passi, la défense centrale tricolore laisse s'envoler Mordt au devant de Bats, lequel, bien sorti, manque son interception au pied et concède évidemment le but.

Malgré les entrées en jeu de Fargeon (75e à la place de Micchiche) et de Delamontagne (80e à la place de Poullain), l'équipe de France prend

La vieille garde tricolore est partie. La montante n'est pas encore arrivée. L'arrière bordelais Thouvenel est parti sur son aile mais Oslo n'a pas vu les Français. Quand reverrons-nous des lauriers bleus ?

l'eau de toutes parts. Et une nouvelle erreur de placement de Domergue provoque le même effet que précédemment sous la forme d'un deuxième but marqué par Andersen.

C'est la fin, le désastre et la déchéance. A l'issue d'une saison complètement ratée, la plus médiocre depuis dix-huit ans, l'équipe de France rentre dans le rang pour ne pas dire dans la nuit des morts-vivants. Elle n'a plus rien à son actif, ni un style, ni une âme. Elle nous fend le cœur, comme dirait Marius.

La défaite d'Oslo et l'élimination très prématurée des champions d'Europe en titre accélèrent le processus de réflexion des dirigeants fédéraux, le président de la Ligue nationale des clubs professionnels, Jean Sadoul, proposant une réduction du nombre des clubs de division I, de vingt à dix-huit, et la suppression des matches aller et retour en Coupe de France. Afin d'alléger le calendrier national et de donner à l'équipe de France les moyens d'une préparation mieux appropriée.

C'est une bonne idée, facilitée par le fait que les différentes chaînes de télévision se sont engagées à donner vingt milliards de centimes par saison, et pendant cinq ans, au football français afin de diffuser ses somptueuses images.

Le point est sur le « I », l'anachronisme est dans la boîte, nous n'avons plus de Platini. En attendant son fils, ou son neveu, nous n'irons plus au bois, les lauriers sont coupés.

CHAMPIONNAT

Pour devenir champion de France, il faut posséder la meilleure équipe. Pour obtenir la meilleure équipe, il faut avoir des moyens. Pour avoir des moyens, il faut du soutien. Les Girondins de Bordeaux n'en manquent pas, épaulés qu'ils sont par un maire, une ville, une région. Avec un budget annuel supérieur aujourd'hui à cent millions de francs, ils pouvaient s'offrir, en 1986-87, et Ferreri, et Touré, et Fargeon, les trois lurons de gauche. Sans oublier Zlatko Vujovic, l'attaquant aux pieds et au maillot élastiques. Sans oublier frère Zoran, non plus que Vercruysse. Le giron des Girondins, en 1986-87, était sacrément girond.

Le roi est dans son droit

Le style, c'est l'homme, dit-on. Le style, c'est aussi l'équipe de football. Sa personnalité, ses goûts, son expression, ses tendances, sa volonté naissent de la réunion d'un entraîneur et de onze joueurs sur le terrain, chacun avec sa morphologie et son tempérament. Mais une équipe de football n'est pas seulement cela. C'est même de moins en moins uniquement cela. D'autres pouvoirs peuvent lui fixer des objectifs, généralement ceux de la victoire et de la réussite. Ils peuvent lui donner des moyens, obtenus ici et là, contre promesse de rendement et de publicité. Pour une ville, pour une région, pour une image politique. On aimerait ajouter : pour l'expression d'un art.

Il existe, en football, plusieurs voies de réussite. Et plusieurs degrés dans la réussite. Celle d'Auxerre, superbe, incomparable compte tenu des moyens qui lui furent donnés, n'est pas de même nature que celle de Saint-Etienne en son temps, de Paris Saint-Germain en 1986 ou de Bordeaux en 1987. Certains la trouvent plus romantique, d'autres trop lente ou trop risquée. Mais, en football comme ailleurs, «les parfums, les couleurs et les sons se répondent ». Chaque équipe se définit sa vérité et son chemin, n'en déplaise aux esprits chagrins.

Nous sommes, pour ce qui nous concerne, un peu chagrin en regardant Bordeaux. Admiratif mais chagrin. Cette équipe est probablement, en France et à ce haut niveau, la première à s'être approchée aussi près de la gestion scientifique de la préparation, du jeu et des sentiments humains. Elle respire le professionnalisme. Elle cadre les individus. Elle est la gardienne des principes, des équilibres et des fondamentaux. Mais, pour préserver sa rigueur et l'efficacité qui en découle, il lui arrive souvent de brider l'inspiration et de piétiner le grain de folie qui habitent les joueurs. Elle est monolithique, de ce granit que rien n'entame, même les pluies acides.

Telle qu'elle est, l'équipe des Girondins est impressionnante en de nombreuses circonstances. Par son organisation théorique et pratique ; par son occupation géométrique du terrain sur lequel ses joueurs coulissent, se couvrent, se regroupent, éclatent dans des directions définies ; par sa maîtrise technique et collective ; par son efficacité défensive ; par son caractère.

C'est en raison de ces qualités nombreuses et rarement rassemblées sous un même maillot que nous aimerions − et nous l'avons assez dit − la voir exprimer en toutes circonstances la quintessence de ses formidables possibilités, la voir aller plus loin dans l'exploration collective du jeu et dans la création individuelle à l'intérieur de ce jeu collectif. Afin qu'elle honore pleinement le public et le spectacle.

Mais peut-être sommes-nous irréaliste. Peut-être aurons-nous du mal à isoler l'équipe d'Aimé Jacquet de son environnement provocateur et agressif, avec un président dont la jouissance suprême est vraisemblablement d'obtenir des résultats remarquables en piétinant toutes les petites fleurs de la convivialité, en insultant Bernard Tapie, en fermant la porte du Stade Municipal de Bordeaux à certains journalistes, en enterrant avec mépris le meilleur joueur girondin de l'histoire (Alain Giresse), en traitant le président de la Ligue nationale, Jean Sadoul, de «H.S.», etc.

Il n'empêche que, si l'on juge aux résultats, les Girondins de Bordeaux sont devenus un grand club et leur président l'instrument reconnu de cette réussite. Pour la première fois de son histoire, en effet, Bordeaux a remporté en 1987 le doublé Coupe-Championnat qui consacre à coup sûr une équipe sortant des normes. Avant elle, Sète (1934), le R.C. Paris (1936), Lille (1946), Nice (1952), Reims (1958), Monaco (1963), Saint-Etienne (1968, 1970, 1974, 1975), Marseille (1972), avaient réalisé cet exploit. Mais aucun, pour le faire, n'avait investi autant d'argent. Cent millions de francs (dix milliards de centimes) de budget en 1986-1987, ce qui sous-entend une subvention de la mairie et du Conseil régional avoisinant ou dépassant les vingt millions. Plus des emprunts (cautionnés par les collectivités) auprès d'un pool bancaire. Plus la mise en place d'une

politique performante en matière de ressources publicitaires et de recettes télévisées.

La réussite de Bordeaux, c'est la démonstration de la toute-puissance de l'argent. Mais une toute-puissance contrôlée, dirigée, appuyée sur des compétences et payée d'échecs et d'attentes. Car, depuis 1980 et pour obtenir trois titres de champion de France (1984, 1985, 1987) et deux Coupes (1986, 1987), Bordeaux a engagé chaque année plusieurs internationaux A, cinq en 1986, trois Français (Ferreri, Touré, Vercruysse), deux Yougoslaves (Zlatko et Zoran Vujovic). Plus de trente au total, en faisant exploser les prix et le marché.

Quand on dit au président des Girondins que le football marche sur la tête à investir autant d'argent dans les transferts, il réfute : « Il y a des gens qui roulent en Rolls et d'autres en 2 cv. Certains peuvent payer, d'autres pas. Le tout est de vivre selon ses moyens. »

Il n'était pas acquis que l'addition de onze super-talents reconnus fassent un orchestre inégalable. Cette voie était même fortement déconseillée au cours des dernières décennies. Mais on ne pratiquait pas, à l'époque, en football, le capitalisme rigoureux, la définition de l'appareil de production, la croissance matérielle du développement (ne prenant pas forcément en compte la totalité du phénomène humain, comme disent les économistes) et la domination absolue de la « classe ouvrière » par la classe dirigeante. « Le club des Girondins fonctionne comme une république dictatoriale », dit son président sans se moucher du pied.

Il fallait, pour appliquer cette politique de rendement traduite par des titres, des principes professionnels d'une absolue rectitude et un grand technicien professionnel pour les mettre en musique. Aimé Jacquet a probablement réussi, au cours de la dernière saison, l'une des plus remarquables performances vues en Europe. En intégrant quatre, puis cinq (avec Fargeon) puis six (avec le retour de Touré) nouveaux joueurs, il a obtenu de son équipe non seulement le maintien de l'idée

directrice choisie mais il l'a fait évoluer au plan tactique et il a élargi son champ de possibilités. Ce n'était pas si simple avec le départ de Giresse et le demi-retrait de Bernard Lacombe, deux des hommes qui avaient contribué à créer un état d'esprit et à animer le groupe sur le terrain.

« Il fallait effectivement faire vite, en début de saison, pour mettre l'équipe en mouvement et en rayonnement, explique l'entraîneur bordelais, en permettant à tous les joueurs de bien s'exprimer dans notre collectivité. Il fallait aussi obtenir le plus rapidement possible le maximum. Mais je ne partais pas dans l'inconnu. Nous avons depuis plusieurs saisons, une forme, une vie, une expression qui nous sont propres. Nous avons nos qualités et nos défauts mais il y a une réalité intangible, un cadre auquel on ne touche pas. On pourrait nous demander, alors, pourquoi nous avons modifié aussi sensiblement notre effectif. C'est simple : par nécessité, pour aller plus loin. Le progrès ne peut être apporté que par des nouveaux joueurs. »

Bordeaux, au cours de la saison 1986-1987, applique rigoureusement ses principes en admettant, par la bouche de son entraîneur que « sa manière n'est pas, parfois, des plus chatoyantes » mais en précisant qu'elle « est toujours, dans son esprit, conquérante ».

Bordeaux, en trente-huit matches de championnat, ne marque que 57 buts (1,5 en moyenne par match, meilleure attaque de la compétition), total le plus faible de tous les temps en France, à des années-lumière de Reims 1960 (109 buts). Il n'est pas le seul à fermer la porte puisque le Championnat 86-87 est le moins prolifique de l'histoire avec un total de 796 buts (931 en 85-86 et... 1 151 en 73-74). Avec également une masse jamais vue de 59 résultats zéro-zéro (30 en 84-85, 16 en 75-76).

« La liberté ne fait pas le bonheur, disait Gide. Je n'ai jamais été aussi heureux que sous la contrainte ».

Bordeaux est heureux. Il est le roi. Il a tous les droits.

Dans la deuxième moitié du championnat, José Touré est revenu. Avec un genou tout neuf. Avec son entregent et sa somptuosité de gestes. De sa cage girondine, Dropsy se dit que ce Touré-ci, de tourment, est devenu pour lui un tournesol. Un soleil !

Gigi est
toujours vivant

Bordeaux s'est choisi un style, une image, un destin. Quand Bernard Tapie est arrivé à la présidence de l'Olympique de Marseille avec son sourire, son discours et ses idées, il y a eu, dans le Landerneau du football, des démangeaisons. Deux crocodiles dans le même marigot, disent les Africains, c'est un de trop. Vainqueur du Tour de France cycliste avec Hinault puis avec Lemond sous les couleurs de son équipe La Vie Claire, vainqueur de bien d'autres combats dans les affaires, homme de réussite, de séduction et de communication, Bernard Tapie ne peut pas plaire au président des Girondins. Il lui déplaît donc fortement, si fortement qu'il utilise à son encontre des termes d'une violence extrême dont le seul fait de les rapporter vaudrait diffamation. Tout cela parce que Tapie et Hidalgo, encore directeur technique national à l'époque, ont déjeuné avec Tigana à Biarritz, un jour de janvier 1986.

Bordeaux et Marseille se sont affrontés en finale de Coupe de France 1986, l'expert-comptable à la droite du Bon Dieu républicain, l'homme d'affaires à sa gauche, fidèles à leurs opinions politiques. Bordeaux a gagné, à la 116e minute, grâce à un geste admirable de Giresse. Le combat Tapie-Girondin ou Girondin-Tapie a commencé.

Bernard Tapie a du retard sur son collègue-président aquitain. Il n'a pas, ou plus, le même soutien municipal, Gaston Deferre ayant disparu prématurément. Il ne peut s'appuyer sur aucune structure de club digne de ce nom. Il est à Marseille, condamné donc à réussir malgré l'absence d'installations d'entraînements, malgré la vétusté du Stade-Vélodrome et malgré la concurrence. Mais il s'appelle Tapie. Et Tapie comprend vite : par exemple que « le football est aujourd'hui un événement économique » et que, chaque club ayant le potentiel de développement d'une grosse P.M.E., « il est impensable qu'il soit géré par des bénévoles dans le cadre d'une association loi de 1901 ».

Tapie et le Girondin raisonnent donc sur les mêmes critères de professionnalisme, se rejoignant ainsi au moins sur un point. Mais ils diffèrent radicalement dans leur démarche globale et médiati-

que. Le nouveau président de l'O.M., dans sa vision élargie des choses et son analyse instantanée, prend essentiellement en compte les facteurs humains. Comme il séduit, il se laisse séduire. De Michel Hidalgo qu'il a démarché en priorité, il a ces mots étonnants : « Il m'est apparu comme une sorte de symbole mythologique au-dessus de tout, avec une espèce de sérénité presque divine. » Et encore : « Il a une chose que je n'ai trouvée chez personne d'autre : il est le seul, dans le milieu du football, qui a du génie. »

En prenant Hidalgo avec lui, Bernard Tapie exprime lui aussi son génie, n'ayons pas peur des mots. « A Marseille plus qu'ailleurs, explique-t-il, il faut atteindre les deux objectifs de l'efficacité et de la séduction. Or, de temps en temps, pour être efficace, il convient de ne pas être séduisant. Le problème, à Marseille, c'est que le président du club a toujours tiré sa popularité, sinon sa gloire, de son propre statut et que cette situation génère chez lui des actes qui ne sont pas forcément l'acte à faire mais l'acte populaire. »

Hidalgo devient, après une mini-crise que l'on évoquera sous le terme de « hiérarchie introuvable », une sorte de président-délégué, de président exécutif. Mais, auparavant, il a organisé la structure technique en récupérant son adjoint du Championnat d'Europe, l'entraîneur Gérard Banide et il a réalisé une campagne des transferts étourdissante dont le point d'orgue a été le recrutement de l'international allemand Karl-Heinz Förster considéré, à juste titre, comme le meilleur stoppeur du monde.

Avec Förster, payé fort cher au V.F.B. Stuttgart, arrivent Papin (neuf millions de transfert au F.C. Bruges), Sliskovic, un Yougoslave aux pieds magiques venu de Hajduk Split, Domergue (Toulouse), François Brisson récupéré à Strasbourg, Thierry Laurey (Valenciennes), Cubaynes tête d'or (Strasbourg), Frank Passi, frère de Gérald (Montpellier) et Stambouli, gardien réserviste de Monaco appelé à suppléer Joseph-Antoine Bell en cas de pépin.

Ajoutés aux joueurs de l'effectif précédent que Banide et Hidalgo ont choisi de garder (Anigo,

Bade, Bonnevay, Galtier, Benoît, Francini, Martinez, Meyrieu, Zanon, Diallo), les nouveaux arrivants donnent à l'O.M. de Bernard Tapie un visage de conquérant. Quelque part, l'on se dit qu'une aventure exceptionnelle pourrait bien naître de ces paris accumulés et de ces talents réunis.

L'homme-clé de la mise en place et du déclic sur le terrain est Gérard Banide, ancien entraîneur de Monaco, de Mulhouse et de la sélection. Il a, du football, une éthique personnelle en voie de disparition dans le professionnalisme moderne. Il croit aux hommes, à la liberté, à la création, aux embrasements et aux coups de cœur. « Je ne suis pas pour le demi-jeu, dit-il. La meilleure défense, c'est l'attaque, à condition d'avoir le ballon et de le garder... Quand on parle de fonds de jeu, on pense souvent à la manière qui consiste à s'éloigner de l'objectif — le but adverse — en faisant des passes inutiles. Le fonds de jeu, pour moi, c'est la difficulté de maîtriser le ballon pour aller vers le but... Je ne suis pas inquiet pour l'organisation de jeu que va se donner l'O.M., malgré l'importance du recrutement. Si vous formez une chorale avec de bons chanteurs, votre chorale chantera juste. C'est la même chose pour le football... Mon envie, justement, c'est d'exalter en eux le désir que j'ai de les voir gagner. De gagner en ayant un comportement d'hommes libres. »

On croit le recrutement de l'O.M. terminé lorsque, dix jours avant le début du championnat, éclate un monstrueux coup de tonnerre : Alain Giresse, capitaine des Girondins, signe à Marseille pour un an. A trente-quatre ans. Alors qu'on le croyait, lui natif de Langoiran et terriblement attaché au seul club de sa vie, vacciné Girondin pour l'éternité. « Moi aussi, je le croyais. Mon avenir avait été défini avec le président de Bordeaux et Aimé Jacquet : la saison 1986-87 comme joueur et ensuite un poste dans le club. Mais, à mon retour à l'entraînement, après les vacances post Coupe du monde, on m'a fait comprendre que je n'étais pas un élément indispensable et que j'avais plus de chances de figurer sur le banc que d'être sur la pelouse les jours de matches. J'étais placé devant un choix. J'ai pensé que partir, c'était continuer à exister. »

La réaction bordelaise est d'une virulence extrême. « Giresse a cru devoir justifier son escroquerie morale en mettant en cause le club des Girondins, déclare le président au journal *Sud-Ouest*. Je suis donc obligé de faire une mise au point... En janvier 1986, Giresse m'a donné son accord verbal pour une année supplémentaire comme joueur. A cette époque, il était ravi, moi aussi. Il ne demandait pas que sa place de titulaire soit assurée... En juillet, Giresse m'a dit qu'il avait été contacté au Mexique par Michel Hidalgo et que l'O.M. lui avait fait des propositions financières intéressantes. Je lui ai répondu qu'il avait trois solutions : 1. Il respectait son engagement et restait aux Girondins ; 2. Il respectait son engagement et partait, moyennant un transfert payé à Bordeaux ; 3. Comme il était juridiquement libre, il partait et ne s'estimait pas lié par la parole donnée... Alain Giresse est parti à Marseille pour de l'argent. Est-ce une tare ? Sûrement pas, quand cela se fait honnêtement... »

Et le président bordelais d'ajouter : « Giresse est mort pour les Girondins. Il est interdit de siège. Il n'aura pas droit au jubilé que nous accordons aux serviteurs fidèles du club. Je le méprise profondément... »

Le président bordelais, si chatouilleux sur le principe de la parole donnée et irréversible, aura l'occasion, à son tour, au cours de l'année 1987, de faire évoluer en sens contraire un engagement verbal pris avec Horst Dassler et I.S.L. (publicité). C'est pourquoi les Girondins, aujourd'hui, ne sont plus équipés par Adidas, la maison-mère du groupe Dassler. C'est dire aussi que la colère du président bordelais, à propos du départ de Giresse était moins adaptée aux réalités de la vie économique moderne que soumise à une pulsion de dépit envers Tapie et son O.M.

Sur les terrains du Championnat de France, il est vite prouvé que Giresse est toujours vivant, à croire que le long séjour en altitude, au Mexique, lui a rendu ses jambes, son cœur et son enthousiasme de vingt ans. L'Olympique de Mar-

Giresse-Sliskovic aux manettes de la création offensive, Karl-Heinz Förster en clé de voûte de l'édifice, l'Olympique de Marseille ne manquait pas d'atouts. Il allait le démontrer.

Patrick Cubaynes l'Echassier est un chasseur sachant chasser et un choucas sachant shooter. Le Rennais qui passe (Le Goff) ne s'en laisse pourtant pas conter.

seille 1986-87 ne va pas se faire en un jour, ni sur le plan de sa définition organique, ni sur celui de son style. Mais, quels que soient les partenaires qui gravitent autour de lui (cinq compositions d'équipe différentes lors des cinq premières journées) il affiche, sur le côté droit de l'entrejeu, une maîtrise technique totale. Dans les prises de balle orientées, les dribbles pivotants et surtout dans la sûreté et la justesse de ses passes. « Il donne à toute l'équipe sécurité, variété, créativité tout en marquant à l'occasion lui-même grâce à ses frappes instantanées et en ne rechignant pas aux courses de repli et aux gestes défensifs. » (J.Ph. Réthacker, *France-Football*).

Gérard Banide lui-même, malgré son admiration naturelle pour ce faiseur de jeu et de spectacle, en est impressionné : « Il faut savoir que, comme les autres internationaux, Alain Giresse n'a pratiquement pas eu de vacances après la Coupe du monde. On aurait pu penser qu'il allait exprimer une sorte de saturation, s'enfermer dans un sentiment routinier. Or, il a remis son existence de footballeur en question. Et son comportement me conforte dans l'idée que tout le monde doit savoir changer d'air. Car il a été tout de suite opérationnel, rayonnant, son exigence l'amenant, par exemple, à travailler pour la récupération du ballon ».

Tout ce qu'est Giresse, tout de suite opérationnel, rayonnant, l'Olympique de Marseille l'est aussi qui bat Monaco lors de la première journée (3-1, buts de Cubaynes, 8e ; Papin, 70e sur penalty, 84e ; Amoros, 59e) devant 46 411 spectateurs, va faire match nul à Brest (0-0) et enchaîne, derrière, sur trois victoires :2-1 contre Toulouse (Cubaynes, 57e ; Papin, 69e sur penalty ; Tarantini, 75e) devant 38 586 spectateurs, 1-0 à Paris contre le Racing (Sliskovic, 47e), 3-0 contre Laval (Sliskovic, 16e ; Brisson, 57e ; Papin, 82e) devant 34 497 spectateurs.

Neuf points en cinq matches, 40 000 spectateurs ou presque de moyenne au Stade-Vélodrome, une ville séduite par l'allégresse et l'audace du football pratiqué, l'O.M. de Tapie-Hidalgo-Banide a

trouvé superbement sa voie. Comment ? « En allant vers les autres, dit Giresse. Pour ce qui me concerne, j'ai tout de suite imaginé ce que je devais apporter, c'est-à-dire une mentalité, un lien dans le jeu, une sérénité, mon expérience. Au-delà, une dynamique de victoire s'est installée. C'est aussi la meilleure manière de souder une équipe. Et de s'attirer les faveurs du public marseillais qui aime les joueurs qui bougent et qui s'enflamment. »

Plus tard dans la saison, quand ses pairs l'éliront Oscar à son poste, Alain Giresse avouera modestement : « Je pensais pouvoir jouer, mais pas comme ça. Et pas aussi longtemps. »

Ne savait-il pas, Gigi, que la jeunesse du cœur est éternelle ?

Si ce n'est lui, c'est donc son frère

Le recrutement est l'une des choses les plus difficiles qui soient. Et l'une des plus dangereuses si l'on s'attache uniquement aux qualités footballistiques de l'oiseau rare sans avoir étudié son parcours, sa formation, les circonstances de son évolution, sa facilité d'adaptation et sans avoir imaginé, dans les moindres détails, ses possibilités d'intégration. Il y faut du doigté, de la prudence et une certaine chance.

Bordeaux, pendant assez longtemps, fut un spécialiste du transfert manqué ou à demi réussi. Cabrera, Chalana, Reinders en sont l'illustration. Mais d'autres n'ont pas fait mieux, ou pire encore, à Paris, à Monaco, à Strasbourg et ailleurs. Le recrutement est une loterie qu'il faut savoir transformer en science.

Les Girondins ont acquis, en 1986, une réelle expérience. Ils étudient, longtemps à l'avance. Ils se taisent. Ils font leurs comptes. Et ils concluent sans tergiverser, en payant le prix fort si nécessaire. Pour renforcer leur milieu de terrain vieillissant (Giresse, trente-quatre ans, qui va partir ; Tigana, trente et un ; Girard, trente-deux), ils se tournent vers les deux plus doués de la jeune génération, internationaux A et bientôt troisièmes de la Coupe du monde : le Lensois Philippe Vercruysse et l'Auxerrois Jean-Marc Ferreri. Dix millions de francs pour le premier dans le cadre d'un accord de collaboration entre Lens et Bordeaux. Dix-huit millions pour le second, Guy Roux et l'A.J. Auxerre ayant âprement discuté les modalités de transaction.

Sur leurs tablettes, les dirigeants girondins ont noté le nom de l'attaquant yougoslave d'Hajduk Split, Zlatko Vujovic qui, au cours d'un premier tour de C$_3$, en 1985, a passé six buts au F.C. Metz, en deux matches. Un gros calibre, rapide, solide, expérimenté, buteur de vocation. Couecou est allé le superviser contre Dniepropetrovsk et Torino. Et non seulement il a eu confirmation de ce qu'il pensait sur Zlatko mais il a découvert un arrière gauche impressionnant de solidité, de justesse et de possibilités : le jumeau de Zlatko, prénommé Zoran, international lui aussi (27 sélec-

tions). Pour être sûr de ne pas se tromper tant les deux garçons se ressemblent, les Girondins ont engagé les deux. On leur avait assez dit, méchamment, qu'ils s'étaient trompés de Cabrera.

Pour compléter ce recrutement, déjà impressionnant en soi, les dirigeants bordelais ont ajouté à leur brochette un risque calculé : ils ont fait signer chez eux le Nantais José Touré, libre de contrat mais en longue rééducation de près d'un an à la suite d'une très grosse opération à un genou. Si cette vedette du football français se remet, comme c'est probable compte tenu de la qualité des « mécaniciens » opérateurs, les Girondins posséderont la totalité du milieu de terrain de la future équipe de France.

Cet effectif important en quantité et en qualité était voulu par les responsables girondins qui avaient constaté un manque, donc une faiblesse, l'année précédente. « Quand on aborde une Coupe d'Europe, il faut être rodé par un bon début de championnat, souligne Jacquet, et avoir des réserves physiques pour assumer toutes ses responsabilités. Cette fois-ci, nous sommes équipés mais on peut dire que Bordeaux repart de zéro et va entamer un nouveau cycle, comme il y a quatre ou cinq ans. »

Aimé Jacquet connaît les difficultés et les aléas de ce moment-charnière où de nouveaux joueurs, fortement typés comme Ferreri et Vercruysse, doivent intégrer un groupe et assimiler ses données. « J'insiste beaucoup sur notre organisation, sur nos qualités. Il existe un schéma très précis aux Girondins dans lequel l'imagination et l'expression individuelle ont leur place mais qui n'autorise pas le bouillonnement anarchique. Je répète souvent que, dans le collectif, on ne peut progresser sans sérieux et application. Ce sont des notions importantes qui permettent de garder un équilibre et d'éviter les situations conflictuelles. Quand des nouveaux arrivent, cela accroche parfois. Mais je suis patient. Je parle, j'écoute et j'obtiens satisfaction ».

La richesse de l'effectif bordelais complique et facilite à la fois la tâche d'Aimé Jacquet. Elle va

Pour le n° 7, impossible de se tromper. C'est bien lui, l'ailier bordelais.
Mais, pour celui de droite, vous le jureriez ? …

*...les voici tous les deux, ensemble
et duplicatés, jumeaux et jumelés.
Les avez-vous, vraiment, identifiés ?
(Zlatko à gauche, Zoran à droite, et
Tigana qui hésite encore)*

lui permettre, tout au long de la saison et sur la base d'un 4-4-2, d'utiliser plusieurs solutions tactiques selon les adversaires grâce à la polyvalence de certains éléments (Roche, Rohr, Ferreri notamment). Les premières journées du championnat voient, avec une charnière défensive centrale Specht-Battiston, une ligne de milieu Girard-Roche-Tigana-Vercruysse (Ferreri en pointe) ou Girard-Tigana-Ferreri-Vercruysse (Lacombe en pointe avec Zlatko Vujovic)

Ce que l'on observe, dans ce Bordeaux nouveau, c'est principalement sa force défensive. Tout n'est pas encore parfait dans les autres lignes mais le secteur de derrière a rationnalisé son placement et ses déplacements. A partir de lui, tout sera possible. Tout est déjà possible avec un seul but encaissé au cours des cinq premières journées et huit points dans l'escarcelle : 1-0 contre Metz (Vercruysse, 10e), 0-0 à Lille, 2-0 contre le Racing (Zlatko Vujovic, 38e sur penalty ; Vercruysse, 56e), 0-0 à Nice, 2-1 contre Toulon (Zlatko Vujovic, 3e ; Girard, 14e).

«Dans cette équipe, le danger peut venir à tout instant des dix joueurs du champ » constate le Toulonnais Pardo. « Ils ne sont pas totalement au point mais quand ils auront gommé leurs défauts actuels, ils seront difficilement prenables », ajoute Marsiglia.

Les deux jumeaux Vujovic sont entrés dans cette équipe comme on entre dans la maison familiale. Sans l'ombre d'une difficulté ou d'une hésitation. « Ils contituent un phénomène, s'étonne Jacquet. Dès leur arrivée, ils ont été immédiatement opérationnels, totalement disponibles et efficaces à cent pour cent. » Zlatko, talent créateur à l'état pur, confirme sa réputation d'attaquant international. La pureté de ses prises de balle, ses feintes, ses dribbles courts, la variété de ses options, le sérieux de son comportement en font un joueur complet, une sorte d'élément inoxydable. Mais Zoran n'est pas mal non plus dans son rôle d'arrière latéral gauche. Occupant presque constamment le couloir de sa zone d'évolution, il alterne les gestes défensifs et les actions d'ailier de débordement. Quand Zoran et Zlatko s'amu-

sent à contre-attaquer ensemble, idéalement complémentaires depuis le berceau, identiquement dessinés dans la morphologie, le style et l'habileté, on ne sait plus très bien quel est l'un et quel est l'autre. « Ça nous aide beaucoup », admet Zoran.

Les deux frères se parlent peu. Ils n'ont pas besoin de se parler. « Un simple regard suffit. Parfois, ce n'est même pas la peine, je n'ai qu'à regarder le déplacement de Zlatko. A certains mouvements, je devine ce qu'il va faire. Exactement. Et il n'y a que moi qui le devine. »

Les deux frères exultent peu. Ils n'ont pas besoin d'exulter, même quand Zlatko marque un but. « Quand je marque, dit l'aîné des Vujovic (à moins que ce ne soit le cadet), je pense à toutes les fois où je n'ai pas marqué. Et je me dis que le but que j'ai inscrit ne fait que compenser celui que j'avais raté avant. De toute façon, je ne vais pas sauter de joie, je ne suis pas dans un cirque. »

Des frères Vujovic non plus que de leurs petits camarades, il n'était raisonnable d'attendre quelque folâtrerie girondine. Mais la machine rodait ses pistons. On entendrait bientôt ses sons.

Monde,
capitale Nantes

En vingt et un ans, le F.C. Nantes a été six fois champion de France. Une fois tous les trois ans et demi en moyenne. On a toujours loué son panache, son style, son école. Le F.C. Nantes joue bien.

Malgré ses six titres, malgré l'aménagement d'un site tout à fait remarquable à la Jonelière et malgré sa réputation qui a franchi depuis longtemps les limites de son département et de l'hexagone, le F.C. Nantes n'a jamais réussi à impulser un engouement, un véritable courant porteur capables de le transformer en rival de Torino ou de Hambourg. Le F.C. Nantes a donc fluctué. Mais, avec la montée des eaux inflationnistes, il s'est mis à dériver, perdant en trois intersaisons Tusseau, Bossis, Poullain, Bibard, Touré, Ayache et Halilhodzic. « Nous sommes incapables de nous aligner sur les tarifs proposés », s'indignaient les dirigeants nantais. C'était un constat, pas une solution. Et l'entraîneur Jean-Claude Suaudeau, en place depuis 1982 après avoir animé la formation du club pendant plus de dix ans, avait annoncé les risques de ce renoncement. « Inévitablement, un jour, nous allons perdre les bénéfices de notre travail et rentrer dans le rang. »

En juillet 1986, malgré la perte de trois hommes de base (Ayache, Halilhodzic partis à Paris S.-G., Touré blessé et enrôlé par Bordeaux), les gens du F.C. Nantes sont heureux. Leur Argentin préféré, Jorge Burruchaga, intégré deux ans plus tôt, est devenu champion du monde en abattant personnellement, à cinq minutes du terme de la finale, la R.F.A bourreau de la France. Un champion du monde à Nantes !

Un champion du monde à Nantes ? Deux champions du monde. Car Burruchaga, à la demande de Robert Budzinski et de son club, a demandé à Julio Olarticoechea, son partenaire de la sélection argentine (au poste d'arrière gauche), s'il ne lui plairait pas de venir chasser le papillon en Loire-Atlantique. Dans l'avion qui les ramène de Paris à Nantes après le jet transatlantique de Buenos-Aires, Olarticoechea demande à Burruchaga s'il y aura des milliers de supporters pour les accueillir. Burruchaga sourit.

Le F.C. Nantes a également engagé, pour compenser ses pertes, le Monégasque Anziani, l'Auxerrois Garande et l'Angoumoisin Stephan. Recrutement intéressant dont il est difficile de savoir, cependant, ce qu'il traduira sur le terrain en cohésion et en résultats. Or, sur le terrain, ça marche. De manière quasiment inespérée puisque, après six journées, le F.C. Nantes est seul leader avec onze points et un goal-average de 10-2. Il a battu Lille (Le Roux, 49e) fait match nul à Toulon (Olarticoechea, 69e) et remporté des victoires sur Nice (1-0 ; Morice, 54e sur penalty), Nancy (1-0 : Garande, 81e), Rennes (3-1 : Garande, 54e ; Anziani, 60e ; Bracigliano, 65e) avant de recevoir Bordeaux à la Beaujoire, le 26 août 1986.

Amisse, Olarticoechea, Bracigliano sont indisponibles ce soir-là et, face à l'armada girondine au complet, les Nantais alignent Bertrand-Demanes — Kombouaré, Le Roux, Der Zakarian, Frankowski — Debotté, Burruchaga, Morice-Anziani, Garande, Robert.

Deux événements marquent la première mi-temps : un penalty manqué par Zlatko Vujovic (38e) et un but refusé à Anziani (41e), la balle ayant rebondi sous la barre. Mais, après le repos, les Nantais emballent le jeu en faisant preuve de beaucoup de lucidité tactique et, aidés par les circonstances, marquent trois buts aux Girondins : sur penalty par Morice (52e, faute de main de Thouvenel), sur un service de Morice à Robert (56e, peut-être hors-jeu) et sur un magnifique une-deux Anziani-Burruchaga terminé par un tir du champion du monde (66e).

C'est un coup de tonnerre. Impressionnant. « Ce qu'a réalisé le Paris Saint-Germain l'an dernier, nous sommes en train de le refaire », s'exclame Le Roux.

Cinq jours plus tard, à la fin septembre, on n'en parle plus. Le F.C. Nantes a pris un point en cinq matches. Il est septième au classement, à cinq points du leader. Il terminera la saison à la douzième place, avec l'une des quatre plus mauvaises attaques du championnat, sans Burruchaga (blessé à un genou) et à la dernière place du Challenge du Fair-Play.

159

*Vincent Bracigliano a
des idées, qu'il exprir
à Debotté (n° 2) et à
Der Zacharian (n° 5)
Philippe Anziani a de
visées qu'il veut cach
à Förster le Marseilla
(0-2 à la Beaujoire).*

Que vouliez-vous qu'il fît avec trois

Champion de France 1986 cinquante ans exactement après le Racing de Hiden, Diagne, Jordan, Delfour, Veinante, Banide (pas Gérard, Maurice), le Paris Saint-Germain s'est créé des obligations. Il ne part pas les mains vides après la construction d'une équipe fort bien articulée par Gérard Houllier et révélatrice d'un nouvel état d'esprit, conquérant et tout et tout. Pour la première fois depuis longtemps, la capitale possède enfin une équipe capable de voyager, de plaire et de rivaliser avec les meilleures équipes de province.

Pour bien comprendre ce qui va se passer au P.S.-G. en 1986-87, il est nécessaire de faire un retour en arrière et de regarder fonctionner les rouages du système mis en place par Houllier. Devant une défense classique (Jeannol libero, Pilorget stoppeur, Lowitz et Bibard latéraux) évoluaient deux milieux à tendance défensive (Poullain et Fernandez) et deux milieux excentrés travaillant en pistons (Vermeulen et Jacques). Le compartiment offensif était, lui, composé d'un seul attaquant de pointe (Rocheteau) soutenu par Susic.

Ce système, parfaitement adapté aux possibilités de chaque joueur, avait deux avantages majeurs : il permettait un quadrillage parfait du terrain et il favorisait tout à la fois l'expression individuelle et le rendement collectif. Au fil de la saison 86-87, il devait d'ailleurs évoluer et se bonifier, Luis Fernandez avançant peu à peu au point de devenir le véritable animateur du jeu au milieu de terrain et Safet Susic, par voie de conséquence, avançant d'un cran et redevenant un animateur d'attaque.

Quand Paris S.-G. devient champion de France, Luis Fernandez est son prophète. Il brille, rayonne, impulse. Il n'a jamais été aussi bon.

Malheureusement pour P.S.-G., il est en fin de contrat. Et, comme chacun sait, un champion en fin de contrat, s'il n'a pas les genoux cagneux, cote chacun de ses globules rouges à un franc par an. Dans le cas de Fernandez, comme il est du genre Espagnol à sang chaud, l'addition monte à un million de francs par mois, dit-on, du côté du F.C. Barcelone et à sept cents, sept cent trente mille du côté du Racing, dit-on encore à Paris.

Le Paris S.-G., averti, tente par tous les moyens, y compris celui de la Mairie de Paris, de s'aligner : je te donnerai un vélo, je t'achèterai une auto, je te ferai gagner au Loto. Fernandez préfère une fusée, pour aller voir sur la lune s'il en existe un autre pareil à lui-même.

Le Paris S.-G., en perdant son capitaine, perd son âme, c'est-à-dire ce qui s'échappait, avec Luis, de sa respiration, de ses yeux, de son corps, de ses cris. On ne remplace pas le fils de la maison.

Pour tenter de compenser ce départ énorme et pour affronter à la fois la Coupe d'Europe des Clubs Champions et ses responsabilités hexagonales, le Paris S.-G. se précipite sur le marché des transferts, frappe d'estoc et de taille et réussit la performance surprenante de se retrouver avec trois des quatre meilleurs buteurs du championnat précédent, Victor Ramos exclu : Dominique Rocheteau, héros au Mexique et titulaire du poste d'avant-centre (19 buts en 1986) ; Jules Bocandé, avant-centre du F.C. Metz, roi des buteurs (23) ; Vahid Halilhodzic, avant-centre du F.C. Nantes, roi des buteurs 1983 et 1985 (18 buts en 1986).

Cette triplette d'élite porte en elle-même tous les pépins de la cohabitation. Trois avants-centre, à une époque où un seul a déjà du mal à trouver son chemin et ses appuis, c'est tout à fait original, d'autant plus que Gérard Houllier, observateur passionné de la Coupe du monde, a obtenu confirmation de plusieurs idées qui germaient dans sa tête, notamment du fait que deux « coulisses extérieures » et deux stoppeurs pouvaient faire évoluer le football.

L'engagement de l'arrière latéral nantais Ayache (excellent en Coupe du monde lui aussi) et la présence de l'ex-Messin Lowitz dans l'effectif autorisent l'évolution souhaitée. Les qualités de Pilorget et de Bibard peuvent en faire les deux stoppeurs chargés de tenir en respect les deux attaquants adverses. Mais au milieu du terrain, qui peut remplacer Luis Fernandez ? Tigana, Girard, Bijotat, Germain ont, pour des raisons diverses, décliné l'installation à Paris.

C'est donc Poullain l'irréprochable qui prend

Halilhodzic a trente-quatre ans le 15 octobre 1986. Et donc plus tout à fait ses jambes de vingt ans. P.S.-G. pensait pourtant qu'il marquerait des buts éternellement.

la relève dans un registre différent de celui de Luis et qui, épaulé par Sène, Vermeulen, Bacconnier, Polaniok (transféré du Racing), Xuereb (transféré de Lens), ou d'autres, gère les affaires du milieu avec Safet Susic. Car le Yougoslave, hier deuxième attaquant, a évidemment reculé pour endosser la tunique de meneur de jeu que, selon Houllier en personne, il n'est pas.

Comme, devant, Bocandé et Halilhodzic sont à des années-lumière de ce qu'ils furent et que Rocheteau n'est pas installé dans la position de sérénité qui devrait être la sienne, tout flotte, rien ne s'enclenche et le spectacle, vus des tribunes, est d'une rare indigence. Mais, même éliminé de la

Coupe d'Europe des Clubs Champions au premier tour, le P.S.-G. s'accroche en championnat, grappille des points, les additionne et donne l'impression qu'un jour prochain, il va finir par trouver la solution de son rébus. Au tiers du championnat, après la treizième journée, il est troisième, avec seize points, à deux longueurs de Marseille et à quatre de Bordeaux, ce qui n'est pas si mal pour un cul-de-jatte aveugle, sourd et manchot. Après la quinzième, il est toujours troisième, avec dix-neuf points, à trois longueurs seulement des deux coleaders.

On remarque que s'il ne prend pas beaucoup de buts (neuf seulement), il en marque vraiment très peu pour un champion de France désireux de garder son titre (treize, moins d'un par match). On remarque aussi qu'il est plus efficace à l'extérieur — quatre victoires à Auxerre, deux défaites à Saint-Etienne et à Bordeaux — qu'à domicile où il a perdu six points en huit matches contre Metz (0-0), Lille (1-1), le Racing (1-2), Le Havre (1-1) et Nancy (0-0).

Qualifié de « champion-suicide » à Bordeaux où il a perdu par manque de sang-froid et en additionnant les erreurs défensives à onze contre dix (Girard expulsé), le P.S.-G. a pourtant montré le meilleur de ce qu'il pouvait faire. Il va, en effet, connaître un épouvantable mois de novembre, connaissant quatre défaites d'affilée dont deux au Parc des Princes devant Toulouse (2-3) et Monaco (0-1), les deux autres survenant à Lens (0-1) et à Marseille (0-4).

Le 8 novembre, privé de Susic pour la troisième fois consécutive (il aurait craché sur un juge de touche), le P.S.-G. marque deux buts par Halilhodzic (38e, 59e), ce qui est un événement mais il en encaisse trois par les pieds toulousains de Stopyra (4e), Passi (45e sur coup franc) et Durand (52e), ce qui entraîne le mea-culpa d'Ayache « Je suis dans le coup des trois buts du Téfécé. Je ne sais pas ce que j'ai. J'sais plus quoi faire ».

C'est le commencement de la dégringolade pour le P.S.-G. Il ne gagne plus, il ne plaît plus, il ne s'aime plus. Et si on lui disait, pour le consoler, que l'amour est un dialogue de sourds ?

ominique Rocheteau,
x-ange vert, mange
gulièrement des
inards. C'est
urquoi il porte
ujours l'habit vert des
adémiciens du
otball, malgré les
rtes et les pas mûres
nnues au P.S.-G. en
-87. Jules Bocandé,
, n'est pas pour
urope verte. Il
aime pas beaucoup
t étranger (Antal
gy, le Hongrois de
ncy). Il lui ferait
n le coup du lézard
rt.

Le pingouin était barbouillé

Le Racing Club de Paris, de retour en division I après une première expérience fâcheuse en 84-85 (vingtième sur vingt, trente-deux buts marqués en trente-huit matches), n'a pas l'intention de refaire le pitre. Son président, M. Jean-Luc Lagardère, qui côtoie les hautes sphères des affaires, ne voit pas très bien pourquoi le football, secteur d'amateurs très légèrement évolués (au niveau de l'économie), lui résisterait plus que l'espace, la presse, le monde de l'audio-visuel ou même que la course automobile. Matra vaincra, dit-il en clair.

Les efforts consentis sont à la hauteur des ambitions déclarées. Le duo technique René Hauss-Sylvester Takac, venu de Sochaux depuis l'été 1985, s'est vu confier l'effectif le plus impressionnant, en poids de transferts, de toute la Gaule. En effet, à Le Magueresse (Brest), Germain (Nancy), Bureau (Lille) et Pérard (Laval), transferts estimables de renfort d'effectif, le Racing a ajouté Olmeta (Toulon), Luis Fernandez (Paris S.-G., à un tarif faisant exploser le cosmos des stars), Tusseau (Bordeaux), l'international allemand Littbarski (Cologne) et l'international uruguayen Francescoli, considéré, sur le continent sud-américain, comme l'un des dauphins de Maradona.

Avec Bossis, Mahut, Ben Mabrouk et Umpierrez, déjà installés sous le maillot ciel et blanc, le Racing compte ainsi huit internationaux A, un réserviste du Club France (Olmeta) et plusieurs internationaux espoirs. A cet effectif déjà impressionnant s'ajoutera bientôt le dénommé Ruben Paz, autre international uruguayen, ce qui aura deux conséquences. Expédier Littbarski en division III, ce qui est gênant pour un finaliste de la Coupe du monde. Et apporter un troisième n° 10 alors qu'il n'y a plus de n° 9 depuis l'exclusion de Kabongo vers Anderlecht, malgré sa couronne de meilleur buteur en division II avec vingt-neuf buts en 85-86.

Les techniciens du Racing auront beau prétendre que Francescoli est un avant-centre assimilé, il sera clair, très rapidement, que le Racing a commis une erreur de définition et de jugement. Ainsi, dans le même Parc des Princes, verra-t-on en 86-87 les deux équipes parisiennes souffrir, l'une d'un trop plein d'avant-centres sans n° 10 et l'autre d'un trop-plein de n° 10 sans avant-centre. Sans qu'elles ne songent, ou qu'elles ne veuillent, s'échanger le poivre et le sel.

Le Racing souffre également, dès l'ouverture du championnat, d'une différence par rapport à ses concurrents. Il compte sept de ses joueurs parmi les héros divers du Mundial mexicain, tous plus ou moins entamés, c'est logique, par les efforts consentis en altitude, par la compétition et par la quasi-absence de vacances. En plus, quatre de ses joueurs seulement (Bossis, Mahut, Ben Mabrouk, Umpierrez) ont conservé leur poste par rapport à la saison précédente. Le Racing manque totalement de cohésion à l'issue d'une période de préparation tronquée à cause des internationaux.

Le démarrage du Racing est donc lent et cahotique avec, au cours des six premières journées, une seule victoire à domicile (2-1 devant le Havre) et... cinq défaites : à Rennes (0-1), à Bordeaux (0-2), devant Marseille (0-1), à Nancy (1-2) et devant Sochaux (0-2). Inutile de préciser qu'au terme de ce prélude à Chopin, le Racing est seul dernier et que la conquête du public parisien si difficile (11 340 spectateurs pour la venue du Havre, 37 504 pour celle de Bordeaux) est rendue dorénavant aléatoire.

C'est le feu dans la cuisine du pingouin, celui-ci l'estomac tout barbouillé. Luis Fernandez ne supporte pas les sifflets des « partisans de P. S.-G. » et leur a adressé un bras d'honneur qui n'a pas plu au président. Takac ne fait plus du tout l'unanimité et l'on parle, pour lui succéder, de Menotti, de Herbin ou de Guillou (libéré par le Servette). Enfin, on cherche un avant-centre et l'on a contacté Toulouse pour Stopyra, lequel est aussi chaud qu'un esquimau à l'entracte. Ce sera, trois mois plus tard, le Lensois Oudjani.

Les joueurs eux-mêmes s'agitent, déçus, insatisfaits. « Chez Matra, quand une fusée ne décolle pas, ils ne tardent pas à changer la pièce défectueuse. » (Olmeta). « Le problème, ce n'est pas l'entraîneur. C'est nous, les joueurs, qui n'arrivont pas à nous faire une passe et qui avons peur. »

(Umpierrez). « Tout s'enchaîne, la peur, la poisse. » (Fernandez).

« Si nous ne trouvons pas le moyen de donner un dynamisme à cette équipe, déclare le directeur général Jean-Louis Piette, nous serons tous coupables. » Dans un sursaut, avec Takac aux manettes, le Racing prend aussitôt cinq points : victoire à Lens (1-0, Gillot contre son camp), match nul devant Monaco (1-1, Liégeon contre son camp), victoire « au » P.S.-G. (2-0, deux buts de Francescoli). Mais ce n'est qu'un feu de paille et trois mauvais résultats — deux points perdus à domicile, déroute à Toulouse — condamnent Takac et remettent Zvunka dans sa position préférée. Celle du sauveteur breveté.

La saison du Racing est évidemment fichue et elle le sera un peu plus avec l'élimination en trente-deuxièmes de finale de la Coupe de France, devant Bordeaux il est vrai. Mais il faut sauver l'essentiel, c'est-à-dire le maintien, et tenter de rétablir une image plus digne du Racing et de Matra.

Victor Zvunka, en ce sens, réussit du bon travail, plaçant chaque joueur devant ses responsabilités, accentuant l'intensité de la préparation physique et rétablissant une organisation de jeu mieux coordonnée malgré l'absence de complémentarité entre certains Racingmen. Bossis retrouve son rayonnement, Fernandez une partie de son équilibre (sans jamais redevenir le capitaine Fracasse du P.S.-G.), Littbarski quelques-uns de ses dribbles fameux et Francescoli l'âme de buteur qu'il posséda toujours sous son maillot n° 10.

Rien n'est épargné au Racing sur le plan des difficultés. Des matches perdus d'une poussière. Des blessés. Un public parisien qui ne suit pas. Un Racing Club de France qui discute les modalités de son parrainage. Un camp d'entraînement à choisir, à Colombes, à Rueil ou ailleurs. Une stratégie d'avenir à définir. Mais, à la trêve, le Racing est dix-septième, remis à flot, et relativement optimiste. Il prend des engagements vis-à-vis de lui-même. Stabilité, solidité morale, une place entre la dixième et la quatorzième au classement.

Il acquiert enfin la sérénité, connaît une mauvaise passe entre la mi-mars et la mi-avril mais termine la saison en boulet de canon avec douze points récoltés en sept matches, dont des victoires à Metz (2-0, buts de Francescoli, Umpierrez) et à Nantes (3-2, buts d'Oudjani, Tusseau, Avenet), et à la treizième place.

Victor Zvunka est un grand homme, nommé entraîneur général du club, chargé du recrutement. C'est pourquoi, dix jours avant la reprise du championnat 87-88, quand on lui adjoindra Artur Jorge (l'entraîneur de Porto, champion d'Europe) comme supérieur hiérarchique dans la technicité, il s'en offusquera et on le limogera. Le pingouin n'a plus l'estomac barbouillé mais il n'a pas encore remis son smoking.

Cela ne règle pas, évidemment, le problème de l'existence confortable et conjointe de deux clubs à Paris, dans une capitale qui n'aime pas vraiment le football et qui ne vibre que de spectacles extraordinaires. Le Stade Français et le Racing, dans les années cinquante et soixante, souffraient déjà de concurrence. En 1987, la situation n'a pas changé. P.S.-G. et le Racing, l'un soutenu par la municipalité, l'autre par Matra, se mangent un peu le cœur et se croient persécutés par le rival.

Ils n'ont pas encore compris que Paris leur tend les bras. A condition qu'ils soient les plus forts, les plus beaux, les plus spectaculaires. Qu'ils lui offrent la gloire des Muses et toutes les fleurs de la terre.

Paris devra encore attendre, même si la renaissance est peut-être pour bientôt et s'il n'est plus illusoire de penser qu'un jour, le Racing jouera comme Porto.

Luis Fernandez,
avec son copain
des Minguettes
(Ben Mabrouck),
a décroché
le cocotier.
Pierre Littbarski,
avec son dribble
chaloupé,
a rencontré
un manguier.
Et le Racing,
avec les deux,
n'a pas réussi à
prendre son pied.

Papin le long
et Papin le bref

A Marseille, l'amour est un dialogue de bavards. Le Stade-Vélodrome, emporté par les succès, enivré par les images, continue à accueillir des dizaines de milliers de spectateurs. L'équipe olympienne, ardente, brillante, magique parfois, continue à honorer ses choix et sa soudaine éruption. Les sceptiques doivent se rendre à l'évidence : l'O.M. de Banide ne sera pas un météore et sera pour Bordeaux un rival de force 10.

Il n'empêche que cette réussite presque totale de l'O.M. surprend. Il ne peut en être autrement tant l'osmose entre les différents éléments s'est faite rapidement et tant ceux-ci semblent baigner dans un climat de convivialité et de liberté. Gérard Banide, lui, n'est pas surpris : « Notre groupe est constitué de gens qui avaient tous quelque chose à prouver : Bernard Tapie, Michel Hidalgo, moi-même, Förster, Sliskovic, grands joueurs dans leur pays mais ayant tout à prouver en France, Cubaynes et Laurey venant de division II, Papin obligé de passer par la Belgique pour être reconnu, Gigi et Domergue désireux de prendre une revanche. Tout cela donne une mentalité de gagneur, une motivation profonde. Quand cette motivation est entretenue par la passion, quand elle est amplifiée par le gigantisme ambiant, on ne peut qu'être emporté par une tempête positive. »

Pour canaliser cette tempête des tempéraments tout en lui laissant la possibilité de s'exprimer, Gérard Banide offre à ses joueurs « un cadre de jeu tel qu'en échange de ce qu'ils donnent, ils sont assurés de recevoir autant » avec ce beau commentaire : « L'esprit collectif ne doit pas brider l'individu, au contraire. Le collectif s'enrichit de l'individu et inversement. »

L'O.M., fidèle à sa devise (« Droit au but »), ne bétonne pas, même sur terrain adverse. Il présente un caractère de diversités adaptées tout à fait étonnant, différent selon les matches et les personnalités retenues. Karl-Heinz Förster, le guerrier professionnel, qui « n'hésite jamais à se servir de son corps puisque ce corps est son instrument de travail », découvre le plaisir de prendre des risques. Blaz Sliskovic, ce Yougoslave de vingt-sept ans dont le pied gauche figure au Bottier Mondain forme avec Giresse le duo de création le plus excitant vu depuis longtemps. Plus vif, plus rapide, plus direct dans le dribble accéléré, plus inattendu et plus fantaisiste que Gigi, il est moins sûr que lui dans le dribble pivotant et la remise en ordre. Mais les deux font la paire, assurément.

L'O.M. reste ainsi invaincu pendant onze journées avant d'aller se faire battre à Sochaux, le futur relégué, sur le score de 2-0 (Fernier, 38e ; Paille, 89e) « Il fallait bien que cette première défaite survienne un jour, dit Banide. Mais elle ne remet rien en cause. Nous savions déjà que nous étions vulnérables. »

L'O.M. reprend donc le cours de son football tonitruant. Devant Giresse et Sliskovic qu'épaule dorénavant un étonnant Thierry Laurey, demi défensif de grand abattage, bon technicien, bon relanceur, combattent les deux chasseurs. Les deux fadas, disent avec de la tendresse dans la voix les supporters olympiens. Papin et Cubaynes, Cubaynes et Papin, comme l'on dirait Dupont et Dupond, ne se ressemblent pas physiquement. Ils n'ont pas été montés avec les mêmes joints et les mêmes ressorts. L'un respire chez les oiseaux, l'autre fréquente les fox-terriers. Mais quelle énergie chez tous les deux ! Courageux, voire teigneux, occupant tout le front de l'attaque, multipliant les courses d'appel de balles latérales ou en profondeur, très complémentaires par leur morphologie, ils jaillissent devant le but adverse comme des fusées. Debout, couchés, en planchette, en ciseau ou en crêpe, ils battent la crème fouettée à coups de marteau. Hilares, furieux, en retard, victorieux. Quand leurs adversaires rentrent chez eux, ils voient des Papin et des Cubaynes partout, déguisés en courants d'air, cachés dans les lampadaires.

Evidemment, Papin le Long et Papin le Bref ne sont pas parfaits. Leur sens tactique est décevant, ils confondent vitesse et précipitation, ils emboutissent les jardinières d'enfants. Mais, avec eux, le danger est partout, y compris sous le paillas-

Le pépé de Papin n'avait pas de pépètes mais il fit des enfants. Le petit-fils de Pépé Papin avait la pépie, mais, dans ses fruits, quelques pépins. L'O.M. attend maintenant la pépite Papin.

son du gardien. Avec eux, « Y'a plus de boeuf mode ni de tarte Tatin, y'a des hot dogs à la sauce Papin ».

Mais comme « il y a du bonheur dans toute espèce de talent », les deux fadas rendent Marseille heureux, marquant vingt et un buts dans la saison à eux deux (treize pour l'international, huit pour Patrick) dont quelques-uns sont des morceaux d'anthologie de la reprise de volée, par exemple celui de Papin contre le Racing (17 décembre, 2-0).

Leader pendant huit des douze premières journées, l'O.M. est amené à confronter ses options et à étalonner sa valeur contre Bordeaux, au Stade-Vélodrome. Devant 46 110 spectateurs ! Giresse est du côté où il n'aurait jamais cru pouvoir être, malade de tristesse à l'idée d'affronter balle au pied ses amis, ses frères : « Pourvu que je ne leur fasse pas des passes... ».

Les Bordelais sont venus avec l'idée bien précise de ne pas prendre de risques, tout en profitant de la moindre occasion pour placer des contre-attaques. Ils ont mis en place un dispositif spécial au sein duquel Battiston et Specht se tiennent dans l'axe central de la défense comme deux liberos tandis que Roche et Zoran Vujovic sont chargés de surveiller Cubaynes et Papin. Thouvenel est sur le côté droit de la défense girondine, afin de

boucher les accès à l'adversaire. Rohr et Tigana sont chargés de la neutralisation de Sliskovic et de Giresse.

Sur le plan offensif, Zlatko Vujovic, seul en pointe, bénéficie du soutien, des appuis et des relances de Ferreri et de Vercruysse, deux jeunes gens de plus en plus à l'aise sous leur nouveau maillot. Les Girondins, dans cette disposition de jeu et d'esprit, rigoureuse et rationnelle, empêchent les Marseillais d'exercer leur pression habituelle et même d'utiliser leur poil à gratter. Ils réfrigèrent le volcan.

A la 19e minute, sur une récupération de Ferreri et un relais de Zlatko, Zoran Vujovic se retrouve complètement démarqué sur le côté gauche. En pleine foulée, d'un coup de canon de son pied préféré, il propulse le ballon entre Antoine Bell et son premier poteau.

L'O.M., nettement dominé, semble battu lorsque, à huit minutes de la fin, Rohr commet une erreur fatale en voulant donner le ballon en retrait à Dropsy. Papin le Bref s'est précipité et, dans le contact entre les deux hommes, le ballon revient à Sliskovic dont le coup de bistouri, bien placé, est chirurgical. Ce qui fait 1-1 au total et donne à l'O.M. un résultat très flatteur.

Les Marseillais ne dissimulent pas leur sentiment. « Les Bordelais pourraient jouer les yeux fermés. Leur équipe est supérieurement organisée » (Sliskovic). « Ils ont gardé leur solidité collective et leur jeu paraît plus vif qu'auparavant » (Giresse). « Ils possèdent une super-défense, un milieu vif et intelligent mais leur pouvoir offensif est limité. Ils sont trop réalistes. » (Antoine Bell).

Pourtant, à la fin des matches-aller et malgré une défaite retentissante à Lens le 22 novembre (0-3, deux buts de William Njo Lea, un de Tobolik), l'O.M. est champion d'automne avec deux points d'avance sur Bordeaux et, virtuellement, trois (plus 15 contre plus 10 à la différence de buts). L'O.M., par la bouche de Domergue, « rend grâce à cette terre qui exagère tant la part du ciel. »

« Je le vis, je rougis, je pâlis à sa vue ;
Un trouble s'éleva dans mon âme éperdue ;
Mes yeux ne voyaient plus, je ne pouvais parler ;
Je sentis tout mon corps et transir et brûler... »

(Stade-Vélodrome de Marseille).

Tonnerre de Brest et de Buscher

Le duel Bordeaux-Marseille ne fait pas tout le Championnat et plusieurs clubs, avec leur ambition et leurs moyens propres, mènent la chasse qu'ils peuvent. Il en va d'une place en Coupe de l'U.E.F.A, peut-être de deux, de sa crédibilité et de son talent à réaffirmer. Monaco, Toulouse, Auxerre sont les prétendants majeurs à ces places de dauphin qui ne cadrent pas, pour le premier, à l'objectif initialement déclaré.

Juste derrière ces cinq locomotives, Paris S.-G. et Nantes s'étant effacés, figure un peloton de vaillants, un jour au ciel, le suivant au purgatoire. Et, dans ce peloton, le Stade Brestois.

Le football breton n'est pas tellement à la fête dans le football français, pas tellement à sa place non plus tant il existe dans cette Ligue de l'Ouest de très bons footballeurs. Mais les réalités économiques, le retard pris en de vaines querelles de dirigeants (souvent) expliquent les péripéties de Rennes, de Brest, de Guingamp, de Quimper. Et Nantes, direz-vous ? La Bretagne est universelle, certes, mais sa bague circonférentielle, si elle entoure le monde, porte-t-elle les artichauts jusqu'en Loire-Atlantique ? Nous ne trancherons pas dans le débat.

Le Stade Brestois donc, monté en Division I à l'issue de la saison 78-79, redescendu à l'issue de 79-80, remonté en 81, s'est taillé sa petite place parmi l'élite, à coups de serpette : 9e, 10e, 17e, 9e, 14e, il manque d'une potion magique et d'un courant rénovateur. Sûr de rien, sauf de la chose incertaine.

En 1986-87, le Stade Brestois est loin d'être démuni. Il possède une doublette d'attaquants, Buscher et Mariini qui, au cours de la saison précédente, ont marqué chacun quatorze buts. Le premier, footballeur de grand talent, international A est, de l'avis de beaucoup, l'avant-centre français le plus complet, le plus intelligent et le plus technique depuis l'effacement progressif de Bernard Lacombe dont nous avons toujours pensé qu'il était un footballeur d'exception, surtout chez nous. « Buscher est présentement le meilleur joueur de volée du championnat » estime, par exemple, l'entraîneur auxerrois Guy Roux.

La surprise, à Brest, vient de l'engagement de deux étrangers fortement cotés aux Bourses de Londres, New York et Tokyo : José Luis Brown, champion du monde avec l'Argentine à Mexico et Julio Cesar (patronyme Silva), le Brésilien. C'est un cadeau des Etablissements Leclerc, désireux d'aider le football de leur région d'origine sans s'investir dans un sponsoring à long terme. Mais c'est un beau cadeau qui offre à Brest l'une des plus brillantes et des plus efficaces paires défensives du championnat. Forcément !

La chance du club breton, est également celle d'avoir récupéré Raymond Kéruzoré comme entraîneur après ses cinq années à Guingamp. Comme il jouait, avec justesse, réflexion et intelligence, il dirige. Son équipe, avec la défense que l'on sait (un très beau gardien, Chaslerie) et un milieu de terrain très actif formé de Bouquet, Goudet, Le Guen et Honorine ou Colleter ou Guérin sur le flanc gauche, devient « une merveilleuse machine à prendre des points à l'extérieur, organisée pour » (Guy Roux) : récupération derrière, passe de rupture en profondeur que Buscher et Mariini parviennent le plus souvent à récupérer, arrivée instantanée d'un soutien venu du milieu ou de l'arrière.

A ce jeu, Brest prend plus de points à l'extérieur que sur son propre terrain et, après avoir gagné au Havre (2-1, deux buts de Buscher), à Nancy (4-0, buts de Guérin, Mariini, Buscher, Pouliquen), à Toulon (3-2, buts de Brown, Mariini, Bouquet) et pris des points à Saint-Etienne (1-1), au Racing (2-2) et à Nantes (0-0), s'en va gagner comme un grand au Parc de Lescure face aux Girondins : 2-1, deux buts de Bouquet (43e) et Colleter (78e) après que Zlatko Vujovic eût ouvert le score (31e).

L'affaire est d'importance car les Girondins n'avaient pas été battus sur leur terrain, en Championnat de France, depuis le 29 octobre 1983, c'est-à-dire depuis cinquante-sept matches. Kéruzoré est ravi d'avoir ainsi fait tonner son orage brestois sur l'Aquitaine : « Quand j'ai pris l'équipe, j'étais plus intéressé par la possibilité de faire de jolis coups

Grande saison pour Gérard Buscher, deuxième meilleur buteur du championnat (quinze buts) sous les couleurs de Brest-Armorique. Le tacle d'Anigo (Marseille) porte dans le vide et Buscher va partir dans l'espace.

que par un objectif précis en fin de saison. Je connaissais les forces de Bordeaux, nous nous sommes donc organisés en conséquence afin de perturber leur jeu. Tactiquement, tout s'est bien passé. Nous avons désormais trouvé une bonne assise. »

Quand Kéruzoré évoque une bonne assise, c'est de son équipe dont il parle. Car le club... Le président Yvinec a pris ombrage de l'amitié portée à Kéruzoré par Michel-Edouard Leclerc et des projets qui consistent, élaborés par ces deux hommes, à encourager des financiers à investir dans le Stade Brestois afin de lui donner une nouvelle dimension. « Peut-être a-t-il peur qu'on lui fasse de l'ombre », suggère Buscher.

L'ambiance, à Brest, se pourrit peu à peu. Le président fustige son entraîneur, accusé dans la presse locale de ne plus être en harmonie avec ses joueurs. Ceux-ci, outrés, font publier un communiqué dans lequel ils affirment leur solidarité avec Kéruzoré. « Il est tout de même curieux, souligne encore Buscher, que tant de gens soient contraints de quitter le club : De Martigny, Dewilder, Pardo, Henry, Njo Lea. » Il ne sait pas encore, Buscher, qu'il est l'un des prochains sur la liste, avec Kéruzoré qui sera purement et simplement licencié.

L'équipe brestoise assume cependant jusqu'à la

fin de la saison ses responsabilités et son goût du panache. Elle gagne encore, après Bordeaux, à Monaco (1-0, Buscher), à Nice (4-0, deux fois Mariini, Buscher, Goudet) et à Rennes (2-0, Buscher, Guégan), prenant également un point à Marseille (2-2). Sur l'ensemble de la saison, elle totalise dix-huit points à l'intérieur à la troisième place ex-aequo derrière Bordeaux (22) et Marseille (19).

Les Girondins, eux, battus par ces Brestois de malheur, traversent une très mauvaise passe, engagés et entamés qu'ils sont par la Coupe des Vainqueurs de Coupe et un calendrier d'enfer. Entre la treizième journée, où ils prennent un point à Marseille et la dix-neuvième où ils perdent à Saint-Etienne (0-2, une semaine après Brest), ils laissent filer huit points en sept matches.

On compare alors, dans *L'Equipe*, l'O.M.-turbo et son pouvoir d'accélération au Bordeaux-diesel et son efficacité défensive. *France-Football* parle de la robotique bordelaise et de ses effets pernicieux. Aimé Jacquet conteste et analyse : « A la suite de nos efforts de l'automne, un décrochage psychologique inconscient s'est produit qui fait que notre jeu s'est dilué. Mais je ne suis pas inquiet : le bloc bordelais va faire front. On dit que nous ne sommes pas offensifs : c'est faux, nous ne sommes pas efficaces. Notre problème est dans la manœuvre, dans la canalisation de notre jeu. »

Une chose est sûre : Bordeaux et Marseille s'adorent. Le premier a envoyé un huissier à Lens pour faire saisir la part de recette (150 000 francs) revenant à l'O.M.. Puis il a récidivé à l'occasion de Marseille-P.S.-G., fort de son bon droit. L'O.M. a été condamné, en effet, en référé, à verser aussitôt les 1 350 000 francs qu'il doit sur les transferts de Martinez et d'Audrain depuis quelques paires de mois. Le président des Girondins en profite pour clamer partout que les comptes bancaires de l'O.M. sont à sec et le président de l'O.M. lui répond qu'il ferait mieux de s'occuper du chapeau de la gamine. Ou quelque chose comme ça qui nous change de la balle ronde et nous fait réfléchir sur le culte des héros.

Pascal Coiffier, natif de Gournay et ancien joueur de Tours, savait-il qu'en portant le maillot de Brest-Armorique, il gagnerait des matches en côtoyant Julio Cesar, le Brésilien, et José-Luis Brown, le champion du monde argentin ? Cela fut pourtant et les trois Bretons assimilés, en compagnie de quelques autres, furent parmi les cracks des matches à l'extérieur.

Zénier le Zéphir de Zeus

Jamais encore le football français se s'est autant penché sur ses conditions de vie, sur ce qu'il représente et sur les moyens d'accentuer ses ressources. Des publicistes, à moins que ce ne soit des publicitaires, lui ont dit qu'il était un créneau porteur et que c'était d'un endroit similaire que Crésus avait créé sa fortune. Grâce à sa réflexion, le football français va ainsi obtenir des télévisions, à partir de 1987 — et pour cinq ans — un revenu saisonnier de vingt milliards de centimes. C'est dire si la baisse de fréquentation des stades de division II (moins trente pour cent en moyenne) n'a qu'une importance relative sur un créneau porteur.

Le football français, en phosphorant du cervelet, s'est aperçu également qu'il faisait froid, durant l'hiver, au royaume d'Henri IV. Il a donc décidé d'une trêve de deux mois (22 décembre au 28 février) pour juger de ses effets. Il s'agit là d'un hiatus important dans la compétition, hiatus qui provoque un large débat parmi les spécialistes.

Le F.C. Metz n'a pas protesté. Il connaît le bruit des sabots frappant la terre gelée. Il connaît le prix de la sagesse à la porte du bal des vampires. Il se connaît bien. Mais, s'il refuse le prix de l'aventure structurelle, il adhère depuis toujours à l'aventure sportive. Ce n'est pas autrement qu'il a gagné la Coupe de France 1984 et dynamité le F.C. Barcelone au Nou Camp dans l'un de ces soirs où la réalité est encore plus forte que le rêve.

Pour vivre, le F.C. Metz doit s'adapter. Jouer le jeu sur le terrain en exprimant la quintessence du collectif, de la solidarité et du don. Jouer la finesse sur le tapis vert en aiguisant les crampons de la concurrence. Son président Carlo Molinari a été ainsi très bon en offrant son Bocandé-roi (des buteurs) à Paris-Saint-Germain au tarif d'un Rafale de Dassault sans les fusées à têtes chercheuses. Et il a été encore meilleur en allant rechercher à Marseille un gendre fugueur qui le privait de ses petits-enfants.

Bernard Zénier, Lorrain de souche comme tous les Zénier footballeurs (il est né à Giraumont) a déjà joué à Metz, pendant quatre saisons (1974 à 1978) avant d'aller se promener à Nancy (1978 à 1983) à Bordeaux (une saison) et à Marseille (deux saisons). Quatre fois international, il a tous les dons mais n'a jamais été bien verni au moment de les exprimer. Quand il revient à Metz, il a trente ans sonnés et les cheveux pareils à ceux de la tête à Mathieu. Il n'est pas question, à ce moment-là, de lui faire jouer les kamikazes offensifs mais de lui confier, grâce à sa technique de gaucher, sa clairvoyance et son bagage tactique, un rôle de meneur de jeu qui lui va comme un gant.

La blessure de l'attaquant écossais Eric Black (ex-Aberdeen) modifie les données tactiques de l'équipe lorraine et Bernard Zénier est appelé de plus en plus souvent, pour l'équilibre du jeu, à se porter en soutien ou en réceptionniste de Micciche. Il a connu Carmelo à Florange, quand celui-ci était gamin. Il respire ses envolées, ses enchaînements, ses virevoltes et ses tirs. Et il exploite la majeure partie de ses passes décisives (neuf, meilleur score du championnat avec Ferreri et Desmet) pour les transformer en buts.

Bernard Zénier, qui a toujours marqué des buts, inscrit le centième de sa carrière en division I lors de la « *goleada* » contre Rennes (6-1). Ce n'est que son septième de la saison, mais pas le dernier. Le gendre du président messin n'a pas encore connu cet état idéal du buteur sûr de soi, baignant totalement dans une équipe offensive, libre de son inspiration et de ses choix. Il additionne les exploits en frappes, reprises de volée, contrôles et jaillissements. Il marque dix-huit buts au total (six doublés contre Sochaux, Lille, Rennes, Marseille, Brest, Toulon) : 7 du pied gauche, 5 du pied droit, 2 de la tête, 4 penalties. Et il remporte la couronne symbolique de meilleur buteur devant le Brestois Buscher et le Bordelais Fargeon (15 buts chacun).

Le F.C. Metz, qui a marqué trois buts ou plus en huit occasions (4-1 devant Monaco, notamment) termine à la sixième place du championnat, avec la deuxième meilleure différence de buts (plus 22). Il n'est pas européen, mais il eût mérité de l'être.

Martini l'étoile d'or

Dans la foulée des deux « Grands », trois clubs se disputent, pendant toute la saison, la perspective de la seconde place qualificative à la Coupe de l'U.E.F.A., c'est-à-dire la troisième du championnat. Ils n'ont pas le même calibre, ni les mêmes moyens et voir l'A.J. Auxerre, allégée pourtant de Ferreri, recréer une équipe plus compétitive et plus efficace que celle de l'A.S. Monaco, provoque forcément un étonnement mêlé d'admiration.

Auxerre, au fil des ans, prend une ampleur cachée. On connaît son cadre, son ambiance, son sérieux, la personnalité immense de son Guy Roux technicien et sorcier mais on ne jauge pas, parce que c'est impossible, la somme d'expériences qui, là, ne tombent pas dans un puits sans fond. Guy Roux lui-même a évolué sans rien perdre de son acuité sensitive. Il affine ses principes, adapte et s'adapte, lie les réalités aux circonstances. Il sait, par exemple, en 1986-87, que son équipe de jeunots a besoin de sécurité pour pouvoir progresser et qu'il ne faut pas lui laisser trop ouvrir les vannes de son tempérament. « Le dosage est délicat, explique-t-il, dans une équipe trop jeune, entre les fondamentaux, l'obligation de résultats, le climat favorable à une progression régulière et la possibilité d'être fous. »

L'équipe auxerroise est, en effet, très jeune, avec une charnière centrale Prunier-Boli totalisant trente-huit ans, un meneur de jeu de dix-neuf ans à peine (Dutuel), un avant-centre de vingt ans (Cantona) et plusieurs jeunes joueurs de la même tranche d'âge : Vahirua, Darras, Mazzolini, Messager, etc. Mais Guy Roux a veillé à l'équilibre, et des hommes comme Burcsa, un internatinal hongrois de trente-deux ans (qui sera malheureusement blessé), Fiard (vingt-huit), Zgutczynski (vingt-huit), Perdrieau (vingt-neuf), Barret (vingt-six), apportent la stabilité.

L'A.J.A. demeure donc fidèle à ses principes mais son jeu est plus dosé et plus réfléchi que par le passé. Guy Roux insiste sur la qualité du geste technique pour améliorer sans cesse la maîtrise au sol, la maîtrise aérienne, les frappes, tout ce qui donne à une équipe professionnelle la base de son expression. Il insistera encore car l'A.J.A. débute le championnat de manière, sinon catastrophique, du moins fort décevante, avec quatre points en six matches : 1-1 à Nancy, 1-2 devant P.S.-G., 1-1 à Lens, 1-1 devant Monaco, 0-2 à Toulouse, 1-1 devant Laval.

La période d'adaptation est terminée. L'A.J.A. entreprend sa chasse aux points, en modulant ses objectifs et en roulant avec un effectif de quinze joueurs. Elle réussit des coups fumants, gagnant à Metz (1-0, Cantona), à Rennes (3-1, Ferrer deux fois, Cantona), à Laval (2-0, Prunier, Vahirua), à Nantes (1-0, Cantona), au Havre (4-1, Cantona deux fois, Dutuel, Vahirua). Elle bat Nantes et Toulouse chez elle, bloque les ambitions des uns et des autres et n'accepte la supériorité totale que d'un seul, Bordeaux, propriétaire des quatre points mis en jeu.

Elle obtient, cette A.J.A., des satisfactions remarquables avec l'affirmation au plus haut niveau de son gardien Bruno Martini, éblouissant en plusieurs circonstances et sacré Etoile d'Or de *France-Football*, c'est-à-dire meilleur joueur du championnat. Avec la révélation d'Eric Cantona, cet enfant des Caillols intégré en Bourgogne, avant-centre étonnamment complet (technique, jeu de tête, sens du but, vision courte et longue). Avec la confirmation de Basile Boli dans le rôle nouveau pour lui de libero.

Une question se pose, évidemment. Combien de temps l'A.J. Auxerre pourra-t-elle garder ses trois nouvelles perles ? « Un certain temps, répond Guy Roux. Le temps que les grands clubs fassent des économies pour pouvoir nous les prendre. Dans les années 90 ».

On allait oublier de vous le dire : Guy Roux est aussi un grand financier.

L'A.S. Monaco, qui ne réussit pratiquement jamais à attirer 18 898 spectateurs dans son stade (comme Auxerre pour la venue de Marseille), rêvait de réaliser une grande saison 1986-87. Il avait, pour cela, engagé le grand Stefan Kovacs, ancien papa de Johan à Ajax et ancien tonton des Bleus. Il était allé chercher le Danois Lerby au

A.J. Auxerre est une
oinière d'arbrisseaux
ouleux. On lui prend
ël Bats et elle a déjà
uno Martini. On lui
de Jean-Marc Ferreri
elle dévoile Eric
antona (qui débuta en
vision I à dix-sept
s, en 1983). Un
rdien de but et un
ant-centre, de quoi
re de beaux voyages.
uno Martini est
nd. Eric Cantona
st bien plus que ne le
ontre la photo, avec
s 180 centimètres
sés sous les 180 de
che. On retrouvera
entôt ces trois
mmes, en
rmanence, sous le
aillot de l'équipe de
ance A.

*« Où vas-tu, Basile... » On la lui fait souvent.
Quand il est parti balle au pied. Parce que l'on se
sent frustré (Boli l'Auxerrois et Ferreri le
Bordelais).*

Bayern, le Messin Sonor, le Niçois Rohr, le Toulousain Ferratge, le Parisien Da Fonseca et un autre terrible Danois vu au Mexique, le défenseur Busk. Anziani, Genghini, Lacuesta, Stojkovic partis, l'effectif demeurait impressionnant.

Mais la sauce ne prenait pas. « Nous retombons toujours dans nos travers », constatait Ettori après une défaite à domicile devant Brest.

Six points en huit journées, troisième à la fin des matches-aller, Monaco respirait. Stefan Kovacs qui voulait, au départ « donner une âme » à l'équipe de la Principauté, « briser le fonctionnariat » et « instaurer une discipline » a eu du mal à faire comprendre à ses joueurs que les hurlements de Lerby sur le terrain n'étaient pas destinés à lui faire prendre le pouvoir mais à dynamiser l'équipe.« Lerby est un chasseur. Vous devez chasser avec lui quand nous avons perdu le ballon. Car c'est moins fatigant que de subir le jeu. »

Accusé par les autres de les prendre pour des porteurs d'eau, Lerby finit par s'adapter. Par se taire et par laisser flotter les rubans. Après son embellie, Monaco replonge comme à ses plus mauvais jours : six points en huit matches et, à la fin mars, une place de cinquième qui ne fait pas la joie du prince.

Monaco grognon, Monaco agité par des querelles intestines, Monaco qui va voir s'envoler Lerby (« Je croyais le football français plus offensif »), reste où il est. « Les noix ont fort bon goût mais il faut les ouvrir ».

Toulouse gère beaucoup mieux son capital et ses intérêts. Il a réussi à garder Yannick Stopyra, très sollicité par la France et l'étranger après ses performances mexicaines. Et il a engagé le Sochalien Ruty et le Racingman Tihy pour remodeler une défense déstabilisée par le départ de Domergue.

Jacques Santini, très Stéphanois dans son approche, fait appliquer à son équipe rigueur défensive et pressing. Le Téfécé utilise un système couverture-marquage individuel très au point complété par une protection collective de son but avec le renfort de trois des joueurs du milieu (Despeyroux, Durand, Bellus) et il chasse l'adversaire aux quatre coins du terrain. L'équipe de Santini possède ainsi la meilleure défense (avec Bordeaux) du championnat sur les trente premières journées : vingt buts encaissés (elle en encaissera douze supplémentaires pendant les huit dernières).

Mais, comme Bordeaux, Toulouse souffre d'une efficacité offensive restreinte, avec un usage parfois abusif du travail d'approche aérien (pour la tête de Stopyra). Il marque pourtant deux fois trois buts en déplacement : pour aller battre Paris.S.-G. au Parc des Princes dans la première moitié du championnat (3-2, buts de Stopyra, Passi, Durand) ; et pour tomber Bordeaux dans son antre à six journées de la fin au risque de lui faire perdre le titre (3-2, buts de Marcico deux fois, Castagnino).

Toulouse, grâce à l'efficacité d'une équipe harmonieuse, termine troisième de la compétition, obtenant ainsi — avec Auxerre, quatrième — le droit à l'aventure européenne dont il connaît dorénavant les effluves et l'ivresse.

Fargeon fils de Zorro

Les clubs français ont la possibilité, en cette saison 86-87 (et comme dans la précédente), de se renforcer d'un joueur avant la trêve. C'est une perspective passionnante pour beaucoup, persuadés qu'ils sont de leur science en matière de transferts et de leur chance en béton de réaliser l'affaire du siècle. Paris S.-G., pressé par les circonstances, paye au prix fort la venue d'Eric Martin, milieu de terrain de l'A.S. Nancy-Lorraine laquelle va payer au prix prohibitif de la descente l'idée de se séparer, et de Germain et de Martin, à six mois d'intervalle.

L'Olympique de Marseille négocie avec le Servette de Genève le prêt de Bernard Genghini lequel n'a pas le temps de jouer qu'il est déjà à l'hôpital pour se faire ouvrir un genou.

Et Bordeaux va chercher en Suisse, à Bellinzone, un garçon pratiquement inconnu, sauf des initiés : Philippe Fargeon, Français, vingt-deux ans, déjà passé par Auxerre mais écarté pour insuffisance de performances. Ce Fargeon qui a marqué dix buts en quinze matches du Championnat de Suisse était dans le collimateur de Marseille (mais «n'entrait pas dans leur jeu ») et de Bordeaux depuis trois mois.

Fargeon a hésité avant de sauter le grand pas. « Je suis pessimiste de nature. J'ai besoin de me prouver que je suis capable de réussir. » Mais il sait ce qu'il veut. Il a exigé, pour accepter de signer aux Girondins, d'être dans le « groupe des treize ». En concurrence mais pas obligé de recommencer à faire ses preuves.

Arrivé le 3 décembre à Bordeaux, Philippe Fargeon joue le 5 contre Lille. Il marque un but, le premier, celui qui ouvre le score. Sa nouvelle équipe qui venait de perdre à domicile contre Brest et à Saint-Etienne entre dans une série de treize matches sans défaite. Et Fargeon s'intègre miraculeusement, incroyablement, superbement dans le jeu girondin. Il le dynamise, lui apporte cette touche de jaillissement et de légèreté qui lui manquait devant le but adverse. Au fil des jours naît un concert de louanges. « Il a une grande part dans notre progression » (Jacquet). « Il est le complé-

ment parfait de Zlatko » (Zoran Vujovic). « Nous nous procurions beaucoup d'occasions mais il manquait quelqu'un pour les concrétiser. Il nous manquait Philippe » (Tigana). « Il venait pour marquer des buts mais on ne s'attendait pas à ce qu'il en marque autant. Ce qu'il fait est fantastique. » (Girard).

Fargeon paraît un peu frêle à première vue. En fait, il est extrêmement robuste. Haut-Savoyard de corps et d'esprit. « Aussi dur qu'un Basque » confirme Michelena, préparateur des Girondins.

Fargeon possède surtout l'arme absolue dans le football moderne qui va de plus en plus vite : la spontanéité de geste alliée à une tonicité athlétique assez exceptionnelle. Il est combatif, audacieux, généreux, très présent dans le jeu collectif. « En plus de son efficacité, il nous a apporté un culot et un engagement offensif qui nous manquaient. Il est le meilleur récupérateur de tous nos attaquants et il se dépense de façon intelligente, toujours bien placé. » (Michelena). Mais c'est surtout avec le ballon, instrument premier du footballeur, que Fargeon est le plus impressionnant. « Quand il le récupère, il se concentre entièrement sur lui. Il n'y a plus rien autour, comme si c'était le silence. » (Thouvenel).

Fargeon, qui va connaître sa première sélection internationale le 16 juin 1987 à Oslo, à l'issue d'une véritable explosion, transforme le jeu de Bordeaux, marque quinze buts en dix-huit matches (dix du pied droit, un du pied gauche, quatre de la tête) au point d'être deuxième meilleur buteur du championnat et crée presque à lui tout seul une dynamique de réussite inéluctable. Il y a de la magie dans Fargeon.

Comme, de son côté, l'O.M. s'épanouit, le troisième quart du championnat nous offre un étonnant « mano a mano » entre les deux Grands du football français. De Bordeaux, on attendait tout. De l'O.M., on ne savait rien sinon le nom de ses individualités. Or, l'équipe de Banide offre de plus en plus l'image d'un digne champion de France potentiel : «Il y a une intelligence dans le jeu, un système qui est de mieux en mieux assimilé. Notre

On ne sait plus qui est qui dans tout ça. Est-ce Bordeaux qui attaque ou sont-ce les Girondins qui défendent ? Ferreri et Roche contre Domergue et le Giresse masqué, est-ce du lard ou du cochon ? On devrait demander à leurs présidents pour qu'ils tranchent, un matin, sur le pré. En haut-de-forme et rapière dans le nez.

Avec Bade et Fargeon, au moins sait-on où l'on est. En principe. Mais qu'ont-ils fait du ballon, les deux musclés entortillés ?

équipe peut voyager » souligne l'entraîneur de l'O.M.

Le seul véritable défaut de l'O.M. — et il existe — est celui de la finition. « Car Papin et Cubaynes possèdent en commun un vice rédhibitoire pour un avant de pointe promu au rôle de buteur : le manque de sang-froid à l'instant décisif du geste final. » (J.Ph. Réthacker, *France-Football*).

Coleaders à la 21e journée, seulement départagés d'un but (plus 15, plus 14), Marseillais et Bordelais le sont encore à la 24e (plus 19, plus 18), à la 29e (plus 25 pour Bordeaux, plus 23 pour Marseille). Puis Bordeaux perd un point à Paris S.-G. et Marseille écrase Sochaux 4-0. Nous sommes le 4 avril 1987. Il reste huit journées, l'O.M. est en tête et, une semaine plus tard à Bordeaux, les deux monstres vont s'affronter, sinon pour l'attribution définitive du titre, du moins pour les deux points mis en jeu, pour le prestige et, malheureusement, pour la liquidation d'un contentieux pas seulement né des oppositions sur le terrain.

A l'aéroport, Alain Giresse est accueilli avec des fleurs par les membres du Comité de Soutien qui s'est créé lors de son départ pour répondre au vinaigre du président girondin. Il n'est pas très à l'aise, Gigi. Trois jours plus tôt, les Girondins ont perdu la Coupe des Vainqueurs de Coupe à Leipzig alors que la finale n'était pas loin de leur tendre les bras.

Ils sont remontés, les Girondins. En formation de combat, avec Rohr dans le quatuor du milieu pour s'occuper de Giresse. Les Marseillais, eux, envisagent de jouer au football, de s'amuser et de plaire aux spectateurs et aux téléspectateurs. C'est ce qu'ils diront. En fait, avec un milieu de terrain Meyrieu-Francini-Passi-Giresse, privés de Sliskovic, Genghini, Papin, Zanon, ils manquent de poids, d'expérience, de qualité et, probablement, de concentration aiguisée.

A la troisième seconde, sur le coup d'envoi, Diallo explose sur un tacle de Zoran Vujovic. Aussitôt après, Zlatko Vujovic est expédié dans les cintres par un tacle de Bonnevay. Gernot Rohr s'occupe vigoureusement et méticuleusement des chevilles et des tibias de Giresse : un pansement pour le président, un peu de mercurochrome pour maman, etc. A la 22e minute, Rohr est expulsé par M. Wurtz. Mais Diallo l'est également pour avoir sauvagement agressé (les deux mains sur la poitrine) l'agresseur de Giresse.

On ne voit que cela — parce qu'il est difficile de faire autrement — mais les Girondins mènent 2-0 à ce moment-là : une caresse des cheveux de Fargeon au ballon, sur un centre de Roche, devant la moustache de Bell (5e minute) une frappe de la tête, piquée, de Girard, sur un coup franc de Tigana (12e).

Il ne peut plus y avoir de véritable match, offensif, débridé, spectaculaire. Il n'y a plus que « la parfaite maîtrise de la situation sur les plans technique et tactique » par les Girondins, un troisième but admirable de José Touré (70e), la démonstration d'une équipe sûre d'elle-même et manifestement au-dessus du lot français.

Mais les commentaires sont durs. Une fois de plus, Bordeaux n'a rien fait pour se faire aimer, ni dans le programme de présentation du match, ni sur le terrain, ni dans le choix de mettre Rohr sur Giresse en marquage individuel (alors que les deux hommes sont plus ou moins en procès commercial). « A Bordeaux, ce que nous avons ressenti, c'est un fort sentiment de malaise et de honte. Il y avait quelque chose de malsain dans ce match et autour de ce match... » (Noël Couedel, *L'Equipe*).

Les Marseillais sont encore ceux qui prennent le mieux la chose. « On ne traverse pas la vie un bouquet de fleurs à la main... L'O.M. a pris une bonne leçon... Nous avons été battus par plus forts que nous... »

Il reste sept journées de championnat. Et, pour tout le monde, l'affaire est bouclée. Mais, le 2 mai 1987, chez eux, les Bordelais cèdent devant Toulouse (2-3) malgré deux buts de Fargeon (28e, 30e). Ils étaient privés de Battiston, Specht et Girard, leurs trois consciences défensives. « Cette année, on a beaucoup écrit sur Bordeaux, notamment qu'il ressemble par moments à un robot sans ima-

gination. Je constate que le soir où mes joueurs font la preuve débordante d'une création importante, on passe au travers. Notre jeu a régalé les observateurs mais, à l'arrivée, qui est le dindon de la farce ?» Aimé Jacquet n'est pas content.

Au soir de la 34e journée — Laval-Bordeaux 1-2, Marseille-Nancy 3-2 — l'O.M. possède un point d'avance sur les Girondins. Mais son programme restant est chargé : déplacement à Nice, réception de Lens, déplacements à Paris S.-G. et à Monaco. L'O.M., à la surprise générale, ne prend aucun point dans ces quatre rencontres, battu à Nice par des Azuréens survoltés (« et indécents »), totalement dépassé au Stade-Vélodrome par Njo Lea et les Lensois (1-3), battu à Paris assez injustement (Sène, 82e ; Susic, 90e), dynamité d'entrée par Monaco (Bijotat, 4e ; Dib, 6e).

Bordeaux n'en attendait pas autant. Deux points contre Auxerre (2-0), un point à Brest (1-1), deux points contre Saint-Etienne (1-0), les Girondins sont sacrés champions avec une semaine de bonification avant d'aller subir, à Metz, chez ces Lorrains durs comme l'acier de leur bassin, une défaite sans importance. Ils sont heureux, « récompensés de toute une année de travail » mais « sans aucune mesure avec la joie du premier titre ». Ils songent surtout à la finale de la Coupe de France qui va les opposer, une fois de plus, à Marseille. De leur côté, les Marseillais gomment leur déception. « Même si nous avions remporté le championnat, cela n'aurait pas changé la face du monde. Il ne faut garder pour certaines choses que l'importance

qu'elles méritent » (Banide). « Nous sommes au-dessus de tout ce que nous avions prévu, donc forcément satisfaits. » (Giresse).

Ceux qui le sont moins, ce sont les Nancéiens, condamnés à la descente automatique avec les Rennais qui, eux, au moins, ne se faisaient pas d'illusion (deux points en dix-neuf matches à l'extérieur, quinze à domicile, vingt buts marqués). Les hommes de Wenger ont beaucoup lutté, pris des points à l'extérieur (1-0 à Sochaux, 0-0 à Lens), espéré. Mais ils ont été surpris par la férocité de la bagarre entre mal classés qui a vu Sochaux prendre neuf points lors des six dernières journées. Sochaux qui va tomber en barrages devant Cannes alors que son effectif, riche de potentialités, aurait dû lui interdire cette déchéance.

Mais l'exploit le plus grand, et pas assez remarqué par les critiques, est celui réalisé par les Toulonnais de Rolland Courbis, directeur sportif devenu, par nécessité, entraîneur alors que c'est plutôt l'inverse qui se produit. Quand l'ancien libero de Monaco, de Toulon et de toutes les défenses couronnées reprend le flambeau, la rascasse de l'emblème est lanterne rouge, avec sept points en treize matches. Deux journées plus tard, elle l'est toujours, avec trois points de retard sur le club avant-dernier. A la fin des matches-aller, elle est dix-neuvième, à trois points du « barragiste » Nancy.

Ressoudée, remise en place, relancée, l'équipe toulonnaise grignote, se fait les dents et, de la reprise du championnat à la fin (quinze journées), passe de dix-sept à trente-quatre points, ne concède que deux défaites (à Laval et à Metz) et termine à la quinzième place. « N'est vaincu que celui qui croit l'être » peut dire fièrement Courbis.

De toute façon, montants ou descendants, vainqueurs ou vaincus, le football français occupe son créneau porteur. Grâce à l'O.M. (31 554 spectateurs de moyenne à domicile, plus 16 898 par rapport à la saison précédente), la division I bat son record général avec 4 347 573 spectateurs. Il ne faudrait pas, cependant, qu'une vaste foule devienne un grand peuple sans âme.

Les maillots jaunes, forcément, ça attire le jaune. C'est ce que prétendent les Lensois. Mais Gaetan Huard portait un maillot rouge et l'arbitre M. Girard continuait à voir du jaune. C'est peut-être pourquoi les Marseillais n'y virent que du bleu (O.M.-Lens, 1-3, 21-5-87).

Ou Giresse n'a pas envie de se défoncer à la course ou cet arbitre-là est une fusée. De toute façon, Gigi ne peut pas dire à M. Wurtz :« Si tu courais aussi vite que je t'embête... » D'ailleurs, il n'oserait pas.

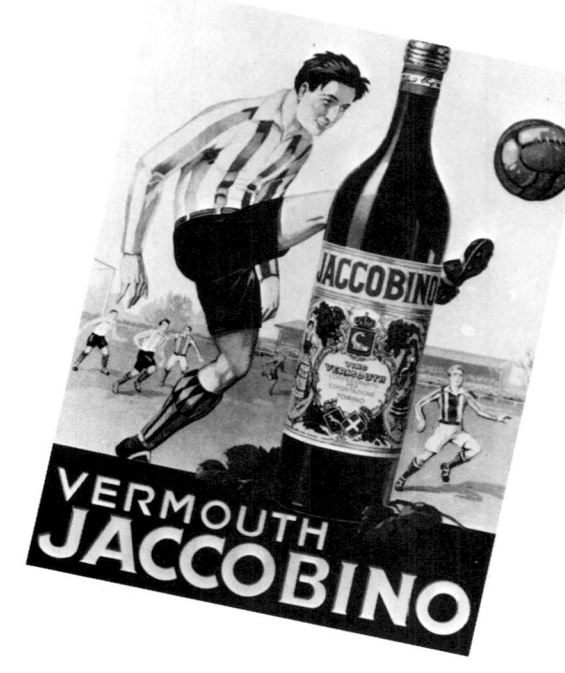

*Au bon
temps
du football
d'antan*

*Le football que l'on
glorifie aujourd'hui,
qui se vend si cher
aux lucarnes magiques
de vos postes de télévision,
existe depuis un certain
temps. D'un temps où l'on
prenait son temps,
pour grandir, pour mûrir.
Les découvertes, les premiers
émerveillements,
les premières tactiques,
datent, en France,
du début de ce siècle.
Et la magie était telle
que le footballeur et
le football servaient déjà,
de véhicules publicitaires.
En ce temps-là, pourtant,
chaque chose se faisait
en son temps, en attendant
les temps modernes,
autres temps, autres mœurs.
C'était au bon temps
du football d'antan,
celui où l'on ne
comptait pas encore
à tant pour cent et où l'on
vivait de l'air du temps.*

*Ces reproductions d'affiches
anciennes nous ont été
aimablement prêtées par
« Le Mois de l'Affiche
à Bordeaux ».
Elles figurent au Musée du
Sport Français à Paris.*

W.H.Overend 1890

Le berceau anglais

Le football tel que nous
le connaissons, le football
moderne, pourrait-on dire,
si l'on se souvient
qu'on jouait à la balle
chez les Chinois
d'avant Confucius
et chez les Egyptiens
de l'époque pharaonique,
est né vers la fin
du XVIIIe siècle
au Royaume-Uni.

En 1823, dans la cour
de l'université de Rugby
William Webb Ellis crée
la scission football-rugby
en prenant la balle
sous son bras et en fonçant
vers le but opposé.
En 1863,
naît le Football Association,
première fédération de ce
sport dans le monde.
En 1885, est institué
le professionnalisme.
En 1888, la Football League.
Le football fait partie
de l'éducation et de la
vie anglaises.
Cette gravure de très grande
qualité, réalisée en 1890
par W.H. Overend, paraît dans
l'Encyclopédie des Sports éditée
par la Librairie de France,
110, Boulevard Saint-Germain,
Paris, en 1926 sous le
patronage de l'Académie
des sports et du
Comité national des sports.
Elle témoigne d'une
époque et, déjà,
d'une évolution. Le joueur
au premier plan, de dos,
porte des protège-tibias.
De nombreux spectateurs se
pressent dans la tribune et derrière les mains courantes.
Il s'agit certainement
d'un match important.

194

Le gardien − le garde-but, disait Montherlant − est, depuis la naissance du jeu
un acrobate, un « prestidigitateur parmi les manchots », un souffre-douleur.
On le crucifie, on le mortifie, on le voue aux gémonies. Mais on le respecte et on le craint.
Il vient d'ailleurs. C'est un oiseau et un terrien. Celui-là est un génie, ou un maladroit, selon le cas.

Le capitaine

Edité en 1919 dans la collection Sports-Bibliothèque aux Editions Pierre Lafitte et Cie, 90, avenue des Champs-Elysées, Paris, l'ouvrage le Football de Gondouin et Jordan est un classique de la littérature sportive ancienne. Ecrit par un arbitre officiel et par l'ancien capitaine du Stade Français, il a la particularité étonnante de regrouper le rugby, le rygby américain et l'« Association ».
Il est, oserons-nous dire, assez plaisant de style et de fond. Il a peu vieilli.
Mais il mérite le détour à travers deux extraits, celui concernant le capitaine et un celui concernant le gardien.

« ...Il y a des gens qui, quoi qu'ils puissent faire, n'arrivent jamais à être des conducteurs d'hommes. Excellents dans le rang, ils savent travailler, mais il est impossible de leur demander de diriger. Ces gens-là ne feront jamais des capitaines d'équipes. Je ne veux pas dire par là qu'il faille, pour être un bon capitaine d'association ou de rugby, posséder l'énergie, la connaissance approfondie de ce que l'on veut faire, l'influence toute-puissante, la divination, enfin, la rapidité dans les décisions, qui font les chefs, ce serait vraiment trop beau.

Pour bien conduire le jeu, il est un minimum de qualités qu'un capitaine doit absolument avoir. Ce sont :

1) Une connaissance complète de ses hommes, et ceci aussi bien au point de vue moral qu'au point de vue physique.

Il ne suffit pas, en effet, qu'il sache que X... dribble à la perfection, que Y... shoote bien ou que Z... arrête mal ; il faut encore qu'il connaisse leurs points faibles et comment il doit s'y prendre pour leur faire donner leur maximum.

C'est tout simplement de la psychologie, et quoique cette connaissance du cœur humain et des mobiles qui le font agir paraisse un peu déplacée sur un terrain de football, elle est nécessaire.

Il y a des joueurs au caractère difficile qui ne souffrent pas d'observations, si polies soient-elles, et qui « laissent ça là » lorsqu'on les invite à activer un tant soit peu.

Il en est d'autres qui, nerveux, se désespèrent quand on les secoue même légrement et commencent alors à faire faute sur faute, tandis qu'en les laissant tranquille-ment jouer ou en les encourageant gentiment, on ne leur eût rien enlevé de leur sang-froid.

Il y a aussi la catégorie des paresseux, qui ne donnent un coup de collier que contraints et forcés.

Un bon capitaine doit savoir tout cela, et surtout doit bien se garder de « hurler » tout le long de la partie.

Être capitaine ne consiste pas, comme beaucoup le pensent, à pousser sans cesse des cris à tort ou à travers. En criant ainsi, on rend les joueurs nerveux et on les décourage.

Il vaut mieux, sans tomber dans l'excès contraire, ne parler que le moins possible aux équipiers et, quand on le fait, de façon très nette et sans familiarité.

Il est des équipes où tout le monde crie ; ce sont de mauvaises équipes. Seul le capitaine doit être entendu, et encore le moins souvent possible.

2) Le capitaine doit aussi savoir si tel ou tel changement dans la disposition de son équipe ne serait pas susceptible de changer avec avantage la physionomie du jeu.

La chose, si elle est très délicate, mérite parfois d'être tentée, car dans certains cas désespérés elle fait tourner la chance.

Il faut, pour l'essayer, se rendre compte exactement, quand l'équipe ne marche pas et que les combinaisons avortent, si la cause de non-réussite n'est pas dans le mauvais jeu de tel ou tel des onze et estimer si, en le mettant dans une autre place où son action sera moins funeste et en le remplaçant par un autre, on ne pourrait pas rétablir l'équilibre perdu.

3) Enfin, et ceci est absolument néces-saire, le capitaine fait le jeu de l'équipe, et si ses hommes lui voient employer des manœuvres un peu déloyales, rien ne les empêchera d'en faire autant, bien au contraire, et même de les exagérer au besoin. »

A propos du gardien, les deux auteurs Gondouin et Jordan font un grand nombre de recommandations.

« ... Il est un principe qu'un bon gardien ne doit jamais oublier, c'est de ne jamais se servir de ses pieds quand il a le temps d'utiliser ses mains... Nous avons dit que le gardien de but ne devait jamais quitter ses poteaux : il est pourtant un cas où la prudence même l'oblige à le faire [lorsque] un avant ennemi s'étant échappé arrive tout seul à toute allure vers les buts... »

Et pour conclure :

« ... Le grand ennemi des gardiens de but est le froid qui peu à peu les envahit quand le ballon ne leur parvient que rarement. Et l'engourdissement qui en résulte peut leur enlever beaucoup de leur agilité et de leur sûreté.

Aussi ne doivent-ils pas craindre de s'habiller chaudement, sans toutefois porter des sweaters trop épais qui les engonceraient.

Certains d'entre eux portent des gants spéciaux en caoutchouc destinés à leur donner plus de précision quand ils saisissent ou boxent le ballon. Cette précaution n'est pas inutile, mais une simple paire de gants de laine ne laisse pas d'être de grand service quand le terrain est humide. »

(Le Football,
Ch. Gondouin et Jordan).

Les bidasses en folie

*Dessin en couleur,
non signé, paru à la
dernière page du supplément
illustré du Petit Journal,
le dimanche 4 mai 1902.
Le Petit Journal, vendu
cinq centimes, prétend avoir
« le plus fort tirage
du monde entier »
et cinq millions de lecteurs
chaque jour. Ses huit pages
grand format
sont imprimées sur
machine rotative chromo-typo
de Marinoni avec des encres
Lorilleux, chez M. Cassigneul,
imprimeur 61, rue Lafayette
à Paris.
En cette période 1902,
il publie deux feuilletons :
«Chanteuse des rues »
et « Le roi des milliards ».
Et, le samedi, son supplément
agricole populaire offre
les « cours très exacts » de tous
les produits mis en vente
sur les marchés français.
Cette scène de « Sport
Moderne dans l'Armée »
alias le football, en semelles
de cuir lisse et avec couvre-
chef, illustre la préhistoire
du ballon rond en France.
Ce n'est que deux ans
plus tard, le 1er mai 1904
à Bruxelles, que la première
équipe de France affrontera
la Belgique. Résultat : 3-3
avec une sélection formée
de Guichard-Verlet, Canelle-
G. Bilot, Davy, Ch. Bilot-
Mesnier, Royet, Garnier,
Cyprès, Filez.
Dans L'Auto l'ancien
joueur du Club Français
Ernest Weber, écrit :
« ... Nous entrons dans une ère
nouvelle.
Le Football Association sera
aussi goûté que le football-
rugby
... Le Football Association
est bien le sport
et le spectacle athlétique
de l'avenir, le futur sport
national français... »*

*Cartes postales, rares,
éditées en Fance, au début
du vingtième siècle
(années 20 ou 30)
par Tebehem à Paris,
dans une collection
« La Sonorine ». Il s'agit
d'aquarelles peintes à la main,
non signées, contrecollées
sur l'imprimé à remplir
et à timbrer, l'ensemble
étant intitulé phonocartes.*

Avec la naïveté farouche d'un fox

Joseph Jolinon, pionnier du sport universitaire, introduisit le football à l'université catholique de Lille en 1908.
Il écrivit le Joueur de balle, l'un des classiques du livre de sport, en 1914 et eut son manuscrit refusé
par cinq éditeurs avant de lui voir connaître un grand succès.
Le texte intégral que nous vous offrons parut en mai 1937 sous le titre le Football.
Il formait, avec seize photos en noir et blanc,
l'ensemble d'un petit album 18 x 13, numéro 5 de la revue mensuelle Mieux Vivre offerte par... Formule Jacquemaire
et distribuée par les pharmaciens. Il était superbe et prémonitoire.

AU désespoir des professeurs barbus de 1900, notre génération a joué le ballon. Il outrageait les programmes, cassait les vitres, ouvrait les fenêtres. Et nous filions à la suite de cette comète sonore, en la regardant comme un symbole. Elle nous consolait des mystères des racines grecques.

Cela nous valait des punitions qui renforçaient notre conviction. Pourquoi nous vouer à l'adoration perpétuelle d'une antiquité pleine d'athlètes modèles et de grand air, et nous punir d'arrêts de rigueur à la moindre tentative d'imitation ?

Aujourd'hui, cette génération ou ce qu'il en reste, à force de jouer en dépit de tout, a gagné la partie contre les barbus. Leurs successeurs viennent du même camp et l'Alma Mater se rend à l'évidence. La France battait le record des surmenés scolaires et de la mortalité de la jeunesse. On met sur pied de nouveaux programmes. Enfin, dirait-on, ce n'est pas trop tôt.

Mais que la jeunesse de demain le sache, elle doit ces changements à notre ballon.

C'est pourquoi je me permets de l'appeler la balle, avec un amour que rien n'altère. Et je veux parler de la balle ronde.

Si nous écartons la balle ovale du rugby, ce n'est fichtre pas qu'elle soit d'un commerce moins passionnant ou plus facile, c'est en vertu d'un pur principe. Cette cabocharde elliptique aux rebonds sournois manque, selon nous, de simplicité. La grande beauté ne zigzague pas.

En revanche, est-il rien au monde qui nous excite mieux, dès le berceau, qu'une balle ronde ! Existe-t-il un prétexte de mouvement qui nous sollicite avec plus de force et de naturel ? En est-il un qui nous laisse entrevoir plus de libertés ? En connaissez-vous un qui, sous les apparences d'une plus enfantine facilité, nous propose par la suite autant de problèmes, nous oppose autant de difficultés, nous

invite aussi royalement à des progrès si continus ? Tant pis si je déraille, mais j'y vois, pour ma part, la plus éblouissante chanson de gestes qu'on puisse tirer du corps humain. Qu'on se souvienne du jonglage de Rastelli.

C'est probablement parce qu'elle est de nature simple et droite et généreuse, parce qu'elle unit l'extrême docilité à l'exigence extrême, parce qu'elle se prête à la fois à la gaucherie des bébés, aux erreurs fougueuses des débutants, à la décision inexorable du praticien de profession, que la balle ronde est une reine universelle.

Quant au football, c'est une invention dont les créateurs eurent du génie, puisqu'ils en firent un chef-d'œuvre, toute plaisanterie mise à part. On oublie trop d'y réfléchir.

Cette conception des trois lignes stratégiques élémentaires, attaque, liaison, défense, ne permettra jamais au logicien le plus rigoureux de trouver quoi que ce soit de plus décisif.

Il suffit de voir pareille formule traduite par deux équipes de onze hommes disposés en échiquier sur un terrain normal, pour comprendre non seulement qu'elle réalise la synthèse indispensable d'un tournoi collectif, calculé à notre échelle, non seulement le maximum de combinaisons variées, mais aussi qu'elle permet, en raison même de l'intervalle justement proportionné qui sépare les équipiers, le maximum de détente violente et de clarté spectaculaire.

Ensuite, il est évident que non seulement chaque ligne d'action réclame un tempérament nerveux tout différent, mais aussi que chaque poste de chaque ligne exige des qualités nettement distinctes. Il est pour chaque joueur une fonction-type, et tous ont la faculté de briller comme autant de vedettes égales. Si cette harmonie profonde satisfait à ce point l'esprit, ce n'est pas seulement qu'elle réalise l'idéal

des sports d'équipe, c'est qu'elle répond souverainement, selon nous, aux notions mêmes de la beauté.

De là, son succès sans cesse accru. Quand tout périclite en désarroi, le football refuse du monde et ramasse l'argent à la pelle. Il sert de vêpres aux multitudes et nous a tout l'air de justifier les prévisions de ceux qui croient qu'à l'époque des cathédrales va succéder celle des stades. Nul doute que dans un proche avenir, si les dieux martiaux nous fichent la paix, le football et le sport dans son ensemble, grâce aux loisirs forcés que nous devrons fatalement aux progrès des sciences et de la technique, ne deviennent l'un des phénomènes sociaux marquants du siècle, ceux qui entraînent des changements de mœurs.

De tous les spectacles offerts aux multitudes de demain, lequel réunira dans une atmosphère plus tonique à la fois et plus vibrante, un plus grand nombre de gens de toutes classes et de toutes nations, communiant de façon plus familière, y compris les disputes, bien entendu ? Je lève le doigt pour le football.

La seule réserve à formuler serait de déplorer philosophiquement la perversion de l'ancien esprit sportif, due aux excès de ce métier d'un nouveau genre. C'était fatal également. On souhaiterait pourtant moins de cynisme. La semaine dernière, à l'issue d'un match, j'interrogeais un équipier. Voici l'enthousiasme de sa réponse :

« Tant de mille francs de plus en caisse. Record de recette encore battu. »

Alors je pris un petit ballon et je m'amusai avec mon chien.

Parce que la joie de la balle est là.

Il s'agit principalement de l'aimer avec la naïveté farouche d'un fox.

(Le Football,
par Joseph Jolinon)

La leçon du demi-aile

Henry de Montherlant, illustrissime flambeau de la littérature du siècle, écrivit les Olympiques en 1924. Les Onze devant la Porte Dorée d'où est extrait ce court texte forment la Deuxième Olympique, éditée chez Grasset dans la collection « Cahiers Verts » avant d'être réunis à la Première Olympique, Le Paradis à l'Ombre des Epées, in-extenso en 1926 chez le même éditeur. Henri de Montherlant a joué au football. Il en a retenu la leçon du demi-aile.

« ...*Le demi-aile.* — Tu sais que d'ordinaire, quand on fait une rentrée en touche, on feint de lancer la balle à un de ses équipiers de façon à concentrer sur lui l'attention de l'adversaire, et, vivement, on sert à un autre qui est démarqué. C'est un des poncifs — un peu puérils — de la tactique. Alors, moi, je lève la balle, fixe dans les yeux Beyssac et puis... la lance à Beyssac. Quel désordre chez les Lions Rouges ! Ils avaient marqué tout le monde sauf lui. Eh bien, devant cette petite ruse, je me souvenais d'une phrase d'Aristote. C'est surtout quand nous paraissons innover qu'il faut nous sentir étayés par le passé. Je n'aime si parfaitement ce que nous faisons ici que pour le savoir justifié par l'opinion des hommes anciens. Je me réfère constamment à eux, et, si je nous trouve d'accord, vais de l'avant avec une âme en paix. Donc Aristote demande à la gymnastique de créer « un esprit fertile en stratagèmes, une âme hardie et prudente, entreprenante et acceptante ». N'est-ce pas cela même que donne notre foot ?

Peyrony. — Ce qui me frappe surtout, c'est qu'Aristote ne demande à la gymnastique que de créer des qualités morales.

Le demi-aile. — C'est vrai, je n'y avais même pas pris garde. Et ce texte contient un mot de toute beauté : une âme *acceptante.* Pendant une heure et demie de jeu, qu'ai-je fait sinon accepter ? Accepter d'un cœur mâle et libre, c'est-à-dire consentir avec regret et en approuvant. J'ai accepté que le soleil se cachât lorsqu'il eût gêné nos adversaires, pour se montrer quand c'était nous qu'il gênait. J'ai accepté de faire ma partie dans des combinaisons de jeu que je jugeais vouées à l'échec, comme ton Labbé et ton Anglais acceptaient ta tactique en la condamnant. J'ai accepté des efforts et des fatigues que je savais inutiles, comme de poursuivre un homme plus vite que moi, pour la seule satisfaction morale d'avoir tenté tout ce qui pouvait être tenté. J'ai accepté que Beyssac rentrât un but, se fît serrer la main, reçût des sourires des dames et eût son nom au bulletin du club, quand c'était moi et moi seul qui, par un déplacement du jeu, lui avait permis de marquer. J'ai accepté dix fois que l'arbitre jugeât à notre détriment, et je n'ai rien dit ; s'il m'est arrivé une fois de protester, Ramondou m'a fait taire : « Silence sur le terrain ! » Ramondou a dix-huit ans, j'en ai vingt-cinq, et j'ai accepté sa brusquerie un peu désinvolte parce qu'en regard de la justice j'avais raison, mais qu'en regard du jeu j'avais tort, et c'est bien ici qu'il faut redire après Gœthe : « J'aime mieux une injustice qu'un désordre. » J'ai accepté mes lacunes, que pendant une heure et demie j'ai mesurées, ah ! je t'assure, sans que rien m'en soit caché. Je sais que je manque de souffle, que je me laisse prendre le ballon, que je n'ai pas le coup de pied précis. Je sais que je suis le siège d'une puissance aussi mystérieuse que l'électricité ou le génie, la *forme,* qui vient, s'en va, revient, sans raison et en dehors de toute règle connue, qui me donne à dix heures la plénitude d'un demi-dieu et me fauche les jambes à onze heures et demie, qui renaît soudain du fond d'un brisement total, qui disparaît pendant des jours au plus fort d'un entraînement, à croire qu'il y a vraiment une *âme du corps* indépendante de l'autre ; et je regarde à l'intérieur de moi cette personne vivante, étrangère, et qui est moi-même et sur laquelle je me puis rien. Je sais cela, je l'accepte et ainsi faisons-nous tous. Nous sommes de l'équipe troisième, ce qui signifie ouvertement que nous jouons mieux que l'équipe quatrième et moins bien que l'équipe seconde : nous savons cela de l'équipe comme chacun de nous sait que tel ou tel, peut-être plus jeune et plus nouveau dans le jeu que lui, est meilleur joueur que lui ; et connaître ici sa valeur, connaître ici sa place, c'est une préparation à connaître la valeur et la place de toutes choses... »

(Henry de Montherlant, *Les Olympiques*).

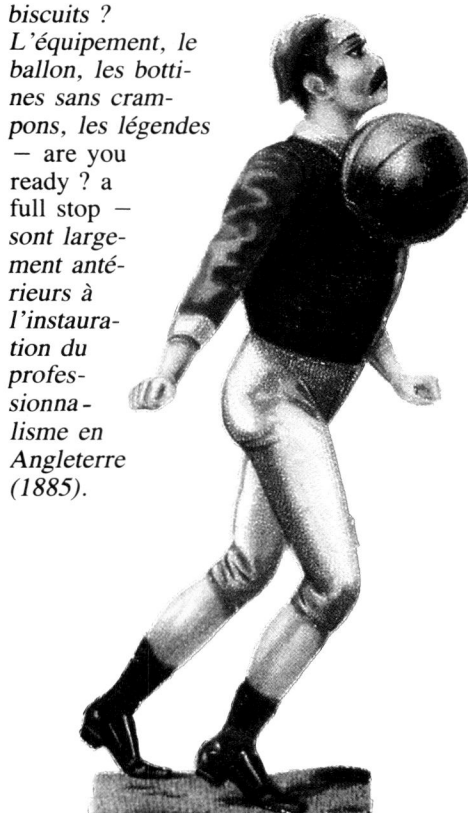

Figurines anglaises du milieu du XIXe siècle distribuées probablement par une firme commerciale. Dans des boîtes de biscuits ? L'équipement, le ballon, les bottines sans crampons, les légendes — are you ready ? a full stop — sont largement antérieurs à l'instauration du professionnalisme en Angleterre (1885).

COUPE

Certains champions courent pendant vingt ans, sans jamais le rattraper, après un doublé. D'autres viennent du néant pour récolter aussitôt du nanan. On les appelle fils du ciel, enfants du soleil, chéris des demoiselles. Celles du Lido trouvèrent à Philippe Fargeon, du corps, de la cuisse et de belles dents. Elles ne se souvenaient pas en avoir vu un aussi joyeux depuis longtemps.

De tous les Girondins ayant imprégné l'histoire, de Gallice à Giresse en passant par Artigas, aucun, jamais, n'égalera Philippe Fargeon, l'homme des montagnes envoyé en Aquitaine, le croquemitaine lancé en campagne.

Karl-Heinz Förster le géant, sur sa route, a rencontré un pur-sang, un sauvage, un ardent. On n'en avait pas vu de pareil depuis Adam. C'est bien pourquoi les Bordelais, au sein de leurs chais, ont fait une place de choix au cru Fargeon Champion.

Sur un air
de tapioca

Entre une Coupe et un Championnat, il existait, autrefois, la différence que l'on retrouve entre un lapin à la moutarde et un pot-au-feu. Encore qu'on puisse ajouter de la moutarde sur sa macreuse et glisser un oreillard, ce qui est beaucoup plus rare, dans un fait-tout. Mais, en football, les manières étaient tranchées. Le champion était le plus solide, le plus régulier, le meilleur, en un mot. Le vainqueur de la Coupe présentait un profil beaucoup moins classique, soit sanguin de tempérament, soit très marlou de comportement, soit mystérieusement coordonné par des fils invisibles, soit encore habité par une chance défiant le diable et ses adjoints. On assistait alors, sur le temps classique d'un match, d'une finale, à d'étonnantes oppositions, à des embrasements phénoménaux. On vivait le jeu de football dans sa vérité instinctive du moment. On en profitait bien.

Il arrivait aussi qu'une équipe possédât le sens du pot-au-feu et le tournemain du lapin à la moutarde. Elle gagnait donc les deux, ce qui n'était pas courant et l'on en tirait la conclusion assez logique qu'elle était largement supérieure aux autres. Dans ce registre, le Reims 1958 d'Albert Batteux (sept points d'avance sur Nîmes en championnat, 3-1 en finale sur Nîmes) et le Saint-Etienne 1970 du même Albert Batteux (onze points d'avance sur Marseille en championnat, 5-0 sur Nantes en finale), figuraient au rayon des intouchables. Peut-on affirmer que le Bordeaux 1987 d'Aimé Jacquet, auteur du doublé et demi-finaliste de la C_2 de surcroît, est le petit frère de sang de ces équipes prestigieuses ? Il nous semble que non, encore que nous puissions nous tromper comme l'on peut s'égarer sur la nature d'un vin ou la véritable richesse d'un mets nouveau. Affaire de goût et de sentiment, à adapter à l'affirmation d'Aimé Jacquet selon laquelle (*France-Football*, 14.7.1987) « le spectacle, ça n'existe pas en football. Il y a spectacle quand on gagne ».

On peut répliquer à l'entraîneur girondin que « la poésie est la manière la plus juste d'approcher le réel » et qu'à moins d'être un joyeux impé-nitent qui s'amuse aux enterrements, il est quelques matches de la saison 86-87 qu'on peut passer au bilan des pertes.

Chaque équipe possède ou choisit ses valeurs propres. Celles-ci, issues d'un peuple, d'une culture, d'une région, répondent le plus souvent à une aspiration générale. Répondaient plutôt. Car un phénomène de bascule est en train de se produire. Plus personne ou presque, parmi les techniciens, ne se réfère à une joie collective, à un absolu, et ne songe à atteindre la plénitude par le beau et la victoire par le don de soi. D'ailleurs, de plus en plus, ainsi qu'on le souligne dans tous les secteurs de la société actuelle, le credo des décideurs est qu'il n'existe plus aucune sorte d'absolu.

A ceux donc qui cherchent « une harmonie entre la machine et la nature », nous dirons qu'ils doivent encore attendre pour la percevoir au niveau du football. Ils ont déjà la machine. Ils retrouveront peut-être la nature s'ils préfèrent être des conservateurs de traditions plutôt que des consommateurs à poil ras.

Pour gagner la Coupe en même temps que le Championnat, Bordeaux appliqua donc sa politique de fer. Sa rigueur voulue et démontrée. Il exposa son profil régulier. Et il ne manqua pas de réussite, passant à travers les gouttes en quart de finale contre Lille et en demi-finale contre Alès avant de s'imposer sans panache particulier contre Marseille au Parc des Princes.

La formule par matches aller et retour, des seizièmes aux demi-finales, autorisait ce genre de parcours adroitement négocié. Sans coups de génie et sans coups de cœur. Il est d'ailleurs question, grâce aux conséquences financièrement heureuses des contrats passés par le football français avec la télévision (vingt milliards de centimes pour la saison prochaine) de revenir à la formule ancienne d'élimination directe, afin d'alléger le calendrier.

Ce serait une heureuse initiative et la meilleure manière, sans doute, de ne plus voir la Coupe de France se jouer sur un air de tapioca.

Sept et quatre font tilt

Les trente-deuxièmes de finale, avec l'entrée en lice des clubs de division I — qui ont laissé passer huit tours pour permettre aux petits de réduire leur abondante troupe — font partie de la mythologie de l'épreuve. On y a vu, en trois quarts de siècle ou presque (1987 est la soixante-dixième édition), toute la panoplie des surprises possibles et des combats gagnés par les David de campagne contre les Goliath des cités.

Pour éviter les coups de Trafalgar et les coups de Jarnac, les clubs de division I ont bien essayé d'infléchir la volonté du pouvoir fédéral et de ne plus avoir à s'entretuer dès ce tour-là. On ne le leur a pas accordé et, en 1987 comme lors des années précédentes, on a vu cinq d'entre eux se faire fusiller par leurs copains de l'élite et deux autres se faire aligner par des affamés de l'étage du dessous. Sept clubs de division I éliminés devant l'apéritif, on vit des présidents virer au pourpre avec le pique-olive planté au fond de la gorge. N'avaient pas prévu l'événement dans leur budget. Ecriraient au bureau des réclamations.

Certains n'avaient pas eu de chance. Tomber sur Bordeaux au premier tour, quand on rêve de grandeur et que l'on marche sur ses supports-chaussettes en championnat, n'est pas une sinécure, par exemple. Thierry Tusseau, passé de Bordeaux au Racing Club de Paris, était pourtant optimiste pour son nouveau club. On était au mois de mars 1987 et les Girondins revenaient de Tbilissi, vainqueurs de leur quart de finale européen contre Torpedo, mais tout mâchés par les coups et les efforts. « Un des ces quatre matins, ils vont craquer, c'est sûr. Leur jeu collectif va s'effilocher. Et puis, les défaillances individuelles vont suivre. »

Bordeaux n'avait pas craqué et, au contraire, bouclé le Racing dans ses rets avec un milieu de terrain Rohr-Girard-Roche-Tigana et trois buts à la clé (3-1, buts de Fargeon, 9e, 80e et de Battiston, 45e, sur penalty contre un de Littbarski, 15e). « Bordeaux joue sur les trois tableaux du championnat, de la Coupe et de la C2, conformément aux habitudes de la maison », précisait Aimé Jacquet.

Toulouse s'était logiquement imposé à Toulon en voie de rénovation (2-0, Ruty, 48e ; Stopyra, 59e), Paris-Saint-Germain le traumatisé s'était penché durement sur son établi pour raboter Nancy (2-0, Sène, 64e ; Rabat, 73e), Lens avait balayé le Havre en une mi-temps grâce à un William Njo Lea atomique (3-0, Njo Lea, 12e, 27e, 38e) et le Brest de Kéruzoré avait eu besoin des coups de pied au but pour abattre les Nantais en mal de réalisme offensif (1-1, Burruchaga, 18e ; Le Guen, 72e ; 4 penalties à 2).

Ces cinq éliminés de division I étaient écrits. Mais deux autres ne l'étaient pas, assassinés qu'ils allaient être par deux clubs de deuxième division. Metz tombait devant Reims, à Troyes, troublé par le marquage individuel sévère sur Micchiche et Zénier, et par l'énergie débordante des joueurs champenois (1-2, Badjika, 34e sur penalty ; Gianetta, 50e ; Bracconi, 53e). Et Sochaux s'inclinait devant Mulhouse, au bout de cent vingt minutes, après avoir mené la danse pendant la première heure (1-2, Sundstrup, 32e ; Glassmann, 66e sur penalty ; Diringer, 98e).

Cinq plus deux, cela faisait sept. Un tour plus tard, au terme des seizièmes, cela faisait onze clubs de division I, plus de la moitié de l'élite, réexpédiés à leurs études.

Monaco éliminait Nice en deux manches sèches (2-0, Ferratge, 77e ; Bijotat, 84e ; 3-0, Da Fonseca, 54e ; Bijotat, 60e ; Lerby, 84e) et Laval dominait le condamné Rennes (1-1, 5-3, trois buts d'Audrain au retour, deux de Delamontagne sur les deux matches).

Paris S.-G., dans un Parc des Princes vide (5 000 spectateurs), ne réussissait pas à marquer un seul but au R.C. Strasbourg de Robert Herbin et recevait en Alsace le dividende de son incapacité (0-1, Barraja, 70e). Le discours de Francis Borelli, celui-ci très attaché à la Coupe de France, se faisait dur. La réaction de Gérard Houllier était nette : « Ce match-retour a confirmé mes doutes. Nous devrons faire appel à des joueurs qui s'investissent dans le club. » Il n'ajoutait pas, « au lieu de joueurs qui investissent en Bourse », mais c'est

un peu ce que cela voulait dire.

Saint-Etienne, en bataille pour son maintien dans une toute petite ambiance à Geoffroy-Guichard (3 397 spectateurs), ne marquait qu'un seul but (1-0, David, 87e) à une équipe de Martigues qui comptait dans ses rangs quelques vieux briscards, Boubacar et Devillechabrolle notamment. Au retour, avec une défense de vingt-deux ans de moyenne d'âge (Courrault-Dafreville-David-Ferri), les Verts se faisaient étrangler en deux minutes (2-0, Martin, 32e ; Knayer, 34e). Ils ne versaient pas une larme, très satisfaits d'une élimination qui libérait leurs forces pour le championnat et ne leur coûtait, disaient-ils, pas un sou puisque « la Coupe ne rapporte rien ».

Cette opinion, partagée par Daniel Hechter, (nouveau patron de Strasbourg après avoir été, dans l'ancien temps, celui de Paris S.-G.), ne l'était pas pour tous. Marseille avait attiré 16 587 spectateurs pour son match-aller contre Cannes (1,13 million de recette), Gueugnon 10 171 pour accueillir Bordeaux et Baume-les-Dames à peu près autant pour se faire dynamiter par Auxerre (0-5, 0-5).

L'important eût été que chacun soit heureux mais les Gueugnonnais ne l'étaient guère, persuadés que l'arbitrage de M. Veniel les avaient empêchés, au match-retour de leur seizième de finale, de troubler encore plus les Girondins. Ceux-ci, tenus en échec chez leurs adversaires (0-0), tenus encore en échec à la mi-temps chez eux (0-0), avaient tardé à exprimer leur supériorité supposée (3-1, Fargeon, 49e ; Ferreri, 54e ; Touré, 87e sur penalty ; Perche, 58e sur penalty). Mais ils étaient toujours debout !

« Pas de bol, se dit Jeannol. Je préférais le rock and roll. »

La cigogne s'habille chez Hechter

Avec les huitièmes de finale commencent les choses sérieuses, et le développement des appétits. En sept matches et sept semaines (du 21 avril, date des huitièmes aller au 10 juin, date de la finale), la Coupe de France se joue en accéléré, comme sur un manège de montagnes russes. Il y faut un cœur bien accroché, une peau imperméable et un moral de gagneur. Il y faut surtout un regard clair et l'habileté à saisir les occasions.

Le Racing Club de Strasbourg, qui avait commencé la saison 86-87 avec un comité de gestion présidé par M. Wuillaume et une équipe dirigée par l'ancien international Francis Piasecki, a changé radicalement de têtes et, forcément, d'orientation. Daniel Hechter, le célèbre couturier qui lança Paris S.-G., souhaitait revenir dans le football après avoir gagné sa réintégration (il était suspendu à vie dans l'affaire de la double billetterie) devant le Conseil d'Etat. Il avait eu des contacts, non concrétisés, avec Laval et Toulouse. Il était donc disponible. Quand Strasbourg s'est retrouvé seizième du groupe A de division II et qu'il eût limogé Piasecki pour le remplacer par Zix, M. André Bord, ancien ministre et président général du Racing, a rencontré Daniel Hechter Lequel a été très clair : « Si je viens, c'est comme patron. Le pouvoir est quelque chose qui ne se partage pas. »

En prenant le pouvoir, dès le début du mois de septembre 1986, Hechter amène avec lui Jean-Pierre Dogliani qui sera son général-parachutiste, chargé de la mise en forme de l'ensemble et Robert Herbin, l'homme des sables arabiques, comme entraîneur. Le Sphinx n'a pas changé d'idées : une équipe a besoin d'une unité, d'un style et d'un environnement pour faire des résultats. A la trêve, le Racing est remonté à la neuvième place. Il s'y ancre à titre définitif, trop loin des meneurs pour espérer un miracle. Mais il y a la Coupe, une épreuve chère à Herbin qui l'a gagnée trois fois comme joueur (1962, 1968, 1970) et trois fois comme entraîneur (1974, 1975, 1977), les six avec Saint-Etienne.

Le Racing de Strasbourg, on l'a vu, a déjà éliminé Paris S.-G. avec une équipe formée de Flucklinger-Gousset, Vogel, Simon, Barraja-Andrieux, Cobos, Etamé, Niesser-Siegmann, Reichert et grâce au pied gauche magique de Barraja sur coup franc.

L'adversaire du Racing, en huitième de finale, est l'épouvantail toulousain, une équipe rodée aux rudes réalités européennes et dont la valeur collective semble la mettre à l'abri d'un accident fâcheux. Mais il existe entre Strasbourg et Toulouse, entre Herbin et Santini, des affinités et des tendances « vertes », des dominantes et des contrepoisons connus de l'un et de l'autre. Il existe surtout, acquise en quelques mois, une solide réalité alsacienne qui place l'adversaire toulousain du Racing devant un problème. Celui d'une équipe jeune (neuf des treize joueurs du match-aller formés au club), solidaire, enthousiaste, bien organisée, efficace. Devant 13 000 spectateurs, et malgré le handicap d'un but toulousain trop tôt venu et vraisemblablement hors jeu (Stopyra, 8e), le Racing de Herbin s'impose à domicile en marquant deux buts par Rolling (45e) et encore Barraja (77e).

L'éclosion de Frank Rolling sous le numéro 6 est de celles qui peuvent réjouir un entraîneur. Car il n'a que dix-huit ans et vient de jouer, contre le Téfécé, son deuxième match professionnel. Mais Herbin n'est qu'à moitié satisfait : « Notre première mi-temps a été nettement insuffisante, notre seconde plus entreprenante, même si nous n'avons pas véritablement dominé cette formation toulousaine qui nous est supérieure. Heureusement pour nous, Jean-Philippe Durand ne jouait pas. J'espère qu'il aura la bonne idée de ne pas se rétablir avant le match-retour. »

Durand n'est pas de la soirée, le 6 mai 1987. Et Herbin aligne son groupe habituel, avec Jenner arrière droit, Rolling au milieu (il sortira à la 51e minute) et Mazerand en attaque avec Reichert. Le Téfécé est rapidement maître du jeu, plus posé, plus scientifique que son jeune adversaire. Il mène 1-0, grâce à Passi (10e) puis 2-0, grâce à une tête d'Assadourian (51e). Il a, faut-il le préciser, pleinement l'affaire en main.

Mais le Téfécé, aussi brillant soit-il et Dieu sait s'il peut l'être, est un vagabond de l'âme. Déjà, à Moscou, avec trois buts d'avance sur le Spartak (3-1 à l'aller, 1-0 à la 7e minute du retour), il s'est laissé remonter au score sans n'avoir jamais été réellement écrasé (1-5 final) dans l'expression du jeu. Contre Strasbourg, il compte les lucioles, admire les étoiles, laisse filer Jenner pour un premier but alsacien (63e) puis abandonne Andrieux pour une égalisation de la tête (68e). Il panique tant et si bien, alors, que Reichert s'offre une charge de Reischoffen (victorieuse, celle-là) sur quarante mètres et permet à son équipe strasbourgeoise de s'offrir la victoire (3-2) et la qualification.

Santini parle de « relâchement coupable », Herbin de « nouvel exploit », les médias d'incroyable surprise. Il y avait trente rencontres que les Toulousains n'avaient pas été battus chez eux.

Strasbourg n'est pas le seul survivant de division II. Alès, vainqueur de Tours (3-1, 0-1) et Reims, supérieur à Martigues (0-1, 2-0), l'accompagnent pour y retrouver cinq grands méchants loups dont on ne sait pas encore s'ils ont tous de grandes dents.

Le plus méritant de ces favoris à titres divers est évidemment Bordeaux qui, au retour de Leipzig (élimination aux tirs au but devant Lokomotiv, en C2), devait affronter Monaco en match-aller sans Specht, sans Battiston, sans Rohr, avec la tête embuée et les mollets durs. Le débat sur l'accumulation des matches et la lassitude de fin de saison bat alors son plein car l'équipe de France, appelée à rencontrer l'Islande, récupère des joueurs qui tiennent avec des rustines et des élastiques. Le médecin de l'équipe de France, le docteur Vrillac, prend en exemple le cas des internationaux girondins (17 matches officiels en 56 jours) pour souligner qu'il « n'est jamais raisonnable de faire jouer plus d'un match par semaine parce qu'il a été prouvé, à partir des courbes d'excitabilité nerveuse et musculaire, qu'il faut plus de quatre jours à un joueur pour récupérer totalement d'un match ».

La grande force de Bordeaux, en 86-87, est de savoir parfaitement gérer son potentiel physique et technique. Contre Monaco, avec Lassagne arrière gauche, Zoran Vujovic stoppeur et un milieu de terrain Touré-Ferreri-Tigana-Girard, l'équipe girondine met près d'une heure à trouver la solution contre Monaco dont le jeu habile et un peu lent la gêne traditionnellement. Elle y est grandement aidée par deux erreurs défensives monégasques : contre de Roche sur Bravo au milieu du terrain, relais de Tigana, frappe de vingt-cinq mètres de Touré (53e, 1-0) ; passe manquée de Bellone, échappée de Touré, tir de Zlatko Vujovic sous la barre (66e, 2-0).

Avec deux buts d'avance, on ne revoit pas les Girondins, surtout quand ils en inscrivent un troisième au match-retour (Zlatko Vujovic, 46e), qu'il vous manque un homme comme Lerby et que le mauvais état du terrain vous gâche quelques initiatives. Les Girondins, bien que battus (1-2, Busk, 48e ; Bravo, 78e), coupent les songes des Monégasques et du Prince, même s'ils ne coupent pas à coeur.

Laval, après avoir connu la déception d'une défaite à domicile devant Brest (0-1, Bouquet, 85e), s'en va en Armorique porter sa Mayennaise (2-1, Audrain, 27e ; Dogon, 78e ; Collecter, 65e). Marseille balaie Lyon au Stade-Vélodrome (3-0, Cubaynes, 37e, 82e ; Papin 48e sur penalty) et bloque le Mistral à Gerland (2-2). Lens passe huit buts à Périgueux (4-0 en visite, 4-2 en Pas-de-Calais). Et Lille, impressionnant de puissance et d'efficacité, écarte Auxerre avec un brin de réussite, réussissant à la dernière minute du match-aller à se donner un avantage décisif (3-0, Meudic, 44e, sur penalty ; Garcia, 70e ; Lacombe, 90e) et à exploiter le premier contre qui s'offre à lui chez l'Abbé Deschamps, alors que son adversaire plane sur le score de 2-0 (2-2 final, Roger Boli, 12e ; Vahirua, 51e ; Mobati, 60e ; Didaux, 66e).

Le dogue a faim mais il n'a qu'un œil

Le Lille Olympique Sporting Club, le L.O.S.C. quoi, est l'un des clubs les plus chargés de gloire de tout l'hexagone. Il a gagné cinq Coupes de France (1946, 1947, 1948, 1953, 1955), il a joué trois autres finales (1939, 1945, 1949), il a réalisé un doublé (1946), a été le premier champion de France professionnel sous le nom d'Olympique Lillois (1933), enlevé un troisième titre (1954), drainé avec lui toute une région pendant un quart de siècle. Le L.O.S.C. était un flambeau. Par la faute du temps, de la récession économique et des résultats, il a baissé la lumière, s'est adapté, a lutté. Mais on sent constamment, chez lui, un cœur de dogue (son emblème) qui bat. Il ne faudrait pas grand-chose, un élan, une étoile qui naît, un soutien franc et massif pour que renaisse soudain la flamme d'antan.

Le L.O.S.C., en 86-87, a réalisé un gros effort, en se tournant vers la Belgique pour aller chercher deux internationaux de renom : Erwin Vandenbergh, l'une des étoiles d'Anderlecht et Philippe Desmet, le Taureau de Waregem. Le courant est naturel entre ces deux régions de Flandre que sépare une frontière artificielle. Charly Samoy lui-même, après avoir été longtemps le pilier du L.O.S.C. et avant d'y revenir comme dirigeant, était allé porter les couleurs de Mouscron. Il en a gardé un bon souvenir. En échange, beaucoup de spectateurs belges viennent régulièrement soutenir l'équipe française au Stade Henri-Jooris. Lors de la venue de l'O.M. six mois plus tôt, ils étaient plus de quatre mille, Desmet s'étant chargé personnellement de vendre huit cent cinquante places à ses amis-supporters de Waregem.

L'équipe du L.O.S.C. joue donc, en 86-87, à la belge, son entraîneur Georges Heylens tentant pour la troisième saison consécutive de stabiliser son groupe de jeunes talentueux qui, régulièrement, oublie en route un principe fondamental. Le L.O.S.C. est bon le dos au mur mais il pleure bien mieux que le merle moqueur quand il croit toucher au but.

La perspective d'affronter Bordeaux en quart de finale de la Coupe ne panique pas du tout les

Ah, dis-donc, Didaux, comment tu détales !
Didaux détalait, le L.O.S.C. dévalait et Bordeaux,
finalement, brisait sa destinée (Didaux contre le
capitaine du Red Star, Thierry Morin).

Lillois, bien au contraire. Ils aiment les événements relevés, comme la plupart des footballeurs. Et, avec la venue de Félix Lacuesta, l'un des hommes de l'aventure bastiaise en 1977-78, ils ont trouvé un équilibre nettement plus marqué que par le passé. Sans oublier que, deux ans plus tôt, ils ont fait sauter les Girondins à la corde, en Coupe justement.

A Bordeaux, le L.O.S.C. ouvre le score par Thomas, dès l'entame de la rencontre (7e minute). C'est un déclic idéal pour les Lillois encouragés d'instinct à manier la truelle et le ciment pour se construire une digue incontournable. A ce jeu, il arrive que l'outil dévie de sa trajectoire et qu'il accroche une patte ou une aile d'un oiseau de passage. Deux penalties sanctionnent ces maladresses ouvrières et provoquent deux buts girondins (Touré, 36e, 71e) assortis d'un troisième marqué, d'un tir de vingt mètres, par Vercruysse (45e).

A 3-1, les Girondins semblent à l'abri. Tellement même que l'on parle de choses et d'autres, du transfert prochain de Péan en Aquitaine, par exemple, et de la venue possible de Vercruysse dans la cité du nord.

Le match-retour a beaucoup de succès (25 000 spectateurs). Et il en aurait encore plus si les Lillois réussissaient à concrétiser les occasions qui s'offrent à Didaux (31e), à Garcia (32e) et surtout à Desmet (40e) en première mi-temps, à Mobati (51e, 52e) à l'amorce de la deuxième. Les Bordelais constatent tout ce gâchis et, à la 56e, autorisent Vercruysse à montrer ce dont ils sont capables sous la forme d'une passe limpide à Zlatko Vujovic et d'un but du Yougoslave dans la foulée.

Pour être éliminés, les Lillois le sont. Mais les Dogues de 1987, s'ils ne voient que d'un œil, ne sont jamais tout à fait morts et ils mordent encore. Dans un final étourdissant, ils se créent une couronne d'occasions, marquent deux buts (Desmet, 85e sur penalty ; Mobati, 87e) et sont au quart du dizième d'un poil de chien d'en inscrire un troisième. « J'ai eu très, très peur », dira Jacquet.

Les Lensois sont dans la même situation générale que les Lillois, en un peu plus brillants puisqu'ils disputent une coupe européenne de temps à autre et s'en montrent toujours dignes. Mais la fermeture des puits de mines, l'appauvrissement de la région, le grand nombre des chômeurs ont entravé l'épanouissement du Racing. Le superbe stade Bollaert n'abritait que 2 378 spectateurs pour le huitième de finale contre Périgueux. Une misère. C'est en partie pour cela, en partie pour l'aventure sportive et, en partie, naturellement, pour l'argent que Philippe Vercruysse, le champion du club, s'en est allé porter un maillot marine. Le Racing, qui a transféré également Xuereb à Paris, s'est adapté à ces conditions imposées, faisant jouer parfois dix joueurs formés au club dont cinq stagiaires.

Mais le Racing lensois, comme le L.O.S.C., garde sa tradition dans l'expression du jeu.

Il est ardent, généreux et n'est pas loin, dans la première mi-temps de son match-aller de quart de finale contre l'O.M., de marquer deux buts, notamment sur un centre-tir de Catalano repoussé *in extremis* par Bell (30e), une tête de Hochart enrayée sur sa ligne (ou derrière ?) par le même Bell (37e) et un tir croisé de Lefebvre repoussé sur la ligne de but marseillaise par Galtier (41e).

Mais l'O.M. passe sous les gouttes sans se mouiller. Mieux même (pour lui), le grand Cubaynes, entré un quart d'heure avant la fin à la place de Benoît, déclenche dans les dernières secondes, à la reprise d'une balle venue sur corner, un coup de tête-catapulte victorieux.

Ce but un peu tiré par les cheveux, c'est le cas de le dire, est le seul des deux confrontations, Lens étant incapable, malgré son attaque Njo Lea-Tobollik, de faire tourner le compteur au tableau d'affichage et l'O.M. se contentant de son acquis.

Bordeaux et Marseille étant qualifiés, on est impatient de connaître les noms des deux autres demi-finalistes à choisir, d'un côté entre Laval et Reims, de l'autre entre Alès et Strasbourg. Les esprits logiques ont leur conclusion en poche. Ils ont tort.

Les Lavallois de Le Milinaire, emmenés de bril-

Diallo, ce n'est pas de la menthe à l'eau. Mais du concentré de virtuosité servi à chaud. D'ailleurs, les défenseurs lui disent souvent : « Chapeau, Diallo. » Sauf quelques-uns qui l'assaisonnent sans dire un mot (O.M.-Reims, Cartelier et Prince, n° 4).

lante manière, sur le plan offensif, par Youm et Audrain, font un festival à domicile mais ils ne marquent qu'un but (Audrain, 45e), se heurtent à un gardien rémois, Mary, en état de grâce et conjuguent maladresses et malchance. Supérieurs aux Rémois dans bien des domaines, il leur reste à le démontrer. Mais ils n'y parviennent pas au retour en Champagne, devant 20 600 spectateurs. Et ils encaissent un but de Calderaro (69e), sur l'une des rares attaques cohérentes de leur adversaire. Mary recommençant son cirque d'invincible, l'affaire va aux cent vingt minutes, puis aux coups de pied au but. Cette séance est fatale aux Lavallois, battus par trois à quatre. Et déçus !

Alès, quant à lui, avec sa vaillance, sa flamme et un niveau de jeu de qualité, marque deux buts aux Strasbourgeois dans son antre cévenol, son entraîneur Lavagne estimant d'ailleurs que « ce n'est pas cher payé » : par Cristol (23e) et par Martinez (68e).

Strasbourg ne se fait plus trop d'illusions. Secoué en plusieurs circonstances lors du match-retour (Chanfreuil, 48e ; Amouyal, 50e), l'équipe alsacienne marque un but insuffisant (1-0, Mazerand, 68e) et laisse s'envoler Alès vers son bonheur de demi-finaliste. Un bonheur partagé par Jean Sadoul dont on sait les origines et la fidélité qui le lie à son club de toujours.

L'O.M. pique et Bordeaux coud

Une finale Bordeaux-Marseille fait rêver tant elle serait chargée, dans la situation présente, de piment. Mais elle passe nécessairement par un tirage au sort favorable et l'holocauste des deux « petits » de division II par les deux grands, chacun le sien et tords-lui le cou.

La volonté du peuple ressemblant à la volonté divine, le sort fait ce qu'on lui dit et les deux affrontements idéaux sont programmés : Marseille-Reims et Alès-Bordeaux.

Les Rémois tentent de se rassurer. « Les Marseillais sont fatigués. De toute façon, leur jeu nous convient mieux » pense le président Bazelaire, lointain successeur de Henri Germain, le président des temps glorieux, quand le Stade de Reims jouait deux finales de Coupe d'Europe (1956, 1959) contre le Real et collectionnait les titres nationaux.

Reims 1987 est entraîné par Carlos Bianchi, l'ancien roi des buteurs devenu un renard du banc de touche. Celui-ci a abondamment puisé dans le centre de formation du club pour former son équipe première, à tel point, que lors du match-retour contre Laval, dix des treize joueurs inscrits sur la feuille étaient sortis du rang, les trois recrues extérieures étant le libero Bozon, l'arrière gauche Drieu et le demi défensif Badjika. Peu à peu, grâce à un travail patient de structuration, l'équipe rémoise est devenue une redoutable compétitrice, victorieuse d'un tournoi international au Cameroun et jamais en retard d'un bon résultat en division II.

Ayant pratiquement perdu tout espoir d'être champion de France après ses défaites à Nice et contre Lens, l'O.M. n'est pas disposé à laisser filer le reste. Mais il a des soucis. Fatigue, blessures, suspensions. Papin et Cubaynes indisponibles pour abondance d'avertissements et donc une attaque Diallo-Brisson. S'étant fixé une marge de deux buts à l'aller, les Marseillais les obtiennent tout de même au Stade-Vélodrome devant 17 085 spectateurs (Brisson, 41e ; Benoît, 47e).

On pense que les Rémois peuvent leur causer quelques soucis au retour en Champagne. 28 000 spectateurs au Stade Delaune, une ambiance, une préparation de Bianchi très axée sur le réalisme et, en face, une équipe de Banide ne possédant plus, croit-on, son emballement génétique des mois précédents. Toutes les supputations sont balayées en deux minutes quand Thierry Laurey ouvre le score pour l'O.M.. La deuxième équipe de France mène 2-0 à la mi-temps (Passi, 35e), concède un but à Badjika (54e) et ouvre ses vannes offensives pour gagner largement 5-1 (Cubaynes, 60e ; Genghini, 78e ; Förster, 83e). La démonstration a été convaincante.

Les Bordelais ne présentent pas le même allant contre les Alésiens. Ceux-ci, qui ont manqué les barrages d'assez peu en championnat et qui comptent deux anciens Girondins en leur sein (Malbeaux, Martinez), affirment être des « marchands de bonheur » pour leur public, très jolie formule qu'ils honorent souvent. Contre Bordeaux, devant 17 000 spectateurs, l'équipe alésienne de Lavagne donne une réplique superbe au futur champion, égalisant deux fois (Vercruysse, 73e ; Martinez, 79e) à 1-1 puis à 2-2 (Ferreri, 83e ; Cabanel, 85e).

Le choix des Alésiens d'affronter les Bordelais balle au pied, sans avoir recours à des artifices ou à un jeu débridé, a donné un résultat inespéré. Il a aussi enlevé leurs derniers complexes aux joueurs de division II qui se rendent à Bordeaux comme on va au bal le samedi soir. Et pour jouer.

Ils jouent si bien, les Alésiens et de manière si crâne que la machine bordelaise coince. Le champion de France est en panne de création et de rendement. Il tremble même à l'idée que cette équipe puisse lui marquer un but, qui serait peut-être décisif. Le score se fige sur 0-0, synonyme de qualification pour les Bordelais (deux buts sur terrain adverse) mais le temps est long dans la dernière ligne droite. Aimé Jacquet ne cache pas son sentiment : « Nous avons frôlé la catastrophe et, à tout moment, nous étions proches du point de rupture. Epuisés, sans ressources physiques. Je me demande même, si nous avions été battus à l'aller, si nous aurions trouvé les ressources pour nous qualifier à la finale. »

On appelle cela un petit pont, ou un tunnel. Quand ils réussissent ce joli exercice technique, certains farceurs disent en passant : « Mets ta soutane, curé !» Zoran Vujovic, on se demande pourquoi, a horreur de ça. Surtout contre un Alèsien, à Alès (de gauche à droite, Zoran, Monczuk, Amouyal, Ferreri).

La balle est partie. Elle arrive. « Pourrai-je, sans trembler, lui dire : Je vous aime ? » Specht s'interrogeait et Sither aussi (Alès-Bordeaux, 2-2).

Jacquet préférerait qu'on l'aime

La soixante-dizième finale de l'histoire provoque chez les deux finalistes, et partout en France, une somme de passions pas toutes contrôlées. Le fameux match Bordeaux-Marseille du 11 avril en championnat a laissé des traces et Gérard Banide, en homme sensible qu'il est, a eu des mots un peu malheureux en essayant de replacer le match dans son contexte sportif. Je ne voudrais pas, disait-il en résumé, que les conditions d'un nouveau Heysel soient recréées. Bigre !

Le premier désamorçage s'est fait un peu naturellement. L'O.M. sait, avant même de jouer la finale, le 10 juin 1987, qu'il est qualifié pour la C_2 de la saison suivante, les Girondins étant sacrés champions de France et qualifiés pour la C_1. Mais une victoire en Coupe, répondent les footballeurs, n'a pas de prix sur une carte de visite, même pour les plus capés. Elle vous fait sortir de vous-même et de tous les sentiers battus.

Chacun se demande, bien sûr, si Aimé Jacquet va redonner à Gernot Rohr le rôle du spadassin sans scrupule chargé de passer Giresse au fil de son épée. L'entraîneur girondin s'attendait à cette question mais, considérant que son équipe a besoin de sérénité et non d'agression populaire, il choisit de laisser son Franco-Allemand sur la touche, plaçant Thouvenel et Zoran Vujovic aux postes d'arrière d'aile, Ferreri-Tigana-Girard-Touré au milieu du terrain. Et qui en défense centrale ? Eh bien, Specht et Roche, Specht stoppeur, Roche libero.

L'absence de Patrick Battiston fait causer. Certes, le numéro 5 tricolore relève de blessure mais il est rétabli et pourrait, très certainement, obtenir au Parc la récompense supplémentaire d'un investissement de longue durée sous le maillot marine. Malheureusement pour lui, Battiston a refusé le renouvellement de son contrat en Aquitaine et il a annoncé son proche départ pour Monaco ! Alors, Jacquet pose la question : « Peut-on faire disputer une finale de Coupe de France à un joueur qui s'est arrêté durant un mois et demi ?» La réponse étant non, Jacquet ajoute que Battiston ne fera pas le voyage de Paris avec ses coéquipiers, « Bordeaux n'ayant pas l'habitude

Specht l'Ancien et Roche le Jeune ont fait un beau voyage. Au bout de la route de l'un, au début de la route de l'autre, la Coupe de France leur tient la main. Le bonheur est partagé.

Ferreri vole et Domergue l'envie. Le ballon s'en va et le message s'envoie. L'O.M. est envoûté et Bordeaux envide. Le vampire n'a pas de varices.

Qu'est-ce qu'il fait, qu'est-ce qu'il veut, qu'est-ce qu'il a, celui-là ? Jean Tigana n'aime pas le doigt didactique du chef d'orchestre. Il lui dédie une diablerie déviationniste. (M. Vautrot).

L'horizon est bouché, bonjour la morosité. La mer monte, on va se mouiller les pieds. Touré, Dropsy, Thouvenel, avant d'atteindre à la béatitude, s'inquiètent de la durée de l'interlude.

d'emmener des joueurs qui ne servent à rien. »

Côté marseillais, Gérard Banide s'interroge jusqu'au dernier moment pour savoir qui, de Laurey ou de Genghini au milieu de terrain et qui, de Diallo ou de Cubaynes en attaque, doit être le pion idéal sur l'échiquier. Il penche pour Laurey aux côtés de Passi, Giresse, Sliskovic et pour Diallo, le sorcier de la finale contre les mêmes Bordelais, ceux-ci étant à la fois, selon Banide, « redoutables et vulnérables. Redoutables parce que leurs résultats sont là. Vulnérables dans la mesure où ils sont un peu trop sûrs de leurs forces ».

Pour cette finale, on s'attend un peu à tout et peut-être même au pire. « Mais pourquoi ne pas penser au meilleur ?», interroge Albert Batteux dans *France-Football*.

Il n'y a, en ce 10 juin, ni pire, ni meilleur. Alors que l'on s'attend à voir une équipe marseillaise d'attaque désireuse d'entamer le bloc girondin et de le faire douter, on découvre un O.M. construit trop défensivement et assez mal inspiré dans l'ordonnancement de son jeu. Ce ne serait pas dramatique, dans un premier temps si, dans la suite d'une reprise de volée dévissée de Papin (8e), la défense centrale marseillaise ne commettait une grosse erreur de placement, permettant à Ferreri de placer une accélération et de lancer Fargeon dans le désert vert. Le fils de Zorro va très vite et, arrivé devant Bell, Domergue sur son porte-bagages, il tire une première fois sur le brillant gardien, qui repousse le ballon. Celui-ci pourrait s'évacuer vers une aile, monter vers le ciel, apprivoiser un Olympien. Mais non, il revient sur Fargeon qui, dans un reflexe instantané, sur un plongeon horizontal, le propulse de la tête dans la cage.

Quatorze minutes à peine que l'on joue et, déjà, l'ouverture du dernier acte. L'O.M. a creusé sa tombe contre une équipe bordelaise sûre de son affaire, confortée dans ses choix et jamais aussi redoutable que quand le champ s'offre à elle.

Gigi n'est pas maltraité. « Nous avions choisi de laisser Alain s'exprimer dans son secteur de jeu. Mais ce choix n'était pas fou. Il impliquait

simplement qu'on l'isole de ses partenaires et en particulier de Sliskovic avec lequel il aime manœuvrer. » (Aimé Jacquet).

Pour redonner du nerf offensif à son équipe, Banide remplace Laurey et Galtier par Genghini (46e) et Cubaynes (52e). L'O.M. rétablit enfin l'équilibre tactique, devient plus constructif et redonne de l'intérêt au match. Il s'offre des occasions (deux coups francs de Sliskovic, 53e, 58e ; centre de Giresse relâché par Dropsy, 59e ; action Diallo-Sliskovic, 79e) mais ne possède plus la justesse de ton, le caractère inventif qui étaient les siens trois mois plus tôt. A l'image de Papin devenu très bref. A l'image de Domergue, très aventureux dans ses tâches défensives.

Deux minutes avant la fin, alors que l'O.M. court encore après son égalisation, Bordeaux place sa botte d'Aquitaine, qui vaut celle de Nevers. Thouvenel, après un relais avec Touré, s'offre un voyage sur l'aile droite, pique le long de la ligne de but et, d'un centre en retrait judicieux, offre à Zlatko Vujovic l'occasion d'un plat du pied victorieux. Ce qui fait 2-0, le bonheur intégral d'Aimé Jacquet. Et sa fureur : «Je n'hésite pas à dire que l'on a été injuste et parfois irrespectueux vis-à-vis de Bordeaux, en lui adressant des critiques injustifiées. Mon équipe n'est pas triste, elle n'est pas défensive et elle ne joue pas à l'économie. Elle applique seulement des principes de rigueur et de continuité. Et elle gagne, en recueillant les fruits de son travail. »

Bernard Tapie, lui non plus, n'est pas très content. Mais pour d'autres raisons. Il attendait un O.M. conquérant et il n'a vu qu'un O.M. adolescent. « Finalement, nous en sommes au même plan que Montpellier : nous faisons partie des vingt clubs de division I. »

Vous voulez notre sentiment ? Un peu de soleil marseillais dans le vin girondin et un peu de nectar bordelais pour accompagner la bouillabaisse, ce serait parfait. Le seul vrai problème est que Bordeaux est content de sa recette. Laquelle lui a donné le premier doublé de son histoire. Et peut-être pas le dernier.

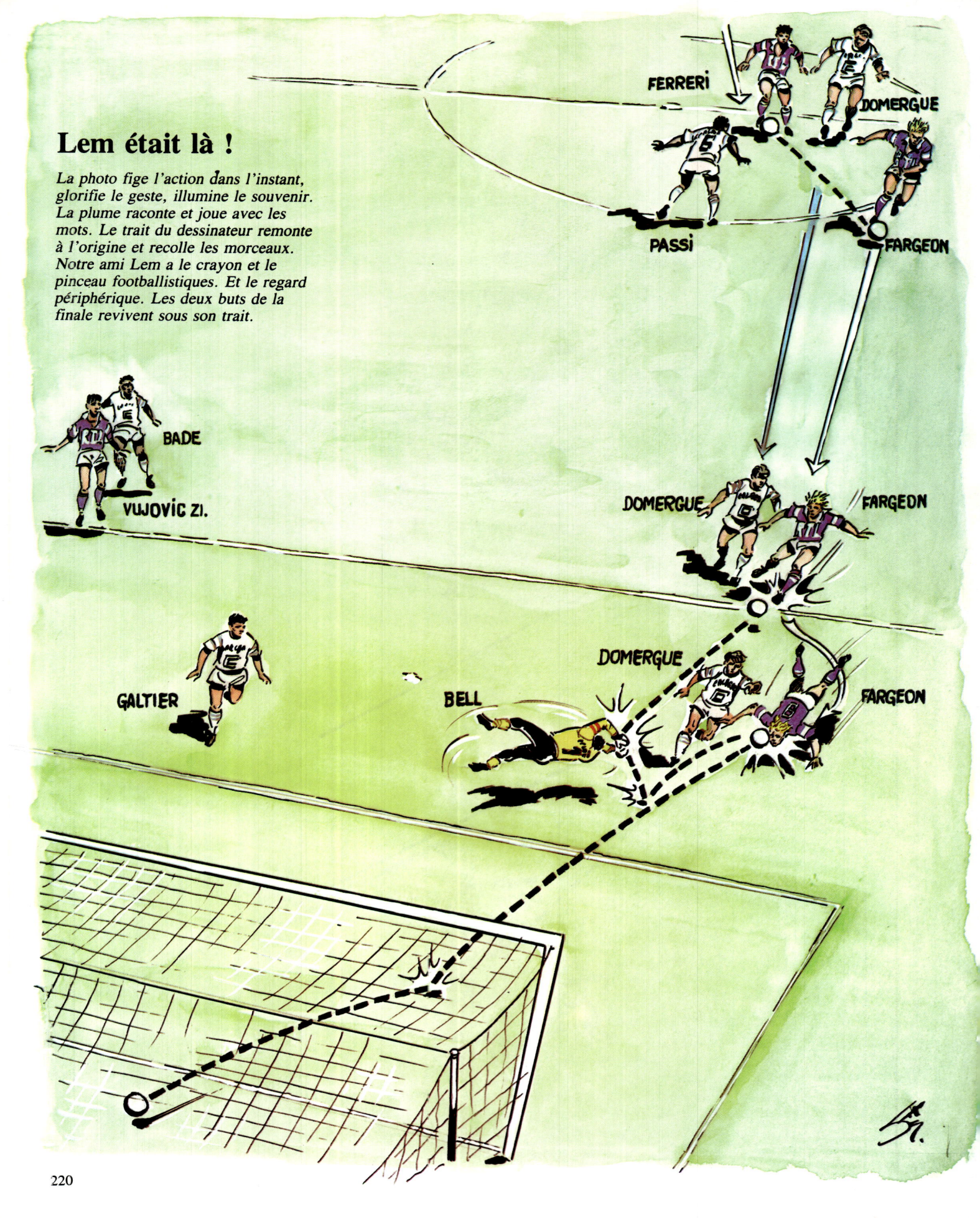

Lem était là !

La photo fige l'action dans l'instant, glorifie le geste, illumine le souvenir. La plume raconte et joue avec les mots. Le trait du dessinateur remonte à l'origine et recolle les morceaux. Notre ami Lem a le crayon et le pinceau footballistiques. Et le regard périphérique. Les deux buts de la finale revivent sous son trait.

Sur treize Coupes du monde, l'Amérique du Sud en a gagné sept, contre six à l'Europe. Trois pour le Brésil, deux pour l'Uruguay, deux pour l'Argentine. A eux trois, ces creusets du jeu de football valent plus que l'Italie, l'Angleterre et la R.F.A. réunies. Ils sont l'eau, le feu, l'invention, l'acrobatie, le bal musette et l'orchestre philharmonique. Le ballon est leur oreiller et leur évasion. Pelé, Garrincha, Di Stefano, Maradona sont fils de Leonidas et de Scarone. L'histoire du football sud-américain est bien plus ancienne que celle des tribus d'Indiens.

Au Brésil, le Sao Paulo F.C. a arraché à Guarani un titre de champion qui ne se trouve jamais, là-bas, dans une pochette-surprise. Il a perdu, depuis, son avant-centre Careca, parti en Italie.

En Argentine, Rosario Central a coiffé tous les « Grands » avec une équipe d'inconnus portés vers le football d'attaque.

En Uruguay, les sourires sont revenus grâce à la victoire de la « Céleste » en Copa America, Championnat d'Amérique du Sud des Nations.

Le football d'Amérique du Sud boit toujours à ses sources naturelles qui ne sont pas celles des autres continents.

AMSUD

Match Cruzeiro - Atletico Mineiro : Robson et Elzo gravitent autour de la balle.

Le Spielführer de Sao
Paulo (c'est marqué
dessus, comme le Port-
Salut), est le célèbre
Careca, inspirateur,
buteur et pas de risque
d'être chômeur. Le bel
oiseau de Sao Paulo, à
gauche, en dribble sur
Lino (Palmeiras), est
Bernardo. Ses ailes se
déploient. Il s'agit, dit-
on, d'un nouveau roi.

Careca
et la boucle d'oreille

Pour s'y retrouver, dans le Championnat du Brésil, c'est la croix et la bannière. La dilution de l'élite est incroyablement poussée dans les deux championnats de Rio et de Sao Paulo, avec quatorze clubs dans le premier et vingt dans le second. On s'y rencontre plusieurs fois, en plusieurs phases, avec des exempts. La lumière éclate pratiquement le dernier jour quand les deux survivants s'affrontent en finale.

Le championnat 1986-1987 (fin le 22 février) avait connu un rebondissement inattendu quand le Conseil National des Sports, peu désireux de faire des mécontents dans les provinces à un mois d'importantes élections, avait décidé d'intégrer quatre clubs supplémentaires. Ce qui allongeait la compétition de deux mois sans assurer pour autant une amélioration du rendement et du spectacle.

Guarani, le club de Campinas (ville universitaire située à quatre-vingt-dix kilomètres de Sao Paulo), ne figurait pas parmi les favoris. La perte de Julio Cesar avait théoriquement affaibli sa défense et l'ensemble ne présentait pas les garanties d'un futur champion, ni même d'un futur finaliste. Mais le football brésilien, comme les autres, a des pulsions que la raison ignore.

Sous la conduite de l'ancien gardien Gainete, l'équipe de Guarani progressa contamment avec une application tactique, une fougue et une soif de vaincre dignes d'éloges. Elle bénéficia aussi, en plusieurs circonstances, d'une réussite que certains trouvèrent excessive, notamment en demi-finale contre l'Atletico quand le jeune Sergio Negri, vingt-trois ans, s'offrit une valse d'exploits diaboliques devant sa cage.

Mais Guarani ne bénéficia pas seulement de réussite. Plusieurs de ses joueurs, notamment le jeune meneur de jeu Boladero, auteur d'un but magnifique de vingt-cinq mètres, dans la lucarne, en demi-finale, et le jeune avant-centre Evaïr (vingt-deux ans), meilleur buteur du championnat avec Careca, surent élever leur niveau jusqu'à une hauteur dont on ne les devinait pas capables.

C'est ainsi que Guarani eut l'honneur d'accueillir pour la finale, dans le stade de Campinas si joliment baptisé « boucle d'oreille de la princesse », le très estimé Sao Paulo F.C.

Sao Paulo possède alors, sans conteste, depuis dix-huit mois, la meilleure équipe du pays, comptant dans ses rangs le célèbre Careca, le remarquable ailier droit Muller (vingt et un ans), le tacticien Silas, l'autre ailier Sidney et un n° 5, Bernardo, doté d'un abattage impressionnant au milieu du terrain.

L'équipe, dirigée par l'ancien canonnier gaucher de Santos, Pépé, possède deux autres points forts : Pita, meneur de jeu aux dribbles sinueux et aux passes dignes de Platini ; et une charnière centrale blindée à faire peur, composée qu'elle est de l'Uruguayen Dario Perreira et de Wagner, l'homme qui a supplanté Oscar, l'ancien capitaine de la sélection brésilienne.

La finale, de l'avis de tous, est « le plus beau match brésilien des dix dernières années » entre deux équipes qui se livrent à fond et pratiquent un jeu d'attaque étourdissant.

Deux fois au moins, Guarani pense que le titre lui tend les bras. La première fois quand l'arrière de Sao Paulo, Nelsinho, marque contre son camp à la... 2e minute. La seconde fois quand, en prolongation, alors que le score est de 2-2, son petit ailier Joao Paulo échappe à un placage et s'en va battre Gilmar.

Tandis que le public local met à feu ses pétards et qu'à l'horloge lumineuse, il reste tout juste une minute à jouer, Careca s'engouffre sur l'aile gauche. Un long dégagement de sa défense lui parvient, dévié par un coup de tête astucieux de Pita. En pleine course, reprenant la balle au bond, Careca inscrit du pied gauche, sous la barre, le plus beau but de la soirée, le sixième. Et un score de 3-3 qui emmène tout le monde aux coups de pied au but, la plaie du football moderne.

Careca, le héros, manque le sien pour Sao Paulo. Mais les tireurs de Guarani ne sont plus bien vaillants non plus : Marco Antonio et Joao Paulo ratent la cible, ce qui fait 4-3 pour Sao Paulo et un nouveau titre au palmarès du grand club brésilien.

Careca sait déjà qu'il va partir à Naples rejoin-

Silas (Sao Paulo) et Marco Antonio (Guarani) ont de grands bras. Mais Marco Antonio, même si ça ne se voit pas, a le pied trop tendre.

dre Maradona pour une association qui pourrait bien faire des ravages dans le calcio et en Coupe d'Europe des Clubs Champions. Ce serait la moindre des choses, le transfert du buteur s'étant élevé à trois millions de dollars (19 millions de francs) et son contrat annuel flottant entre un demi-million et sept cent mille dollars (trois à cinq millions de francs) selon les résultats.

S'il sait se tenir, et en souvenir du stade de Campinas, Careca offrira à Maradona, qui en a déjà une, une deuxième boucle d'oreille. Afin d'équilibrer ses dribbles et d'honorer la princesse.

Omar Palma est une canaille. Une canaille de Rosario Central qui n'a pas toutes les balles (contre son adversaire de Temperley) mais qui en grappille pas mal. Caniggia est international et, malgré son numéro, très proche de Maradona puisqu'il joue ailier droit.

Les canailles au pouvoir

Le Championnat d'Argentine n'est peut-être pas le plus difficile du monde, mais il est assurément l'un des moins aisés. Le niveau technique y est relevé et il suffit, pour s'en assurer à distance, de comptabiliser tous les seigneurs de la balle ronde qui, en France, en Espagne et ailleurs, transforment la *pelota* en objet vivant soumis à leur loi. Bon technicien, le footballeur argentin est aussi un guerrier et il a fallu des mesures draconiennes, il y a une dizaine d'années, pour purifier le jeu et sauver, chaque saison, quelques dizaines de tibias.

Deux fois champion du monde, à huit ans d'intervalle, avec les sélections de Menotti et de Bilardo, le football argentin prospère par ses grands clubs, Independiente, Boca Juniors, le Racing de Buenos-Aires, River Plate, Velez Sarsfield, etc. Les derbies de la capitale y sont chauds, alimentés en couleurs par un public fidèle et passionné. On ne fait pas beaucoup mieux qu'un River Plate-Boca ou qu'un Racing-Independiente.

Malheureusement, l'exil des meilleurs joueurs, traditionnel dans une économie soumise aux soubresauts de la monnaie nationale, crée un certain désenchantement. On irait plus volontiers à la « Bonbonnière » si Maradona, Burruchaga et les champions envolés s'y produisaient encore.

En 1986, le championnat semblait très ouvert mais promis à l'un des quatre Grands aux solides effectifs, par exemple à River Plate, champion de la saison précédente, vainqueur de la Coupe intercontinentale, vainqueur de la Coupe Libertadores. Mais il y avait la Coupe du monde, la réquisition des internationaux, les stages, l'ivresse de la conquête mexicaine, la fête, les dédicaces et la démobilisation.

Il y avait aussi un petit club, monté de division II. Petit club, d'ailleurs, c'est vite dit. Il y avait Rosario Central, avec un ensemble de joueurs formés au club pour la plupart, sans noms retentissants. Avec aussi un trésorier qui se mordait les mitaines par temps froid et qui ne risquait pas de les réchauffer aux billets de banque de la caisse. Car il n'y avait pas de billets.

Rosario Central, que l'argot populaire définit sous le nom de « canailles », traînait avec lui une lourde dette, si lourde qu'il n'arrivait pas à payer ses joueurs, lesquels envisagèrent plusieurs fois, en milieu de saison, de déclarer forfait. Mais ces joueurs, après concertation, se dirent que le meilleur moyen d'échapper aux fins de mois difficiles était encore de se faire connaître. En brillant, en jouant l'attaque, en réalisant des exploits.

Sous la direction d'Angel Tuzio Zof, Rosario Central développa un jeu collectif sans faille, très élaboré techniquement et souvent spectaculaire. Plus que Norberto Alonso qui devait mettre un terme à sa carrière en milieu de saison, les points forts de l'équipe furent tenus par le défenseur central Bauza, promu capitaine, par le demi offensif Gasparini revenu de Colombie et surtout par l'étoile montante Omar Palma, auteur de vingt buts durant le championnat 86 et très convoité, en conséquence, par les clubs européens.

Rosario Central, dans une formation le plus souvent composée de Lanari - Diaz, Balbis, Bauza, Pedernera - Gasparini, Cornaglia, Palma - Galloni, Lanzidei, Escudero, devient, au fil des journées, l'équipe favorite de tous les publics d'Argentine. Elle est dynamique, fraîche, sans calcul. Elle ne sera pas championne, pense-t-on, mais cela a-t-il tellement d'importance ?

A une journée de la fin, rien n'est joué. Pour la première journée, Rosario Central se rend sur le terrain de Temperley, Newell's Old Boys (à deux points de Rosario) reçoit Deportivo Italiano, Independiente (à deux points) reçoit Velez Sarsfield. L'équipe de Rosario doit donc impérativement prendre un point pour être championne. Elle le prend, dans une ambiance de fête généralisée et avec une joie qui fait l'unanimité.

Rosario a bien fait d'en profiter car Independiente annonce son ambition et Boca a vu revenir à lui le prestigieux, l'immense Luis Cesar Menotti. Avant de le perdre brutalement pour cause d'exil à l'Atletico de Madrid.

Mais, en 1986, il n'y avait rien de plus beau, en Argentine, que Rosario.

Quand la Céleste sifflote

Les Uruguayens modernes ont la conviction qu'ils sont persécutés. Lors du Mundial mexicain, ils avaient très mal ressenti les onze avertissements et les deux expulsions infligés à leurs joueurs en quatre matches contre la R.F.A., le Danemark, l'Ecosse et l'Argentine (en huitième de finale). Comme si les quatre arbitres avaient sanctionné une banale chasse aux papillons !

Les footballeurs uruguayens, chacun en est bien convaincu, figurent parmi les meilleurs de la planète et, s'ils comptent deux Coupes du monde à leur palmarès (1939, 1950), ce n'est pas par faveur spéciale des dieux. Ils possèdent une technique haut de gamme, un aspect scientifique dans leur création collective, des individualités parfois prodigieuses de personnalité et de talent, mais aussi un réalisme impitoyable qui peut les faire assimiler, dans leurs mauvais jours, à des seigneurs de guerre en mal de pillages et de rapines. Les footballeurs uruguayens ont deux visages.

Enzo Francescoli, l'un des artistes de l'ère moderne, n'est pas un casseur, encore qu'il ne faille pas le pousser trop loin dans les buissons si l'on ne veut pas en ressortir égratigné. « La réputation qu'on nous fait est injuste. Mais il est vrai que nous ne savons pas séduire. C'est à la fois un problème d'éducation et un problème technique. Chez nous, le football est placé au-dessus de tout, l'Uruguay met donc tout son honneur dans le jeu. Tout petit, on apprend à gagner avant toute chose. Le second point, c'est que les terrains uruguayens sont très mauvais et qu'il est difficile d'y bien jouer, avec des ballons difficilement contrôlables. Alors, nous jouons lentement, nous commettons des fautes et nous ne savons pas nous lancer dans les envolées spectaculaires qui enlèvent l'adhésion du public. »

L'Uruguay avait si peu apprécié son échec mexicain et, surtout, la fâcheuse détérioration de son image qu'il était décidé à faire de la Copa America l'objet de sa réhabilitation. La Copa America est le Championnat d'Amérique du Sud des Nations, bâti sur le modèle du Championnat d'Europe gagné par la France en 1984. Mais sa compétition est beaucoup plus ancienne (née en 1916 sous le nom de Championnat sud-américain) et aussi infiniment plus anarchique sur le plan de l'organisation, laquelle est peu régulière et soumise à toutes sortes d'influences pernicieuses.

En 1987, et pour la première fois, la compétition se déroulait en un seul tournoi final et dans un seul pays, l'Argentine. Trois groupes de trois — Argentine, Pérou, Equateur ; Brésil, Venezuela, Chili ; Paraguay, Bolivie, Colombie — donnaient trois demi-finalistes, le quatrième étant le tenant du titre, c'est-à-dire l'Uruguay.

Plus que l'Uruguay, c'est une finale Brésil-Argentine que l'on attendait, les deux sélections semblant beaucoup plus riches d'individualités et d'expérience que la Céleste, laquelle ne comptait plus que trois titulaires du Mexique en son sein (Alzamendi, Guttierez, Francescoli).

Mais le Brésil est le Brésil, avec son cortège d'incohérences, de retards, d'incompétences et d'ambitions politiques mêlés. Mélangeant tout, ses dirigeants avaient programmé, entre le Tournoi préolympique sud-américain (gagné) et la Copa America, une tournée en Europe (Coupe Stanley Rous gagnée). Le nouveau sélectionneur Carlos Alberto Silva avait bâti une formation séduisante avec, autour des jeunes anciens tels Josimar, Muller ou Julio Cesar (sur la touche), des espoirs aux noms de Valdo, Rai, Nelsinho, Romano, Edu Marangon, etc.

« Le problème, disait Silva, c'est qu'au Brésil, on donne dix jours à l'entraîneur pour bâtir une équipe et dix jours ensuite pour obtenir des résultats. »

Le Brésil, après avoir obtenu un résultat très prometteur, en ouverture, contre le Venezuela (5-0), recevait une raclée mémorable devant le Chili à Cordoba : 0-4, deux buts de Basay (40e, 66e), deux buts de Letelier (49e, 75e), expulsion de Nelsinho. « Nous sommes jeunes mais si on nous laisse du temps pour nous affirmer, notre équipe sera ambitieuse, en Italie, pour la Coupe du monde 1990 », déclarait Muller.

Sur ses terres, la sélection argentine de Bilardo

231

L'Uruguay 1987 ne ressemble plus du tout à l'Uruguay 1986 mais on y retrouve trois vieilles connaissances : Francescoli et ces deux-là. Antonio Alzamendi, l'attaquant doué et frappeur (à gauche) ; Nelson Guttierez, le roc défensif sur lequel se brisent les porcelaines. L'Uruguay n'est pas champion du monde, mais il est le champion de l'Amsud.

Le football n'est pas mathématique. A deux contre un, il arrive souvent que cela fasse 0-1 (les deux Chiliens Hormazabal et Astengo contre l'Uruguayen Bengoechea en finale de la Copa America).

semblait devoir être inabordable. Maradona n'était-il pas le Sublime, l'Empereur des Intouchables ? Curieusement, le public argentin se désintéressa d'une sélection avec laquelle il ne sent pas d'atomes crochus et ils n'étaient que 30 000 spectateurs à peine pour voir Maradona inscrire les vingt-huitième et vingt-neuvième buts de sa carrière sous le maillot argentin contre l'Equateur (3-0). Et 35 000 pour le voir marquer son trentième contre le Pérou (1-1).

La demi-finale Argentine-Uruguay devenait la finale avant la lettre et une partie de retrouvailles dont on ne pouvait pas croire qu'elle serait une partie de plaisir pour Maradona et ses champions du monde. En effet, les Uruguayens jouaient avec beaucoup de sérieux et de détermination, enfermant Maradona et réussissant à marquer un but, un seul, juste avant la mi-temps, par Alzamendi (44e, 1-0).

De leur côté, les Chiliens, dirigés par un jeune entraîneur du nom d'Orlando Aravena qui privilégie le physique et le sens tactique (« Cela peut aller ensemble ») et protégés par un bon gardien surnommé « El Condor » (Roberto Rojas, vingt-sept ans), s'imposaient aux surprenants Colombiens chez lesquels régnait l'une des deux meilleures individualités du tournoi (avec Maradona) : le capitaine et n° 10 à casque blond, Valderrana.

La finale, complètement boudée par le public argentin (22 000 spectateurs) et dirigée de main de maître par l'arbitre brésilien M. Arpi Filho (quatre expulsions), était également complètement manquée. Dure, hachée, sans panache, terriblement décevante. L'Uruguay, venu là pour la gagner, ne la manquait point (Bengoechea, 65e, 1-0) et l'on voyait ce spectacle incroyable d'un capitaine uruguayen expulsé une minute avant la fin (Perdomo) monter à la tribune pour y brandir le trophée.

L'Uruguay champion n'a pas vraiment changé. Il sifflote toujours comme le serpent.

Qu'importe la balle pourvu qu'on ait la tendresse. L'Allemand Rahn et l'Italien De Napoli s'aimaient d'un amour engagé, dans les airs, comme deux oiseaux. Mais, de leur rencontre, ne naissait qu'un zéro-zéro (avril 1987).

ARCHIVES

L'ÉQUIPE DE FRANCE

Le 19 août 1986
à Lausanne
(match amical)

SUISSE b. FRANCE : 2-0 (0-0) - Arb : M. Trischler. 22 000 spect. Buts : Hermann (72e), Sutter (75e).

Suisse : Zurbuchen - Wittwer, Bamert, Weber, Ryf - Gilli (Bregy, 76e), Maissen, Hermann, Bickel (Schaellibaum, 66e) - Sutter, Halter (Zuffi, 46e). Entr. : Jeandupeux.

France : Bats - Thouvenel, Boli (Papin, 81e) Battiston, Amoros (Domergue, 68e) - Poullain, Ferreri, Bijotat, Vercruysse - Stopyra, Buscher (Bellone, 68e). Entr. : Michel.

Le 10 septembre 1986
à Reykjavik
(Championnat d'Europe)

ISLANDE et FRANCE : 0-0 - Arb. : M. Ferguson. 13 000 spect. Avertissements : Petursson (51e), pour l'Islande ; Ayache (55e), Vercruysse (64e) et Amoros (88e), pour la France.

Islande : Sigurdsson - Sa Jonsson, Gislasson, Edvaldsson, A. Jonsson - Torfasson, Si Jonsson, Margeirsson, Sigurvinsson - Gudjohnsson, Petursson. Entr. : Hald.

France : Bats - Ayache, Boli, Battiston, Amoros - Fernandez, Tigana, Genghini, Vercruysse - Stopyra, Paille. Entr. : Michel.

Le 11 octobre 1986
à Paris
(Championnat d'Europe)

URSS b. FRANCE : 2-0 (0-0). - Arb : M. Casarin. 40 496 spect. Avertissements : Boli (45e), pour la France ; Rats (39e) et Kouznetsov (79e), pour l'URSS. Buts : Rats (78e) et Belanov (88e).

France : Bats - Ayache, Boli (Vercruysse, 87e), Jeannol, Amoros - Tigana, Fernandez, Ferreri, Platini - Stopyra, Papin (Bellone, 71e). Entr. : Michel.

URSS : Dassaev - Bessonov (Khidiathuline, 34e), Kousnetsov, Tchivadze, Demianenko - Yakovenko, Aleinikov, Rats, Rodionov (Blokhine, 82e) - Zavarov, Belanov. Entr. : Lobanovski.

Le 19 novembre 1986
à Leipzig
(Championnat d'Europe)

RDA et FRANCE : 0-0. - Arb. : M. Courtney. 52 000 spect.

RDA : Muller - Schossier, Rohde, Stahmann, Doschner, Stubner, Liebers, Steinhmann(Richter, 62e), Pastor - Kirsten (Samer, 78e), Thom. Entr. : Stange.

France : Bats - Amoros, Battiston, Boli, Ayache - Tigana, Poullain, Le Roux, Platini - Stopyra, Papin (Bellone, 83e). Entr. : Michel.

La photo d'ouverture de l'Année du Football 1987, en pages 4 et 5, a été prise en finale de Coupe d'Ecosse. Ian Ferguson (Saint Mirren) est taclé par John Holt (Dundee United).

Le 29 avril 1987
à Paris
(Championnat d'Europe)

FRANCE b. ISLANDE : 2-0 (1-0). -

Arb. : M. Mc Knight. 40 000 spect. Buts : Micciche (37e) et Stopyra (65e). Avertissement : Sigurvinsson (78e), pour l'Islande.

France : Bats - Amoros, Boli, Domergue, Passi, Touré, Platini - Stopyra (Papin, 67e), Micciche.

Islande : Sigurdsson - Sa Jonsson, Gislasson, A. Jonsson, Sig Jonsson - Margeirsson, Torfasson, Sigurvinsson, Edvaldsson - Gudjohnsson, Petursson (Gretarsson, 68e). Entr. : Hald.

Le 16 juin 1987
à Oslo
(Championnat d'Europe)

NORVÈGE b. FRANCE : 2-0 (0-0). Arb : M. Fokler (R.F.A.). 8.268 spect. Buts : Mordt (71e), Andersen (80e).

Norvège : Thorstvedt - Henriksen, Kojedal, Giske, Ahlsen - Berg, Mordt, Sundby, Thoresen - Andersen (Soler, 90e), Seland (Osvold, 62e). Entr. : Fossen.

France : Bats - Thouvenel, Boli, Domergue, Amoros - Poullain (Delamontagne), Ferreri, Tigana, Passi - Stopyra, Micciche (Fargeon, 75e). Entr. : Michel.

---

27 JOUEURS POUR
6 MATCHES OFFICIELS

Henri Michel a utilisé 27 joueurs pour les six matches officiels de l'équipe de France A au cours de la saison 1986-1987.

6 MATCHES : Amoros (Monaco), Bats (Paris S.-G.), Boli (Auxerre), Stopyra (Toulouse).

4 MATCHES : Papin (Marseille), Tigana (Bordeaux).

3 MATCHES : Ayache (Paris S.-G.), Battiston (Bordeaux), Bellone (Monaco), Domergue (Marseille), Fernandez (R.C. Paris), Ferreri (Bordeaux), Platini (Juventus), Poullain (Paris S.-G.), Thouvenel (Bordeaux), Vercruysse (Bordeaux).

2 MATCHES : Micciche (Metz), G. Passi (Toulouse).

1 MATCH : Bijotat (Monaco), Buscher (Brest), Delamontagne (Laval), Fargeon (Bordeaux), Genghini (Servette, Marseille), Jeannol (Paris S.-G.), Le Roux (Nantes), Paille (Sochaux), Touré (Bordeaux).

FÉMININES

Matches amicaux

* France b. Espagne 1-0
* France b. Eire 2-0
* France b. Suisse 3-1
* R.F.A. b. France 2-0

ESPOIRS

À Reims
(match amical)

* FRANCE ESPOIRS b. HONGRIE ESPOIRS : 4-1 (2-1). - 652 spect. et 5 000 scolaires. Arb. : M. Kruke. Buts : Cantona (6e), Sauzée (42e), Cubaynes (55e et 75e sur pen.) pour la France ; E. Kovacs (33e) pour la Hongrie. Avertissement : Szalma (85e).

France : Schuth - Reuzeau, Buisine, Pauk (Lada, 20e), Gros (Mandard, 80e) - Blanc (Lassagne, 46e), F. Passi, Sauzée, Angloma - Cantona, Cubaynes. Entr. : Bourrier.

Hongrie : Petry - Haaz, Szalma, Szeipal, Zalvoczky - Horvath, Vadasz, Piotar, E. Kovacs - Zsinka (Zdavra, 70e), F. Kovacs (Dukon, 80e). Entr. : Bicskel.

Au Havre
(Championnat d'Europe)

* FRANCE ESPOIRS b. URSS ESPOIRS : 2-1 (1-0). - 8 865 spectateurs (dont 5 000 scolaires invités). Arb. : M. Worall (Angleterre). Buts : Cantona (18e et 87e) pour la France. Tatartchouk (52e) pour l'URSS.

France : Hugues - Reuzeau, Buisine (Mandard, 67e), Silvestre, Sikora - Guérin (Lada, 76e), Despeyroux, Pauk, Angloma - Paille, Cantona. Entr. : Bourrier.

URSS : Manannikov - Gorflyl, Kolotovkine, Prigoda. Maloukoy (Guchine, 83e), Pankratiov, Chedia, Medvid - Tatartchouk (Kuznetsov, 55e), Kolivanov. Entr. : Radionov.

À Halle
(Championnat d'Europe)

* RDA b. FRANCE : 1-0 (0-0). - Arb. : M. Blankenstein (Pays-Bas). But : Pliz (58e). Avertissements : Cubaynes (46e) et Reuzeau (84e).

R.D.A. : Teuber, Lindner, Köheer, Schmidt, Frankhänel - Scholz, Pilz, Röser, Förster (Laudeley, 78e) - Wuckel, Unglaube (Bonar, 66e). Entr. : Brünzlow.

France : Hugues - Reuzeau, Roche, Péan, Pauk - Guérin (Blanc, 46e), Despeyroux, Sauzée, Angloma (R. Boli, 72e) - Cubaynes, Assadourian. Entr. : Bourrier.

À Aberdeen
(Match amical)

* ÉCOSSE et FRANCE : 1-1 (0-1). - Arb. : M. Worral (Angleterre). 7 000 spectateurs. Buts : Ferrer (22e) pour la France ; McAllister (51e) pour l'Écosse. Avertissements : Cantona (76e) pour la France : Ferguson (79e) pour l'Écosse.

Écosse B. : Gunn - MacKimmlie, Clarke, MacLeish, Robertson - Simpson, MacAllister (Ferguson, 66e), Nevin, Wilson - Nicholas, MacAvennie. Entr. : Roxburgh.

France Espoirs : Barrabé - Reuzeau, Casoni, Pauk. Galtier - Despeyroux, Sauzée, Blanc, Guérin (Assadourian, 76e) - Cantona, Ferrer (Angloma, 56e). Entr. : Bourrier.

À Lilleström
(Championnat d'Europe)

FRANCE ESPOIRS b. * NORVÈGE ESPOIRS : 2-1 (0-0). - 800 spect. -

Buts : Cantona (60e), Ferrer (73e), pour la France ; Halle (85e) pour la Norvège. Avertissements à Guérin (69e), Ferrer (83e) pour la France.

France : Barrabé - Reuzeau, Casoni, Roche, Gros - Passi, Angloma (puis Assadourian, 46e), Pauk, Guérin - Cantona, Ferrer. Entr. : Bourrier.

Norvège : Rossbach - Engerbakk, Salte, Hansen, Johnsan - Haugen, Halle, Skogheilm, Rekdal - Sograes (puis Meinseth, 46e), Admundsen (puis Jakobsen, 76e). Entr. : Sigernes.

LE POINT DU GROUPE 3

* Norvège et RDA 0-0
* France b. URSS 2-1
* URSS b. Norvège 1-0
* URSS b. RDA 2-1
* RDA b. France 1-0
* URSS b. * Norvège 2-0
* France b. * Norvège 2-1

CLASSEMENT

	Pts	J.	G.	N.	P.	p.	c.
1. URSS	6	4	3	0	1	6	3
2. France	4	3	2	0	1	4	3
3. RDA	3	3	1	1	1	2	2
4. Norvège	1	4	0	1	3	1	5

Restent à jouer :
8.9.87 : URSS-France
9.10.87 : RDA-URSS
13.10.87 : France-Norvège
27.10.87 : RDA-Norvège
17.11.87 : France-RDA

JUNIORS

MEMORIAL GRANATKIN

France-Tchécoslovaquie 2-0
France-RDA 1-1
France-Suède 1-2
France-URSS 2 4-2
France-URSS 1 1-3

Match amical

* France et Belgique 1-1

Championnat d'Europe

* France et Portugal 0-0
* France b. Suisse 3-0

CLASSEMENT AU 30 JUIN 1987

	Pts	J.	G.	N.	P.	p.	c.
1. France	3	2	1	1	0	3	0
2. Portugal	1	1	0	1	0	0	0
3. Suisse	0	1	0	0	1	0	3
RFA	0	0	0	0	0	0	0

CADETS

Match amical

France b. * Angleterre 1-0

Tournoi de Pologne :
France b. Pologne 4-0
France b. Norvège 2-0
France b. RDA 5-1 (finale)

Tournoi de Santo Marinella (Italie) :
France b. Italie 2-0
France b. Angleterre 1-0
RFA b. France 2-1

Tournoi d'Algarve (Portugal) :
France et Italie 0-0
France b. Portugal 2-0
Espagne b. France 3-1

Championnat d'Europe
* France b. Portugal 2-1
* France et Écosse 1-1
* France b. R.D.A. 3-0
URSS b. * France 0-0 (3 penalties à 0)
* France b. Turquie 3-0

CHAMPIONNAT D'EUROPE
DES NATIONS

(Situation au 30-6-87)

GROUPE 1

10.9.86 : * Roumanie b. Autriche 4-0
15.10.86 : * Autriche b. Albanie 3-0
15.11.86 : * Espagne b. Roumanie 1-0
3.12.86 : Espagne b. Albanie 2-1
25.3.87 : Roumanie b. Albanie 5-1
1.4.87 : Espagne b. * Autriche 3-2
29.4.87 : Roumanie b. Espagne 3-1
29.4.87 : * Autriche b. Albanie 1-0

CLASSEMENT

	Pts	J.	G.	N.	P.	p.	c.
1. Roumanie	6	4	3	0	1	12	3
2. Espagne	6	4	3	0	1	7	6
3. Autriche	4	4	2	0	2	6	7
4. Albanie	4	4	0	0	4	2	11

Restent à jouer :
14.10.87 : * Espagne-Autriche
28.10.87 : * Albanie-Roumanie
18.11.87 : * Espagne-Albanie
18.11.87 : * Autriche-Roumanie

GROUPE 2

24.9.86 : Suède-Suisse 2-0
12.10.86 : Portugal-Suède 1-1
29.10.86 : Suède-Portugal 1-1
15.11.86 : Italie-Suisse 3-2
16.11.86 : Malte-Italie 0-2
6.12.86 : Malte-Italie 0-2
24.1.87 : Italie-Malte 5-0
14.2.87 : Portugal-Italie 0-1
29.3.87 : Portugal-Malte 2-2
15.4.87 : Suisse-Malte 4-1
6.5.87 : Suède-Malte 1-0
3.6.87 : Suède-Italie 1-0
17.6.87 : Suisse-Suède 1-1

CLASSEMENT

	Pts	J.	G.	N.	P.	p.	c.
1. Suède	10	6	4	2	0	11	2
2. Italie	8	5	4	0	1	13	3
3. Suisse	4	5	1	2	2	8	8
4. Portugal	3	4	0	3	1	4	5
5. Malte	1	6	0	1	5	3	19

Restent à jouer :
23.9.87 : Suède-Portugal
17.10.87 : Suisse-Italie
11.11.87 : Portugal-Suisse
14.11.87 : Italie-Suède
15.11.87 : Malte-Suisse
5.12.87 : Italie-Portugal
20.12.87 : Malte-Portugal

GROUPE 3

10.9.86 : Islande-France 0-0
24.9.86 : Islande-URSS 1-1
24.9.86 : Norvège-RDA 0-0
11.10.86 : France-URSS 0-2
29.10.86 : URSS-Norvège 4-0
29.10.86 : RDA-Islande 2-0
19.11.86 : RDA-France 0-0
29.4.87 : France-Islande 2-0
29.4.87 : URSS-RDA 2-0
3.6.87 : Norvège-URSS 0-1
3.6.87 : Islande-RDA 0-6
16.6.87 : Norvège-France 2-0

CLASSEMENT

	Pts	J.	G.	N.	P.	p.	c.
1. URSS	9	5	4	1	0	10	1
2. RDA	6	5	2	2	1	8	2
3. France	4	5	1	2	2	2	4
4. Norvège	3	4	1	1	2	2	5
5. Islande	2	5	0	2	3	1	11

Restent à jouer :
9.9.87 : URSS-France
9.9.87 : Islande-Norvège
23.9.87 : Norvège-Islande
10.10.87 : RDA-URSS
14.10.87 : France-Norvège

28.10.87 : URSS-Islande
28.10.87 : RDA-Norvège
18.11.87 : France-RDA

GROUPE 4

15.10.86 : * Angleterre b. Irlande du N. 3-0
29.10.86 : * Yougoslavie b. Turquie 4-0
12.11.86 : * Angleterre b. Yougoslavie 2-0
12.11.86 : * Turquie et Irlande du N. 0-0
1.4.87 : * Angleterre b. * Irlande du N. 2-0
29.4.87 : * Turquie et Angleterre 0-0
29.4.87 : Yougoslavie b. Irlande du N. 2-1

CLASSEMENT

	Pts	J.	G.	N.	P.	p.	c.
1. Angleterre	7	4	3	1	0	7	0
2. Yougoslavie	4	3	2	0	1	6	3
3. Turquie	2	3	0	2	1	0	4
4. Irlande du N.	1	4	0	1	3	1	7

Restent à jouer :
14.10.87 : * Angleterre-Turquie
14.10.87 : * Yougoslavie-Irlande du N.
11.11.87 : * Yougoslavie-Angleterre
11.11.87 : * Irlande du N.-Turquie
16.12.87 : * Turquie-Yougoslavie

GROUPE 5

15.10.86 : * Pays-Bas b. Hongrie 1-0
15.10.86 : * Pologne b. Grèce 2-1
12.11.86 : * Grèce b. Hongrie 2-1
18.11.86 : * Pays-Bas et Pologne 0-0
3.12.86 : * Grèce b. * Chypre 4-2
21.12.86 : Pays-Bas b. * Chypre 2-0
14.1.87 : * Grèce b. Chypre 3-1
8.2.87 : Hongrie b. * Chypre 1-0
25.3.87 : * Pays-Bas et Grèce 1-1
12.4.87 : * Pologne et Chypre 0-0
29.4.87 : * Pays-Bas b. Hongrie 2-0
29.4.87 : * Grèce b. Pologne 1-0
17.5.87 : Hongrie b. Pologne 5-3

CLASSEMENT

	Pts	J.	G.	N.	P.	p.	c.
1. Grèce	9	6	4	1	1	12	7
2. Pays-Bas	8	5	3	2	0	6	1
3. Hongrie	4	5	2	0	3	7	8
4. Pologne	4	5	1	2	2	5	7
5. Chypre	1	5	0	1	4	3	10

Restent à jouer :
23.9.87 : * Pologne-Hongrie
14.10.87 : * Hongrie-Grèce
14.10.87 : * Pologne-Pays-Bas
28.10.87 : * Pays-Bas-Chypre
11.11.87 : * Chypre-Pologne
21.12.87 : Hongrie-Chypre
16.12.87 : * Grèce-Pays-Bas

GROUPE 6

10.9.86 : * Finlande et Pays de Galles 1-1
15.10.86 : * Tchécoslovaquie b. Finlande 3-0
29.10.86 : * Danemark b. Finlande 1-0
12.11.86 : * Tchécoslovaquie et Danemark 0-0
1.4.87 : * Pays de Galles b. Finlande 4-0
29.4.87 : * Pays de Galles et Tchécoslovaquie 1-1
29.4.87 : * Danemark b. * Finlande 1-0
3.6.87 : * Danemark et Tchécoslovaquie 1-1

CLASSEMENT

	Pts	J.	G.	N.	P.	p.	c.
1. Danemark	6	4	2	2	0	3	1
2. Tchécoslov.	5	4	1	3	0	5	2
3. Pays de Galles	4	3	1	2	0	6	2
4. Finlande	1	5	0	1	4	1	10

Restent à jouer :
9.9.87 : * Finlande-Tchécoslovaquie
9.9.87 : * Pays de Galles-Danemark
14.10.87 : * Danemark-Pays de Galles
11.11.87 : * Tchécoslovaquie-Pays de Galles.

GROUPE 7

10.9.86 : * Belgique et Irlande 2-2
10.9.86 : * Ecosse et Bulgarie 0-0
14.10.86 : * Belgique b. Luxembourg 6-0
15.10.86 : * Irlande et Ecosse 0-0
12.11.86 : * Ecosse b. Luxembourg 3-0
19.11.86 : * Belgique et Bulgarie 1-1
18.2.87 : Irlande b. * Ecosse : 1-0
1.4.87 : * Belgique b. Irlande 2-1
1.4.87 : * Belgique b. Ecosse 4-1
29.4.87 : * Irlande et Belgique 0-0
29.4.87 : * Bulgarie b. * Luxembourg 4-1
20.5.87 : * Bulgarie b. Luxembourg 3-0
28.5.87 : * Irlande b. Luxembourg 2-0

CLASSEMENT

	Pts	J.	G.	N.	P.	p.	c.
1. Bulgarie	8	5	3	2	0	10	3
2. Belgique	7	5	3	0	1	13	4
3. Irlande	7	6	2	3	1	6	4
4. Ecosse	4	5	1	2	2	1	5
5. Luxembourg	0	5	0	0	5	1	18

Restent à jouer :
9.9.87 : * Irlande-Luxembourg
23.9.87 : * Bulgarie-Belgique
14.10.87 : * Ecosse-Belgique
14.11.87 : * Irlande-Bulgarie
11.11.87 : * Belgique-Luxembourg
2.12.87 : * Luxembourg-Ecosse

* Un qualifié par groupe. Phase finale en R.F.A. (qualifiée d'office) du 10 au 25 juin 1988. Demi-finales à Hambourg et Stuttgart. Finale à Munich.

COUPE DE FRANCE

HUITIEME TOUR
28 février 1987

DIVISION II entre eux

Alès - Nîmes	2-0
Thonon - Istres (11 p à 10)	1-1
Cuiseaux - Louhans-Reims	0-2
Red Star - Orléans	1-0
Dunkerque - Bourges	1-0
Quimper - Tours	2-3

DIVISION II contre DIVISION III

Limoges - Brive	2-0
Montpellier - Avignon	2-0
Gueugnon - Clermont	1-0
Lyon - Grenoble	3-1
Strasbourg - Sedan - Ardennes	3-0
Chalon - Saint-Dizier	0-5
Caen - Saint-Quentin	4-0
La Roche-sur-Yon - Angers	0-2
Châtellerault - AEPB La Roche (ap. pr.)	2-4
Niort-Montagnarde	2-0

DIVISION II contre DIVISION IV

Saint-Seurin - Gazélec Ajaccio (ap. pr.)	2-3

DIVISION II contre DIVISION D'HONNEUR

Saint-Simon Toulouse - Martigues	0-2
Evry - Mulhouse	0-1
Abbeville - CA Mantes	0-1
Saint-Louis (Nouv. Caléd.) - Cannes	1-2
Bastia - Solid. Scol. Pointe-à-Pitre (Guadeloupe)	2-0
Beauvais - Saint-Pauloise (La Réunion)	4-1

DIVISION II contre PROMOTIONNAIRES

Trenelle (Martinique) - Guingamp	2-1

DIVISION III entre eux

Muret - Montluçon	4-1
Perpignan - Rodez (ap. pr.)	1-2
Sarreguemines - Epinal	1-0
Rouen - Fécamp	2-1

DIVISION III contre DIVISION IV

Périgueux - Pau	2-0
Moulins - Roanne	4-1
Poissy - Villecresnes	2-1
Cambrai - Versailles	0-3
Cherbourg - Douai	0-1
UCK Vannes - Poitiers (ap. pr.)	1-0

DIVISION III contre DIVISION D'HONNEUR

Mana (Guyane) - Lorient	1-2
Baume-les-Dames - Thionville	4-1
Calais - Loison	0-1

DIVISION III contre PROMOTIONNAIRES

Manosque - INF Vichy	1-0

DIVISION IV contre DIVISION D'HONNEUR

Senlis - Mars-Bischeim	4-0

Niort Saint-Liguaire - Concarneau	1-3
NOCPB Rennes - Alençon	1-2
Montélimar - Cluses-Sclonzier (4 p. à 1)	0-0

DIVISION D'HONNEUR contre PROMOTIONNAIRES

Castres - Rowan (5 p. à 4)	1-1

PROMOTIONNAIRES entre eux

Bohars - Guipavas	1-3

TRENTE-DEUXIÈMES DE FINALE
21 mars 1987

DIVISION I entre eux

Toulouse b. Toulon	2-0
Bordeaux b. RC Paris	3-1
Lens b. Le Havre	3-0
Paris-Saint-Germain b. Nancy	2-0
Brest b. Nantes (4 p à 2)	1-1

DIVISION I contre DIVISION II

Auxerre b. Niort	2-0
Lille b. Red Star	2-0
Reims b. Metz	2-1
Mulhouse b. Sochaux	2-1
Nice b. Montpellier	1-0

DIVISION I contre DIVISION III

Marseille b. Versailles	2-1
Laval b. Lorient	1-0
Saint-Etienne b. Rodez	1-0

DIVISION I contre HONNEUR

Rennes b. Mantes	4-3

DIVISION I contre PROMOTION

Monaco b. Castres	5-1

DIVISION II entre eux

Cannes b. Ajaccio	1-0
AEPB La Roche b. Limoges	4-0
Caen b. Dunkerque	1-0
Gueugnon b. Beauvais	1-1
(4 tirs au but à 3)	

DIVISION II contre DIVISION III

Thonon b. Sarreguemines	1-0
Martigues b. Muret	3-0

DIVISION II contre DIVISION IV

Bastia b. Douai	2-1
Lyon b. Moulins	5-1
Angers b. Alençon	1-0

DIVISION II contre HONNEUR

Baume-les-Dames b. Saint-Dizier	1-0

DIVISION II contre PROMOTION

Tours b. Guipavas	7-0

Strasbourg b. JA Trenelle	3-1
Alès b. Manosque	3-1

DIVISION III contre DIVISION IV

Rouen b. Senlis	1-0

DIVISION IV entre eux

UCK Vannes b. Concarneau (8 tirs au but à 7)	1-1

DIVISION IV contre HONNEUR

Périgueux b. Montélimar	1-0
Loison b. Poissy	1-0

SEIZIEMES DE FINALE
aller, 4 avril
retour, 8 avril 1987

DIVISION I entre eux

Monaco b. Nice	2-0 et 3-0
Laval b. Rennes	1-1 et 5-3

DIVISION I contre DIVISION II

Toulouse b. Caen	1-0 et 1-1
Marseille b. Cannes	1-0 et 0-0
Martigues b. Saint-Etienne	0-1 et 2-0
Strasbourg b. Paris.S.-G.	0-0 et 1-0
Lille b. Bastia	2-1 et 0-0
Bordeaux b. Gueugnon	0-0 et 3-1

DIVISION I contre DIVISION III

Lens - Roven	0-0 et 2-1

DIVISION I contre DIVISION IV

Brest b. UCK Vannes	1-1 et 3-0

DIVISION I contre DIVISION D'HONNEUR

Auxerre b. Baume-les-Dames	5-0 et 5-0

DIVISION II entre eux

Alès b. Thonon	1-0 et 0-0
Lyon b. Angers	3-2 et 3-2
Reims b. Mulhouse	2-0 et 1-0
Tours b. La Roche-AEPB	0-0 et 3-1

DIVISION IV contre DIVISION D'HONNEUR

Périgueux b. Loison	1-3 et 3-1

HUITIEMES DE FINALE (Aller)
21 avril 1987

BREST b.* LAVAL : 1-0 (0-0) - 10 000 spect. Arb. : M. Wurtz. But :Bouquet (85e). Avertissement : Bosser (81e), à Brest.

Laval : Osmond - Reuzeau, Aubame, Alberto, Miton - Paillard, Delamontagne, Stefanini (Dogon, 75e), Lambert - Owubokuri, Audrain. Entr. : Le Milinaire.

Brest : Chaslerie - Bosser, Sorin, Julio César, Honorine, Goudet, Le Guen (Colleter, 89e), Bouquet, Guérin - Mariini, Buscher. Entr. : Keruzoré.

LILLE b. AUXERRE : 3-0 (1-0). - 7 761 spect. 300 179 F. Arb. : M. Biguet. Buts : Meudic (44e, sur pen.), Garcia (70e) et Lacombe (90e). Avertissement : Garcia (71e), à Lille.

Lille : Rousseau - Prisette, Buisine, Thomas,Pastinelli (Didaux, 66e) - Périlleux, Garcia,P. Plancque - Meudic (Lacombe, 83e), Vandenbergh, Mobati. Entr : Heylens.

Auxerre : Martini - Darras, Prunier, Boli, Barret - Fiard, Dutuel (Burcsa, 83e), Vahirua, Ferrer - Zgutczynski, Cantona. Entr. : Roux.

BORDEAUX b. MONACO : 2-0 (2-0). - 15 600 spect. Arb. : M. Hirtz. Buts : Touré (52e) et Zl. Vujovic (66e). Avertissements : Roche (28e), à Bordeaux ; Dib (25e) et Da Fonseca (32e), à Monaco.

Bordeaux : Dropsy - Thouvenel, Zo. Vujovic, Roche. Lassagne (Gimenez, 61e) - Girard, Tigana (Vercruysse, 86e), Ferreri, Touré - Fargeon, Zl. Vujovic. Entr. : Jacquet.

Monaco : Ettori - Dib, Sonor, Busk, Amoros - Lerby (Rohr, 75e), Bijotat, Bravo (Salomon, 78e), Ferratge - Da Fonseca, Bellone. Entr. :Kovacs.

STRASBOURG b. TOULOUSE : 2-1 (1-1) - Arb. René Lopez. 13 000 spect. Buts : Stopyra (8e), pour Toulouse ; Rolling (45e) et Barraja (77e), pour Strasbourg. Avertissement : Barraja (83e), à Strasbourg.

Strasbourg : Flucklinger - Eschbach (Jenner, 46e), Vogel, Simon, Barraja - Rolling, Cobos, Niesser, Etamé - Reichert, Mazerand, Entr. : Herbin.

Toulouse : Bergerod, Lestager Ruty, Tarantini, Tihy - Espanol, Despeyroux, Passi, Bellus - Stopyra. Entr. : Santini.

MARSEILLE b. LYON : 3-0 (1-0). - Arb. : M. Swirog. 16 666 spect. 1 166 187 F. Buts : Cubaynes (37e et 82e) et Papin (48e sur pen.).

Marseille : Bell - Galtier, Domergue, Förster, Bade - Francini, Giresse, Diallo, Papin - Cubaynes, Meyrieu. Entr. : Banide.

Lyon : Topalovic - Bajeot, Nono (Frechet, 45e), Havet, Fugier, Robin - Fournier, N'Domba, Durix - Orts, Priou (Remark, 62e). Entr. : Nouzaret.

LENS b.* PERIGUEUX : 4-0 (1-0). - Arb. : M. Blienet. 6 100 spect. 400 000 F de recette. Buts : Lefebvre (18e et 58e) et Njo-Léa (51e et 87e).

Périgueux : Bouteaud - Boussarie (Nitiga, 82e), Sczymenik, Drilhole, Guillon (Marty, 35e) - Fernandez, Caron, Campagnac - Dinis, Chiror, Cheravola. Entr. : Chastenat.

Lens : Huard - Sikora (Dubois, 71e), Sénac, Gillot (Hochard, 64e), Catalano - Walleme, Dewilder, Pagal, Lefebvre - Njo-Léa, Tobolik. Entr. : Marx.

MARTIGUES b. REIMS : 1-0 (0-0). - 2 518 spect. Recette : 95 000 F. Arb. : M. Véniel. But : Boubacar (71e). Avertissements : Drieu (37e), à Reims ; Knayer (70e), à Martigues.

Martigues : Laugier - Taberner, Knayer, Flak, Ichas - Canet, Blondeau, Bonora (Bernarbia, 71e) - Boubacar, Martin, Deville-Chabrolle. Entr. : Herbet.

Reims : Mary - Cartellier, Prince, Bozon, Drieu - Badjika, Florès, Wolf (Bertolino, 75e), R. Gianneta - Calderaro, Lafond (Szule, 75e). Entr. : Bianchi.

ALES b. TOURS : 3-1 (1-1). - 4 000 spect. Recette : non communiquée. Arb. : M. Girard. Buts : Monczuk (18e), Malbeaux (47e) et Amouyal (58e) pour Alès ; Darmendrail (32e), pour Tours. Avertissements ; Zapo (85e), à Alès ; Vargas-Rios (70e), à Tours.

Alès : Sence - Dall'Oglio, Cristol, Zago, Elie - Da Silva, Pasqualetti, Martinez (Chaintreuil, 69e), Malbeaux - Monczuk, Amouyal. Entr. : Lavagne.

Tours : Desrousseaux - Dieket, Loiseau, Zdun, Darmendrail - Zanko, Rubio, Souto, Manon - Vargas-Rios, Almiron (Quéry, 70e). Entr. : Jublot.

HUITIEMES DE FINALE (Retour)
24 avril 1987

MONACO b. BORDEAUX : 2-1 (0-0). - 7 892 spect. Recette : 487 320 F. Arb. : M. Lartigot. Buts : Zlatko Vujovic (46e) pour Bordeaux ; Busk (48e), Bravo (78e), pour Monaco. Avertissement : Zlatko Vujovic (62e), pour Bordeaux.

Monaco : Ettori (cap.) - Puel, Sonor, Busk, Amoros - Dib, Bijotat, Bravo - Ferratge, Da Fonseca, Bellone (Fofana, 57e). Entr. : Kovacs.

Bordeaux : Dropsy - Thouvenel, Rohr, Gimenez, Zoran Vujovic - Tigana, Touré, Vercruysse, Ferreri - Zl. Vujovic. Fargeon.

Bordeaux qualifié.

AUXERRE et LILLE : 2-2 (1-0). - 6 500 spect. environ. Arb. : M. De Zayas. Buts : Roger Boli (12e), Vahirua (51e), pour Auxerre ; Mobati (60e), Didaux (66e), pour Lille.

Auxerre : Martini - Perdrieau (Gomez, 71e), Gendreau, B. Boli, Barret (cap.) - Fiard (Zgutczynski, 88e), Vahirua, R. Boli, Otokoré - Dutuel, Cantona. Entr. : Roux.

Lille : Rousseau - Prissette, Thomas, Péan (cap.), Pastinelli - Lacombe (Garcia, 8e), Périlleux, Lacuesta, Didaux - Desmet, Mobati (Meudic, 88e). Entr. : Heylens.

Lille qualifié.

LAVAL b.* BREST : 2-1 (1-0). Arb. : M. Rideau. Buts : Audrain (27e), Dogon (78e), pour Laval ; Colleter (65e), pour Brest.

Brest : Chaslerie - Bosser, Sorin, Julio César, Honorine - Goudet Le Guen (Pouliquen, 68e), Bouquet - Guérin - Colleter (Martini, 74e), Buscher (cap.). Entr. : Keruzoré.

Laval : Osmond - Reuzeau, Aubame, Alberto, Miton (cap.) - Paillard, Lambert, Youm (Eydelie, 68e), Delamontagne - Stéfanini (Dogon, 75e), Audrain. Entr. : Le Milinaire.

Laval qualifié.

LYON et MARSEILLE : 2-2 (1-2). - 18 000 spect. environ. Recette non communiquée. Arb. : M. Vautrot. Remark (27e), N'Demba (76e), pour Lyon. Buts ; Genghini (35e), Förster (45e), pour Marseille.

Lyon : Topalovic - Bajeot, Havet, Fugier, Robin - Fournier (cap.), Fréchet, N'Domba, Durix - Orts (Priou, 50e), Remark. Entr. : Nouzaret.

Marseille : Bell (cap.) - Galtier, Förster,(Meyrieu, 70e), Domergue, Bade - Bonnevay, Laurey, Genghini (Cubaynes, 60e), Sliskovic - Papin, Diallo. Entr. : Banide.

Marseille qualifié.

STRASBOURG b.* TOULOUSE : 3-2 (0-1). - 9 412 spect. Recette 512 000 F. Arb. : M. Pouillet. Buts : Passi (10e), Assadourian (51e), pour Toulouse ; Jenner (63e), Andrieux (68e), Reichert (75e), pour Strasbourg. Avertissement : Simon (57e), pour Strasbourg.

Toulouse : Bergeroo - Lestage, Ruty, Tarantini, Marx - Despeyroux, Delpech (Pavon, 76e), Passi, Bellus - Assadourian, Marcico. Entr. : Santini.

Strasbourg : Flucklinger - Jenner, Vogel, Simon, Barraja - Andrieux, V. Cobos, Rolling (Schaer, 51e), Niesser - Mazerand (Cobos, 79e), Reichert. Entr. : Herbin.

Strasbourg qualifié

TOURS b. ALÈS : 1-0 (1-0). - 4 751 spect. environ. Recette : 155 718 F. Arb. : M. De Pandis. But : Souto (7e). Avertissements : Elie (41e) et Chantreuil, pour Alès.

Tours : Desrousseaux - Darmendrail (Harel, 12e), Morabito, Loiseau, Zanko - Quéry, Rubio (cap.), Souto - Manon, Lorenzo, Almiron. Entr. : Jublot.

Alès : Sence - Dall'Oglio, Cristol, Zago, Elie - Da Silva, Pasqualetti (cap.), (Martinez, 68e), Malbeaux, Chaintreuil, (Cabanel, 77e) - Monczuk, Amouyal. Entr. : Lavagne.

Alès qualifié

REIMS b. MARTIGUES : 2-0 (1-0). - 15 000 spect. environ. Recette non communiquée. Arb. : M. Biguet. Buts : Badjika (17e) et Giannetta (83e). Avertissements : Flak (63e) et Taberner (69e), à Martigues.

Reims : Mary - Dufrène, Cartellier, Bozon (cap.), Drieu - Badjika, Giannetta, Flores (Bertolino, 46e), Vercruysse - Calderaro, Lafond (Wolf, 57e). Entr. : Bianchi.

Martigues : Laugier - Taberner, Canet, Flak, Ichas - Petrucci (Bonora, 84e), Blondeau, Bernarbia, Boubacar (cap.) - Martin, Deville-Chabrolle. Entr. : Herbet.

Reims qualifié.

LENS b. PÉRIGUEUX : 4-2 (2-2). - 2 378 spectateurs. Recette non communiquée. Arb. : M. Bourgeois. Buts : Pagal (14e), Hochart (16e et 90e) et Dewilder (56e), pour Lens ; Caron (18e) et Sczymonik (34e), pour Périgueux.

Lens : Huard - Sikora (Lefèbvre, 58e), Sénac (cap), Gillot, Catalano - Krawczyk, Pagal, Dewilder - Hochard, Njo-Léa, Tobolik. Entr. : Marx.

Périgueux : Bouteaud - Boussarie (cap) (Nitiga, 66e), Sczymonik, Caron, Drilhole, Guillon - Fernandez, Lachaud (Guillon, 63e), Campagnac - Dinis, Chiron, Mary. Entr. : Chastenat.

QUARTS DE FINALE (Aller)
6 mai 1987

MARSEILLE b.* LENS : 1-0 (0-0). - 30 000 spect. Arb. : M. Biguet. But : Cubaynes (90e). Avertissements : Dewilder (40e) à Lens ; Bonnevay (38e), Papin (81e) à Marseille.

Lens : Huard - Sikora, Sénac (cap.), Gillot, Catalano (Wallemme, 85e) - Pagal, Lefèbvre, Krawczyk, Dewilder - Hanini (Lagrange, 73e). Hochart. Entr. : Marx.

Marseille : Bell (cap.) - Galtier, Förster, Bonnevay, Bade - Laurey (Genghini, 59e), Giresse, Benoît (Cubaynes, 75e), Sliskovic - Diallo, Papin. Entr. : Banide.

BORDEAUX b. LILLE : 3-1 (2-1). - 10 594 spect. Arb. : M. Girard. Buts : Touré (36e sur pen., et 71e sur pen.), Vercruysse (45e) pour Bordeaux ; Thomas (7e) pour Lille.

Bordeaux : Dropsy - Thouvenel, Specht, Roche,Zoran Vujovic - Touré (Ferreri, 72e), Rohr (cap.), Tigana, Vercruysse - Fargeon, Zlatko Vujovic. Entr. : Jacquet.

Lille : Rousseau - Thomas, Buisine, Péan (cap.), Pastinelli - Périlleux, Lacuesta (Prissette, 89e),Lacombe, Didaux - Mobati, Desmet. Entr. : Heylens.

LAVAL b. REIMS : 1-0 (1-0). - 6 000 spect. Arb. : M. R. Lopez. But : Audrain (45e). Avertissement : Drieu (59e) à Reims.

Laval : Osmond - Reuzeau, Aubame, Alberto, Miton (cap.) - Paillard, Lambert (Owubokiri, 75e), Dogon, Delamontagne - Youm, Audrain. Entr. : Le Milinaire.

Reims : Mary - Dufrêne, Prince, Bozon (cap.), Drieu - Badjika, R. Giannetta, Cartellier, Vercruysse - Bertolino (Ousfane, 61e), Lafond. Entr. : Bianchi.

ALÈS b. STRASBOURG : 2-0 (1-0) — 6 108 spect. Recette : 400 000 F Arb. : M. Vautrot. Buts : Cristol (23e), Martinez (68e).

Alès : Sence - Dall'Oglio, Cristol, Zago, Elie - Da Silva, Malbeaux, Chaintreuil (cap.) - Martinez, Monczuk (Sither, 74e), Amouyal. Entr. : Lavagne.

Strasbourg : Flucklinger - Jenner, Andrieux, Simon (cap.), Barraja - Schaer, Cobos, Niesser, Rolling (Gudimard, 71e) - Reichert, Mazerand. Entr. : Herbin.

QUARTS DE FINALE (Retour)
12 mai 1987

LILLE b. BORDEAUX : 2-1 (0-0). - 25 000 spect. Arb. : M. Wurtz. Buts : Desmet (85e, sur pen.), Mobati (87e) pour Lille ; Zl. Vujovic (56e) pour Bordeaux. Avertissement : Thomas (57e) à Lille.

Lille : Rousseau - Prissette, Thomas, Péan, Pastinelli - Didaux, Lacuesta (Périlleux), P. Plancque - Garcia, Mobati, Desmet. Entr. : Heylens.

Bordeaux : Dropsy - Thouvenel, Rohr,Roche, Zoran Vujovic - Girard, Tigana, Vercruysse, Touré - Fargeon, Zl. Vujovic. Entr. : Jacquet.

Bordeaux qualifié

MARSEILLE et LENS : 0-0. - 19 198 spect. 1 563 582 F. Arb. : M. Bouillet. Avertissements : Galtier (37e), Bade (49e) à Marseille ; Njo-Léa (43e) à Lens.

Marseille : Bell - Galtier, Förster, Domergue, Bade - Bonnevay, Benoît,Giresse, Genghini (Diallo, 68e) - Papin (Cubaynes, 89e). Entr. : Banide.

Lens : Huard - Sikora, Sénac, Gillot, Catalano - Wallemme, Dewilder (Hochard, 69e), Krawczyk, Pagal - Njo-Léa, Tobollik. Entr. : Marx.

Marseille qualifié.

REIMS b. LAVAL : 1-0 (après prol.), 0-0. - Quatre tirs au but à trois. 20 600 spect. But : Calderaro (69e).

Reims : Mary - Dufrêne, Prince,

Bozon, Drieu - Badjika, R. Giannetta (François, 82), Vercruysse, Cartellier - Calderaro, Lafond (Ousfane, 85e). Entr. : Bianchi.

Laval : Osmond - Reuzeau, Aubame, Alberto, Miton - Lambert (Owubokiri, 110e), Paillard, Stefanini, Delamontagne - Youm, Audrain (Dogon, 77e). Entr. : Le Milinaire.

Reims qualifié.

STRASBOURG b. ALÈS : 1-0 (0-0). - 12 000 spect. Arb. : M. Delmer. But : Mazerand (68e). Avertissements : Zago (68e) à Alès ; Vogel (21e), Barraja (43e) à Strasbourg.

Strasbourg : Flucklinger - Andrieux, Vogel, Simon, Barraja - Cobos, Niesser, Rolling, Schaer - Mazerand, Reichert. Entr. : Herbin.

Alès : Sence - Dall'Oglio, Cristol, Zago, Elie - Da Silva, Pasqualetti, Malbeaux, Martinez - Chantreuil, Amouyal. Entr. : Lavagne.

Alès qualifié.

DEMI-FINALES
(Aller)
19 mai 1987

MARSEILLE b. REIMS : 2-0 (1-0) - 17 085 spect. Recette : 1 541 269 F. Arb. : M. Lartigot.

PALMARÈS DE LA COUPE DE FRANCE

1918 : Olympique de Pantin b. FC-Lyon 3-0
1919 : CAS Généraux b. Olympique Paris 3-2 (après prolongation)
1920 : C.A. Paris b. Le Havre 2-1
1921 : Red Star b. Olympique Paris 2-1
1922 : Red Star b. Rennes 2-0
1923 : Red Star b. FC Sète 4-2
1924 : Olympique Marseille b. FC Sète 3-2 (après prolongation)
1925 : CAS Généraux b. Rouen 1-1 puis 3-2
1926 : Olympique Marseille b. Valentigney 4-1
1927 : Olympique Marseille b. Quevilly 3-0
1928 : Red Star b. C.A. Paris 3-1
1929 : Montpellier b. Sète 2-0
1930 : Sète b. Racing Club de France 3-1
1931 : Club Français b. Montpellier 3-0
1932 : Cannes b. R.C. Roubaix 1-0
1933 : Excelsior Roubaix b. R.C. Roubaix 3-1
1934 : Sète b. Marseille 2-1
1935 : Marseille b. Stade Rennais 3-0
1936 : R.C. Paris b. Charleville 1-0
1937 : Sochaux b. Strasbourg 2-1
1938 : Marseille b. Metz 2-1 (après prolongation)
1939 : R.C. Paris b. Olympique Lillois 3-1
1940 : R.C. Paris b. Marseille 2-1
1941 : Bordeaux b. Fives 2-0
1942 : Red Star b. Sète 2-0
1943 : Marseille b. Bordeaux 2-2, puis 4-0
1944 : Nancy-Lorraine b. Reims-Champagne 4-0
1945 : R.C. Paris b. Lille 3-0
1946 : Lille b. Red Star 4-2
1947 : Lille b. Strasbourg 2-0
1948 : Lille b. Lens 3-2
1949 : R.C. Paris b. Lille 5-2

1950 : Reims b. R.C. Paris 2-0
1951 : Strasbourg b. Valenciennes 3-0
1952 : Nice b. Bordeaux 5-3
1953 : Lille b. Nancy 2-1
1954 : Nice b. Marseille 2-1
1955 : Lille b. Bordeaux 5-2
1956 : Sedan b. Troyes 3-1
1957 : Toulouse b. Angers 6-3
1958 : Reims b. Nîmes 3-1
1959 : Le Havre b. Sochaux 2-2 puis 3-0
1960 : Monaco b. Saint-Etienne 4-2 (après prolongation)
1961 : Sedan b. Nîmes 3-1
1962 : Saint-Etienne b. Nancy 1-0
1963 : Monaco b. Lyon 0-0 puis 2-0
1964 : Lyon b. Bordeaux 2-0
1965 : Rennes b. Sedan 2-2 puis 3-1
1966 : Strasbourg b. Nantes 1-0
1967 : Lyon b. Sochaux 3-1
1968 : Saint-Etienne b. Bordeaux 2-1
1969 : Marseille b. Bordeaux 2-0
1970 : Saint-Etienne b. Nantes 5-0
1971 : Rennes b. Lyon 1-0
1972 : Marseille b. Bastia 2-1
1973 : Lyon b. Nantes 2-1
1974 : Saint-Etienne b. Monaco 2-1
1975 : Saint-Etienne b. Lens 2-0
1976 : Marseille b. Lyon 2-0
1977 : Saint-Etienne b. Reims 2-1
1978 : Nancy b. Nice 1-0
1979 : Nantes b. Auxerre 4-1 (après prolongation)
1980 : Monaco b. Orléans 3-1
1981 : Bastia b. Saint-Etienne 2-1
1982 : Paris S.-G. b. Saint-Etienne 2-2 aux penalties
1983 : Paris S.-G. b. Nantes 3-2
1984 : Metz b. Monaco 2-0
1985 : Monaco b. Paris S.-G. 1-0
1986 : Bordeaux b. Marseille 2-1 (après prolongation)
1987 : Bordeaux b. Marseille 2-0

Buts : Brisson (41e), Benoît (47e). Avertissement : Cartelier (33e) à Reims.

Marseille : Bell - Galtier, Förster, Domergue, Bade - Passi, Benoît (Bonnevay, 65e), Giresse (Genghini, 30e), Sliskovic - Diallo, Brisson. Entr. : Banide.

Reims : Mary - Dufrêne, Prince, Bozon, Cartellier - Badjika, Gianetta (Ousfane, 74e), Thieblemont, Vercruysse - Calderaro, Lafond. Entr. : Bianchi.

ALÈS et BORDEAUX : 2-2 (0-0) - 17 000 spect. Arb. : M. Biguet. Buts : Martinez (79e), Cabanel (85e) pour Alès ; Vercruysse (73e), Ferreri (83e) pour Bordeaux.

Alès : Sence - Cristol, Cabanel, Zago, Malbeaux - Chaintreuil, Da Silva, Pasqualetti, Martinez - Sither (Monczuk, 60e), Amouyal. Entr. : Lavagne.

Bordeaux : Dropsy - Thouvenel, Specht, Roche, Zoran Vujovic - Rohr, Girard, Vercruysse - Fargeon, Ferreri. Entr. : Tigana, Jacquet.

DEMI-FINALES
(Retour)
2 juin 1987

BORDEAUX et ALÈS : 0-0. - 20 000 spect. Arbitre : M. René Lopez. Avertissement : Dall'Oglio (25e).

Bordeaux : Dropsy - Thouvenel (Specht, 74e), Rohr, Roche, Zoran Vujovic - Tigana, Girard, Touré, Vercruysse - Fargeon, Zlatko Vujovic. Entr. : Jacquet.

Alès : Sence - Dall'Oglio, Cabanel, Zago, Cristol - Da Silva, Chaintreuil, Malbeaux, Pasqualetti, Martinez (Monczuk, 73e) - Amouyal (Sither, 73e). Entr. : Lavagne.

Bordeaux qualifié.

MARSEILLE b.* REIMS : 5-1 (2-0). 28 000 spect. Arbitre : M. Wurtz. Buts : Laurey (2e), Passi (35e) Cubaynes (60e), Genghini (78e), Förster (83e) pour Marseille, Badjika (54e) pour Reims.

Reims : Mary - Dufrêne, Prince, Bozon, Drieu - Badjika, R. Giannetta (Thieblemont 46e), Cartellier (Bertolino, 27e) Vercruysse - Calderaro, Lafond. Entr. : Bianchi.

Marseille : Bell - Galtier, Förster, Domergue, Bade - Passi (Bornevay, 61e), Laurey, Genghini, Brisson - Diallo (Meyrieu, 65e), Cubaynes. Entr. : Banide.

Marseille qualifié.

FINALE
10 juin 1987
au Parc des Princes

BORDEAUX b. MARSEILLE : 2-0 (1-0). - Spect. : 45 145. Recette : 5 093 574 F. Arb. : M. Vautrot. Buts : Fargeon (14e), Zlatko Vujovic (88e). Avertissements : Zlatko Vujovic (65e) à Bordeaux ; Galtier (7e), Diallo (21e), Förster (77e), Cubaynes (90e) à Marseille.

Bordeaux : Dropsy - Thouvenel, Specht, Roche, Zo. Vujovic - Ferreri, Tigana, Girard (cap.), Touré - Fargeon, Zl. Vujovic. Entr. : Jacquet.

Marseille : Bell (cap.) - Galtier (Cubaynes, 52e), Förster, Domergue, Bade - Laurey (Genghini, 46e), F. Passi, Giresse, Sliskovic - Diallo, Papin. Entr. : Banide.

Bordeaux vainqueur.

VGA SAINT-MAUR b. ASJ SOYAUX : 3-0 (1-0). Buts : Flissard (17e) ; Abar (54e et 67e). Temps pluvieux, bonne pelouse. Arbitrage de M. Benali. 383 spectateurs.

Saint-Maur : Roux - Bachir - Bey, Billy, Jully, Bracat - Annequin, Loisel, Flissard (Richoux, 55e), Puentes (Rudant, 65e), Abar, Mismacq. Entr. : Tedeschi.

Soyaux : Rouyer - Lapouje (Peligri, 74e), Audier, Mazoue, Dizier - Mercadier, Rimbault, Constantin (Launay 58e) - Clerjean, Tarade, Delbecque Entr. : Fort.

V.G.A. Saint-Maur champion.

JEUNES

CADETS

CHAMPIONNAT DE FRANCE

Quarts de finale

Valenciennes b. Nantes	0-0
	(4 pen. à 2)
R.C. Paris b. * Paris-S.G.	2-2
	(6 pen. à 5)
* Auxerre b. Oullins	2-0
* Lyon b. Nîmes	2-0

Demi-finales

VALENCIENNES b. LYON : 1-1 (5 penalties à 4)
AUXERRE b.*R.C. PARIS : 4-0

Finale
24 juin à Marmande

AUXERRE b. VALENCIENNES : 7-1 (1-1). Arb. : M. Barrios. Buts : Coussy (32e, 52e), Soler (46e, 69e), Chretienot (60e), Kermouch (62e), Bazire (76e), pour Auxerre ; Devorcine (2e), pour Valenciennes.

Auxerre : Oudet - Brizzard (Rolland 61e), Finotto, Rémi, Raba - Achoury, Soler (cap.), Delbarre - Bazire, Chretienot, Coussy (Kermouch 53e).

Valenciennes : Henneuze - Cuvelier, Liévin, Metez, Foulon - Romain (cap.), Kodjia, Dunkcer - Roulez, Dirland, Devorcine.

Auxerre vainqueur.

COUPE NATIONALE

Quarts de finale

Ouest b. Maine	1-0
Méditerranée b. Rhône-Alpes	0-0
(3 penalties à 0)	
Paris IDF b. Alsace	1-0
Lorraine b. Centre	3-1

Demi-finales

Paris IDF b. Méditerranée	3-0
Lorraine b. Ouest	2-2
(3 penalties à 1)	

Finale
à Metz

PARIS ILE-DE-FRANCE b. LORRAINE : 0-0 - (3 penalties à 2). Arb. M. Albrecht (Alsace).

Lorraine : Wimbée - Marx (Anidolfi, 32e), Paul, Leclerc,Talerico - Rabasantratana, Charton, Serredzum, Clément - Lotte, Zedioui. Entr. : Mularoni.

Paris Ile-de-France : Kokkinis - Fourier, Grelet, Stevant, Thomas - Saadi, Lalacer, Boussaïd (Melleuni, 67e) - Nouma, Sang, Lambert. Entr. : Corfou.

Paris Ile-de-France vainqueur.

JUNIORS

COUPE GAMBARDELLA

Quarts de finale

Amiens - Nantes	2-1
RC Paris - Brest	1-0
Beauvais - *Monceau	2-1
Grenoble - Cannes	3-0

Demi-finales

Grenoble - Amiens	2-0
RC Paris - Beauvais	0-0
(RC Paris aux tirs au but.)	

Finale
à Reims

RC PARIS b. GRENOBLE : 2-1. - Arb. : M. Poulain. Buts : Clerix (42e), Danghetto (62e) pour le RC Paris. Cano (85e) pour Grenoble. Avertissement : Sposito (75e) à Grenoble.

RC Paris : Darcy - Blondeau, Legréves, Sekana, Dangbetto - Gohi, Irazoqui, Jumel, Dagbassou (Rochedreux, 71e) - Hageman, Clérix (Hatchouel, 62e). Entr. : Takac.

Grenoble : Caillet - Sposito, Jabukowez, Laplace, Srozynski - Noubia, S. Garcia,C. Garcia - Djorkaeff, Cano, Deschamps (Yaou, 76e). Entr. : Lauriet et Garcin.

R.C. PARIS vainqueur.

FÉMININES

CHAMPIONNAT DE FRANCE

POULE 1

Saint-Maur b. Saint-Brieuc							2-1
Le Neubourg b.* Saint-Brieuc							3-2
Saint-Maur b.* Le Neubourg							3-1

CLASSEMENT

	Pts	J.	G.	N.	P.	p.	c.
1. Saint-Maur	4	2	2	0	0	6	3
2. Le Neubourg	2	2	1	0	1	3	4
3. Saint-Brieuc	0	2	0	0	2	3	5

POULE 2

VGA Saint-Maur b. ASJ Sayaux							3-1
Lyon et Monaco							1-1
Soyaux b.* Monaco							2-1
Soyaux b. Lyon							2-1

CLASSEMENT

	Pts	J.	G.	N.	P.	p.	c.
1. Soyaux	4	2	2	0	0	4	2
2. Lyon	1	2	0	1	1	2	3
3. Monaco	1	2	0	1	1	2	3

Finale

VGA Saint-Maur b. ASJ Sayaux 3-

CHAMPIONNAT DE FRANCE

DIVISION I — 1986-1987

	AUXERRE	BORDEAUX	BREST	LAVAL	LE HAVRE	LENS	LILLE	MARSEILLE	METZ	MONACO	NANCY	NANTES	NICE	PARIS-S.-G.	R.C. PARIS	RENNES	SAINT-ÉTIENNE	SOCHAUX	TOULON	TOULOUSE
AUXERRE	■	0-1	1-0	1-1	1-0	3-1	1-0	0-0	0-0	1-1	4-2	1-0	2-1	1-2	2-0	1-0	3-0	0-0	2-0	2-1
BORDEAUX	2-0	■	1-2	1-1	3-0	0-0	3-0	3-0	1-0	1-1	4-2	2-0	4-1	2-0	2-0	4-1	1-0	3-0	2-1	2-3
BREST	0-0	1-1	■	1-2	2-0	1-3	0-0	0-0	0-0	1-0	0-0	2-1	1-3	0-0	2-0	2-1	1-0	0-0	1-1	1-2
LAVAL	0-2	1-2	1-0	■	2-1	1-1	2-1	0-0	1-1	2-0	0-0	1-1	0-0	4-3	3-1	3-0	2-1	1-1	3-2	0-0
LE HAVRE	1-4	1-1	1-2	2-1	■	0-0	1-1	1-3	2-2	1-1	3-0	1-0	3-0	2-0	2-2	1-1	1-0	3-1	1-1	1-1
LENS	1-1	0-0	2-1	0-2	0-0	■	1-3	3-0	0-0	1-1	0-0	2-2	4-0	1-0	0-1	2-1	2-0	0-0	2-1	1-1
LILLE	1-1	0-0	2-1	2-1	3-2	0-1	■	2-2	3-0	1-1	4-3	0-1	1-1	1-0	0-1	3-0	1-0	6-0	1-1	1-1
MARSEILLE	1-1	1-1	2-2	3-0	1-1	1-3	2-0	■	3-2	3-1	3-2	1-0	3-1	4-0	2-0	1-0	1-0	4-0	3-0	2-1
METZ	0-1	2-1	3-0	1-0	3-0	2-0	3-0	1-1	■	4-1	2-0	3-1	1-0	0-2	6-1	1-1	5-1	4-0	2-0	
MONACO	2-0	2-2	0-1	0-0	2-1	1-1	2-0	2-1		■	1-0	3-1	1-0	1-1	0-0	1-0	0-0	2-0	2-2	1-0
NANCY	1-1	0-1	0-4	3-0	0-0	1-1	0-1	0-0	0-0	1-1	■	0-0	1-0	0-0	2-1	2-0	0-1	3-0	2-0	
NANTES	0-1	3-0	0-0	1-1	0-0	1-0	1-0	0-2	1-0	0-0	1-0	■	1-0	0-1	2-3	3-1	1-1	2-1	1-0	2-0
NICE	2-0	0-0	0-4	2-1	3-1	3-1	1-0	2-1	3-1	1-0	1-0	1-1	■	0-2	1-0	1-0	1-0	1-0	2-2	1-4
PARIS-S.-G.	1-0	0-0	1-0	1-0	1-1	3-1	1-0	2-0	0-0	0-1	0-0	2-1	0-3	■	1-2	1-0	3-0	2-0	1-1	2-3
R.C. PARIS	3-0	1-2	2-2	1-1	2-1	5-0	1-0	0-1	1-1	1-1	1-0	1-1	3-1	0-1	■	2-1	1-2	0-2	2-0	0-0
RENNES	1-3	0-1	0-2	1-2	0-1	1-2	1-0	0-1			3-0		1-0	0-0	1-0	■	0-0	1-0	2-0	0-0
SAINT-ÉTIENNE	1-1	2-0	1-1	0-0	1-1	1-0	1-0	0-0	0-0	0-0	0-0	0-0	1-0	1-0	4-0	2-0	■	1-1	1-0	0-0
SOCHAUX	2-2	0-2	3-0	4-0	2-1	0-0	1-0	2-0	2-2	2-1	0-1	3-1	0-0	0-1	1-1	3-3		■	0-1	1-1
TOULON	1-1	0-0	2-3	3-0	0-0	0-0	0-0		2-0	1-3	1-1	2-0	1-1	1-0	2-0	2-1	0-0		■	3-2
TOULOUSE	2-0	1-1	5-0	2-0	3-0	1-0	0-0	0-0	0-0	2-1	2-1	1-0	2-0	1-1	3-0	4-2	2-1	2-1	1-0	■

MATCHES / BUTS

Terrain				Adv.				Total				Classement	Pts	Terr.		Adv.		Total		Diff.
J	G	N	P	J	G	N	P	J	G	N	P			P	C	P	C	P	C	
19	14	3	2	19	6	10	3	38	20	13	5	1. Bordeaux	53	41	12	16	15	57	27	+ 30
19	12	6	1	19	6	7	6	38	18	13	7	2. Marseille	49	41	15	11	18	52	33	+ 19
19	14	5	0	19	4	7	8	38	18	12	8	3. Toulouse	48	34	8	20	24	54	32	+ 22
19	12	5	2	19	5	8	6	38	17	13	8	4. Auxerre	47	26	10	19	22	45	32	+ 13
19	12	6	1	19	3	9	7	38	15	15	8	5. Monaco	45	25	10	16	23	41	33	+ 8
19	14	4	2	19	1	11	7	38	14	15	9	6. Metz	43	43	11	11	21	54	32	+ 22
19	9	6	4	19	5	7	7	38	14	13	11	7. Paris-S.-G.	41	22	14	13	19	35	33	+ 2
19	7	8	4	19	7	4	8	38	14	12	12	8. Brest	40	18	14	25	27	43	41	+ 2
19	9	8	2	19	3	6	10	38	12	14	12	9. Laval	38	27	17	13	29	40	46	− 6
19	7	9	3	19	4	6	9	38	11	15	12	10. Lens	37	22	14	15	26	37	40	− 3
19	13	3	3	19	2	4	13	38	15	7	16	11. Nice	37	26	18	12	31	38	49	− 11
19	10	5	4	19	2	7	10	38	12	12	14	12. Nantes	36	20	12	15	26	35	38	− 3
19	8	6	5	19	6	2	11	38	14	8	16	13. RC Paris	36	27	17	14	28	41	45	− 4
19	10	6	3	19	2	4	13	38	12	10	16	14. Lille	34	32	16	7	22	39	38	+ 1
19	9	8	2	19	1	6	12	38	10	14	14	15. Toulon	34	23	12	13	34	36	46	− 10
19	8	10	1	19	1	5	13	38	9	15	14	16. St-Etienne	33	17	5	10	27	27	32	− 5
19	7	9	3	19	1	7	11	38	8	16	14	17. Le Havre	32	28	21	11	29	39	50	− 11
19	7	7	5	19	2	6	11	38	9	13	16	18. Sochaux	31	26	18	9	33	35	51	− 16
19	7	8	4	19	1	5	13	38	8	13	17	19. Nancy	29	17	11	11	29	28	40	− 12
19	5	5	9	19	0	2	17	38	5	7	26	20. Rennes	17	10	16	10	42	20	58	− 38

CLASSEMENT DES BUTEURS 1986-1987

18 buts
Zénier (Metz).

15 buts
Buscher (Brest), Fargeon (Bordeaux).

14 buts
Francescoli (R.C. Paris), Marcico (Toulouse), Miccoche (Metz).

13 buts
Cantona (Auxerre), Desmet (Lille), Oudjani (R.C. Paris), Papin (Marseille), V. Ramos (Toulon).

12 buts
G. Passi (Toulouse), Zlatko Vujovic (Bordeaux).

11 buts
LLorens (Le Havre), Stopyra (Toulouse).

10 buts
Anziani (Nantes), Black (Metz), Owubokiri (Laval).

9 buts
Da Fonseca (Monaco), Krimau (Saint-Etienne), Youm (Laval).

8 buts
Ferrer, Vahirua (Auxerre), Vercruysse (Bordeaux), Vandenbergh (Lille), Cubaynes (Marseille), Biotat (Monaco, Halilhodzic (Paris S.-G.), Relmy (Rennes), Paille, Sauzée (Sochaux), 8.

7 buts
Mariini (Brest), Vizek (Le Havre), Njo-Léa (Lens), Stephen (Nancy), Cabrera (Nice), Durand (Toulouse), Fernier (Sochaux).

LES BUTEURS DEPUIS 1946

1987 :	Zénier (Metz)	18
1986 :	Bocandé (Metz)	23
1985 :	Halilhodzic (Nantes)	27
1984 :	Garande (Auxerre)	21
	Onnis (Toulon)	21
1983 :	Halilhodzic (Nantes)	27
1982 :	Onnis (Tours)	29
1981 :	Onnis (Tours)	24
1980 :	Onnis (Monaco)	21
	Kostedde (Laval)	21
1979 :	Bianchi (Paris-S.-G.)	27
1978 :	Bianchi (Paris-S.-G.)	37
1977 :	Bianchi (Reims)	28
1976 :	Bianchi (Reims)	34
1975 :	Onnis (Monaco)	30
1974 :	Bianchi (Reims)	30
1973 :	Skoblar (Marseille)	26
1972 :	Skoblar (Marseille)	30
1971 :	Skoblar (Marseille)	44
1970 :	H. Revelli (St-Etienne)	28
1969 :	Guy (Lyon)	25
1968 :	Sansonetti (Ajaccio)	25
1967 :	H. Revelli (St-Etienne)	31
1966 :	Gondet (Nantes)	36
1965 :	Simon (Nantes)	24
1964 :	Oudjani (Lens)	30
1963 :	Masnaghetti (Valenciennes)	35
1962 :	Sékou (Montpellier)	25
1961 :	Piantoni (Reims)	28
1960 :	Fontaine (Reims)	28
1959 :	Cisowski (R.C. Paris)	30
1958 :	Fontaine (Reims)	34
1957 :	Cisowski (R.C. Paris)	33
1956 :	Cisowski (R.C. Paris)	31
1955 :	Bliard (Reims)	30
1954 :	Kargu (Bordeaux)	35
1953 :	Andersson (Marseille)	35
1952 :	Andersson (Marseille)	31
1951 :	Piantoni (Nancy)	27
	Courteaux (Nice)	27
1950 :	Grumellon (Rennes)	25
1949 :	Baratte (Lille)	26
	Humpal (Sochaux)	26
1948 :	Baratte (Lille)	31
1947 :	Sinibaldi (Reims)	33
1946 :	Bihel (Lille)	28

DIVISION II
Groupe A

	ABBEVILLE	AMIENS	ANGERS	BEAUVAIS	CAEN	DUNKERQUE	GUINGAMP	MULHOUSE	NIORT	ORLÉANS	QUIMPER	RED STAR	REIMS	LA ROCHE/YON	SAINT-DIZIER	STRASBOURG	TOURS	VALENCIENNES
ABBEVILLE	■	2-1	0-1	1-2	2-0	1-0	1-1	0-0	0-1	0-0	1-3	1-3	0-2	1-0	2-0	1-0	0-0	4-1
AMIENS	0-0	■	1-1	1-1	0-1	0-0	0-3	0-0	0-3	1-1	0-0	1-0	0-0	0-3	1-0	1-2	0-1	1-0
ANGERS	2-0	2-3	■	1-0	0-0	2-2	0-0	1-1	0-2	2-0	2-0	1-0	2-2	0-1	2-1	3-1	0-0	1-1
BEAUVAIS	2-0	1-2	3-2	■	2-0	2-0	1-1	0-0	0-0	0-0	2-2	2-1	1-0	3-0	2-0	2-0	3-0	1-3
CAEN	1-0	5-0	3-0	3-2	■	3-1	2-0	0-0	3-2	0-0	1-0	5-0	2-1	4-1	2-1			3-2
DUNKERQUE	2-2	0-3	3-1	1-0	0-3	■	1-0	2-0	1-0	1-0	0-2	3-1	1-0	3-0	1-0	0-0	0-0	1-2
GUINGAMP	1-1	3-1	3-0	0-1	1-3	0-0	■	1-4	0-1	1-1	1-2	4-1	0-2	2-0	2-0	3-2	3-3	3-3
MULHOUSE	2-0	4-0	0-0	2-1	2-1	5-3	0-0	■	2-0		2-1	3-0	3-1	1-1	7-2	1-0	1-0	0-1
NIORT	1-0		3-2	2-2	2-0	2-0	1-1	1-1	■	2-0	3-0	2-0	2-0	1-0		1-1	2-0	
ORLÉANS	3-1	3-1	0-0	1-2	1-1	0-1	2-1	0-1	0-1	■	1-1	4-1	2-2	1-0	1-1	0-3	1-0	2-0
QUIMPER	0-0	3-0	2-0	4-1	0-1	2-0	1-3	1-1	0-2	0-0	■	4-1	1-0	1-1	1-1	2-2	3-2	1-0
RED STAR	0-3	2-1	1-1	1-2	2-3	0-1	2-2	1-1	1-2	0-2	1-2	■	0-2	0-2	1-1	1-0	0-1	0-1
REIMS	3-0	1-1	4-1	1-0	1-0	3-2	3-1	3-0	1-2	1-0	0-3	4-1	■	3-1	0-0	1-1	4-3	4-3
LA ROCHE/YON	0-0	2-2	2-3	2-0	1-1	0-0	3-0	0-2	0-0	1-2	3-1	3-0	1-0	■	1-1	0-0	0-1	0-0
SAINT-DIZIER	2-2	3-0	1-1		3-2	1-1	0-3	2-2	0-1	0-1	1-1	3-1	1-2	1-2	■	0-0	2-1	2-0
STRASBOURG	3-0	4-1	1-0	1-0	1-1	1-1	2-0	3-4	0-0	2-3	0-2	3-0	0-1	4-3	2-1	■	1-0	2-0
TOURS	3-1	2-2	0-0	2-2	1-0	0-0	2-2	2-1	0-1	0-1	1-1	2-1	0-2	3-1	1-1	0-0	■	1-0
VALENCIENNES	4-1	1-1	0-0	3-4	1-1	4-0	0-2	0-0	1-0	1-0	1-0	0-1	0-0	0-0	3-0	2-0	0-1	■

MATCHES												Classement	Pts	BUTS						Diff.
Terrain				Adv.				Total						Terr.		Adv.		Total		
J	G	N	P	J	G	N	P	J	G	N	P			P	C	P	C	P	C	
17	13	4	0	17	11	3	3	34	24	7	3	1. Niort	55	29	7	19	8	48	15	+ 33
17	16	1	0	17	5	5	7	34	21	6	7	2. Caen	48	44	10	18	20	62	30	+ 32
17	12	4	1	17	4	10	3	34	16	14	4	3. Mulhouse	46	36	12	18	17	54	29	+ 25
17	12	3	2	17	6	4	7	34	18	7	9	4. Reims	43	37	18	16	16	53	34	+ 19
17	8	6	3	17	6	7	4	34	14	13	7	5. Quimper	41	26	15	22	21	48	36	+ 12
17	10	5	2	17	5	3	9	34	15	8	11	6. Beauvais	38	27	11	20	28	47	39	+ 8
17	7	8	2	17	4	5	8	34	11	13	10	7. Tours	35	22	15	15	21	37	36	+ 1
17	10	2	5	17	2	7	8	34	12	9	13	8. Dunkerque	33	21	15	12	26	33	41	— 8
17	10	3	4	17	2	5	10	34	12	8	14	9. Strasbourg	32	30	17	12	23	42	40	+ 2
17	6	5	6	17	4	7	6	34	10	12	12	10. Guingamp	32	28	25	20	22	48	47	+ 1
17	7	5	5	17	4	5	8	34	11	10	13	11. Orléans	32	22	17	11	18	33	35	— 2
17	7	7	3	17	2	7	8	34	9	14	11	12. Angers	32	21	14	13	27	34	41	— 7
17	6	7	4	17	4	4	9	34	10	11	13	13. Valenciennes	31	21	12	16	27	37	39	— 2
17	5	8	4	17	4	3	10	34	9	11	14	14. La Roche	29	19	13	15	27	34	40	— 6
17	7	4	6	17	1	6	10	34	8	10	16	15. Abbeville	26	17	15	11	29	28	44	— 16
17	6	6	5	17	0	6	11	34	6	12	16	16. Saint-Dizier	24	24	20	10	32	34	52	— 18
17	2	9	6	17	3	4	10	34	5	13	16	17. Amiens	23	6	16	19	40	25	56	— 31
17	2	4	11	17	2	0	15	34	4	4	26	18. Red Star	12	13	27	12	41	25	68	— 43

PREBARRAGE DIVISION II - DIVISION II

CANNES b. CAEN : 2-1 (0-0). - Arb. : M. Bourgeois. 7 395 spect. pour 348 711 F. - But pour Caen : Prieur (53e) ; pour Cannes : Savic (49e), Primorac (76e). Avertissements : Scipion (34e) à Caen. Burnier (15e) à Cannes.

Caen : Benscussan - Avrillon, Bala (puis Pesin, 85e), Scipion, Point - Muslin, Moreau, Lebourgeois - Prieur, Delval (Pichard, 80e), Divert. Entr. : Mankowski.

Cannes : Morisseau - Chaverot, Burnier, Moizan, Ravera, Charbonnier - Primorac, Barberat, Emon (Sassus, 82e), Bellisi - Savic (Sanchez, 89e). Entr. : Fernardez.

LYON b. MULHOUSE : 4-3 (2-1). - Arb. : M. Harrel. 17 337 spect. Recette : 824 440 F. Buts : Durix (12e), Bajeot 42e), Orts (51e), Priou (76e), pour Lyon ; Kurbos (43e, 65e), Bouafia (47e) pour Mulhouse. Avertissements : Remark (2e) à Lyon ; Kojedal (2C), Nativi (55e) à Mulhouse.

Lyon : Breton - Bajeot, Havet, Fugier, Robin - Genesio (Constantinian, 72e), Frechet, N'Doumba. Durix - Orts, Remark (Priou 68e). Entr. : Nouzaret.

Mulouse : Tempet - Duvernois, Nativi, Kojedal, Glassman - Toffolo (Neveu, 53e), N'Diaye, Bouafla, Morgante - Kurbos, Seland. Entr. : Domenech.

CANNES et LYON qualifiés pour le barrage.

BARRAGE N° 1 DIVISION II - DIVISION II

CANNES b. LYON : 1-0 (1-0). 5 810 spect. 170 820 F. Arb. : M. Vautrot. But : Primorac (39e). Avertissement : Chaverot (54e) à Cannes.

Cannes : Morisseau - Chaverot, Burnier, Moizan (cap.), Ravera - Primorac, Bellisi (Sanchez, 80e), Barberat (Sassus, 86e). Emon - Savic, Charbonnier. Entr. : Fernandez.

Lyon : Breton - Bajeot, Havet, Fugier, Robin - Frechst, Fournier (Genesio 89e), N'Doumba, Durix - Orts, Remark (Priou, 32e). Entr. : Nouzaret.

LYON et CANNES : 1-1 (1-0). 24 122 spect. 1 255 241 F. Arb. : M. Delmer. Buts : Priou (33e) pour Lyon, Emon (56e) pour Cannes. Avertissements : Charbonnier (10e) et Ravera (61e) à Cannes.

Lyon : Breton - Bajeot, Havet, Fugier, Robin - Fournier (cap.), Frechet, N'Doumba, Durix - Orts, Priou. Entr. : Nouzaret.

Cannes : Morisseau - Chaverot, Burnier, Moizan (cap.), Ravera - Primorac, Bellisi (Sanchez, 6e), Barberat, Charbonnier, Emon (Sassus, 80e). Savic. Entr. : Fernandez.

Cannes, vainqueur rencontrera Sochaux.

BARRAGE N° 2 Division I - Division II

SOCHAUX b. CANNES : 1-0 (1-0). 10 000 spect. env. Arb : M. Swirog. But : Sauzée (32e). Avertissements : Debru (10e), Charbonnier (13e), Burnier (90e) à Cannes : Brisson (12e), Crocci (68e) à Sochaux.

POUR LE TITRE DE CHAMPION

MONTPELLIER b. NIORT : 1-0 (1-0).- 5 292 spect. Arb. : M. Blouet. But : Rioust (25e). Avertissement à Montpellier : Tischner (69e). Expulsion à Montpellier : Furlan (69e).

Niort : Mérelle - Squaglia, Eyquem, Steck, Boucher-Gastien, Azmanallah (Bassot, 46e), Augustin, Pelé - Gladines (Ribreau, 50e), Chomfalel. Entr. : Parizon.

Montpellier : Hours - Furlan, Stojkovic, Tischner, Lucchesi - Millot, Rioust, Scala (Toutain, 88e), Blain - Kader, Kiss. entr. : Mézy.

MONTPELLIER b. NIORT : 3-1 (2-0). - 2 800 spect. Arb. : M. Hirtz. Buts : Milla (7e, Kiss, 2e sur pen.) et Scala (57e), pour Montpellier ; Bassot (76e), pour Niort.

Montpellier : Hours - Ballis, Stojkovic, Toutain, Lucchesi - Millot, Scala, Kader - Kiss, Milla (cap.), Rioust. Entr. : Mézy.

Niort : Mérelle - Squaglia (cap.), Eyquem, Steck, Boucher - Cadu, Bassot, Amanallah - Ribreau, Chomlafel, Augustin. Entr. : Parizon.

Montpellier champion de division II

MEILLEURS BUTEURS DES DEUX GROUPES

22 buts : Kurbos (Mulhouse).
21 buts : N'Gouete (Bastia).
20 buts : Orts (Lyon).
18 buts : Blanc (Montpellier), Milla (Montpellier).
17 buts : Calderaro (Reims), Zemb (Cuiseaux).
16 buts : Roux (Beauvais), Prieur (Caen).
14 buts : Pelé (Niort), Calasan (Orléans), Monczuk (Alès), Perez (Nîmes).
13 buts : Bouflet (Abbeville), Goba (Dunkerque), Reichert (Strasbourg), Fegic (Limoges).
12 buts : Pécout (Caen), Belabde (Niort), Meyer (Bastia), Faucher (Istres), Merry (Nîmes), Krause (Sète).
11 buts : Leveve (Dunkerque), Corroyer (Valenciennes), Lippini (Bastia), Lemonnier (Le Puy), Bousdira (Montceau).
etc.

DIVISION II

Groupe B

	AJACCIO	ALÈS	BASTIA	BÉZIERS	BOURGES	CANNES	CUISEAUX-LOUH	GUEUGNON	ISTRES	LE PUY	LIMOGES	LYON	MARTIGUES	MONTCEAU	MONTPELLIER	NÎMES	SÈTE	THONON
AJACCIO		2-1	3-2	6-0	3-3	0-2	1-1	0-0	1-0	2-1	1-2	0-0	1-1	2-0	2-0	1-1	2-1	0-0
ALÈS	2-0		1-2	0-2	2-0	2-1	2-0	2-1	1-0	1-0	1-0	2-2	1-1	3-0	2-2	4-0	1-0	0-0
BASTIA	3-1	0-2		3-1	6-1	2-0	2-0	2-0	4-2	3-0	1-1	4-0	2-1	0-0	3-2	1-1	2-1	
BÉZIERS	1-1	0-4	0-3		2-3	0-1	0-0	0-1	2-2	0-2	0-0	0-5	0-0	4-2	0-6	1-8	0-2	2-0
BOURGES	1-0	1-1	3-0	1-0		0-0	0-0	1-2	1-1	1-0	1-5	2-3	0-2	2-4	1-0	2-0		0-0
CANNES	2-0	1-0	0-1	7-1	5-0		0-1	3-1	0-0	1-0	2-0	3-1	1-0	2-0	1-1	2-1	2-0	3-0
CUISEAUX-LOUH	2-1	1-1	4-0	5-1	1-0	0-1		0-0	2-2	2-0	1-2	2-1	3-3	0-1	2-2	2-1	2-0	2-1
GUEUGNON	1-0	1-1	2-2	3-0		3-0	1-1		3-1	1-1		0-0	1-1			0-0	1-1	2-1
ISTRES	0-1	3-2	3-3	3-2	1-0	1-1	1-2	2-1		1-1	1-1	1-0		0-1	1-2	1-0		0-1
LE PUY	2-1	0-0	3-0	4-0	2-0	1-3	1-1	3-0	1-1		0-0	1-1	0-1	2-1	1-1	1-1	0-1	1-0
LIMOGES	2-2	0-0	2-0	4-0	1-0	2-1	3-0	1-2	3-1	0-1		0-2	1-1	3-1	1-1	1-1	1-1	1-0
LYON	2-0	1-1	1-0	5-0	4-0	5-2	7-1	2-1	2-0	1-2	2-0		2-0	2-1	3-1	2-2	2-1	3-0
MARTIGUES	0-2	0-2	1-1	0-0	1-0	0-5	3-0	1-0	0-0	3-1	2-0	1-2		2-2	3-0	1-2	0-0	2-0
MONTCEAU	5-0	2-1	5-3	1-1	2-0	0-0	2-0	0-0	0-0	2-3	0-0	1-0			0-1		1-0	2-0
MONTPELLIER	4-1	2-0	3-1	4-0	4-2	1-0	1-0	4-0	2-1	3-1	0-0		1-0	1-0		7-0	4-1	
NÎMES	5-0	1-0	3-1	0-0	4-3	3-1	1-1	4-1	7-1	1-0	0-0	0-3	1-0	3-3	1-1		3-0	1-1
SÈTE	1-0	0-0	2-2	4-0	0-2	2-1	2-1	1-0	3-0	1-1	2-1	0-0	3-0	1-1	6-3			3-1
THONON	3-1	0-3	0-1	3-0	3-2	0-3	1-1	0-0	2-0	1-2	1-1	3-0	0-2	0-0	0-0	2-0		

MATCHES												Classement	Pts	BUTS						
Terrain				Adv.				Total						Terr.		Adv.		Total		Diff.
J	G	N	P	J	G	N	P	J	G	N	P			P	C	P	C	P	C	
17	15	1	1	17	7	7	3	34	22	8	4	1. Montpellier	52	47	7	26	18	73	25	+ 48
17	14	2	1	17	5	8	4	34	19	10	5	2. Lyon	48	46	12	25	16	71	28	+ 43
17	13	2	2	17	7	3	7	34	20	5	9	3. Cannes	45	35	7	22	17	57	24	+ 33
17	12	4	1	17	4	7	6	34	16	11	7	4. Alès	43	29	9	19	15	48	24	+ 24
17	13	3	1	17	4	4	9	34	17	7	10	5. Bastia	41	40	14	22	36	62	50	+ 12
17	10	6	1	17	3	6	8	34	13	12	9	6. Nîmes	38	38	16	24	29	62	45	+ 17
17	9	4	4	17	4	6	7	34	13	10	11	7. Limoges	36	24	14	11	20	35	34	+ 1
17	11	5	1	17	2	4	11	34	13	9	12	8. Sète	35	32	13	8	28	40	41	− 1
17	9	6	2	17	3	4	10	34	12	10	12	9. Montceau	34	25	9	16	29	41	38	+ 3
17	9	5	3	17	2	7	8	34	11	12	11	10. Cuiseaux-L.	34	31	17	10	27	41	44	− 3
17	8	8	1	17	2	5	10	34	10	13	11	11. Gueugnon	33	22	11	9	31	31	42	− 11
17	7	6	4	17	3	4	10	34	10	10	14	12. Le Puy	30	22	12	14	28	36	40	− 4
17	8	7	2	17	2	2	13	34	10	9	15	13. Ajaccio	29	27	15	11	36	38	51	− 13
17	8	4	5	17	1	7	9	34	9	11	14	14. Istres	29	22	18	11	29	33	47	− 14
17	7	5	5	17	2	4	11	34	9	9	16	15. Martigues	27	20	17	9	24	29	41	− 12
17	6	6	5	17	1	4	12	34	7	10	17	16. Thonon	24	20	17	7	28	27	45	− 18
17	5	7	5	17	2	1	14	34	7	8	19	17. Bourges	22	16	18	16	42	32	60	− 28
17	2	5	10	17	0	3	14	34	2	8	24	18. Béziers	12	12	40	6	55	18	95	− 77

DIVISION III

CENTRE

	Pts	J.	G.	N.	P.	p.	c.
1. Dijon	44	30	18	8	4	51	22
2. Chaumont	43	30	19	5	6	51	27
3. Auxerre	37	30	15	7	8	56	27
4. Clermont	33	30	14	5	11	55	40
5. Lyon	33	30	11	11	8	31	30
6. Villefranche	32	30	12	8	10	33	42
7. St-Etienne	32	30	13	6	11	35	35
8. Annecy	31	30	11	9	10	42.	42
9. Versailles	27	30	10	7	13	38	46
10. INF Vichy	27	30	7	13	10	35	29
11. Orléans	26	30	10	6	14	31	53
12. Montluçon	26	30	8	10	12	34	47
13. Gueugnon	25	30	9	7	14	31	39
14. Chalon	24	30	8	8	14	38	45
15. Roanne	21	30	7	7	16	29	45
16. Fontainebleau	19	30	8	3	19	37	69

CENTRE-OUEST

	Pts	J.	G.	N.	P.	p.	c.
1. Châtellereault	44	30	18	8	4	51	23
2. La Rochelle	39	30	13	13	4	42	25
3. Pau	37	30	14	9	7	46	37
4. Toulouse FC	36	30	14	8	8	40	27
5. Bordeaux	34	30	11	12	7	49	36
6. Cholet	32	30	10	12	8	32	29
7. Muret	32	30	10	12	8	40	35
8. Brive	29	30	9	11	10	24	25
9. Angoulême	29	30	6	17	7	19	23
10. Libourne	28	30	11	6	13	32	34
11. Thouars	28	30	7	14	9	25	32
12. Mont-de-Marsan	25	30	6	13	11	37	45
13. Toulouse-Font.	23	30	7	9	14	29	54
14. Tours	22	30	5	12	13	33	43
15. Montauban	22	30	7	8	15	31	44
16. Poitiers	20	30	6	8	16	28	46

EST

	Pts	J.	G.	N.	P.	p.	c.
1. Sochaux	42	30	17	8	5	45	17
2. Melun	37	30	13	11	6	38	20
3. Mulhouse	37	30	12	13	5	35	23
4. Vauban	36	30	12	12	6	36	27
5. Meaux	35	30	10	15	5	41	31
6. Nancy	30	30	9	12	9	37	30
7. Epinal	30	30	10	10	10	37	40
8. Charleville	29	30	9	11	10	28	34
9. Sedan	27	30	9	9	12	25	29
10. RC Paris	27	30	6	15	9	29	32
11. Metz	26	30	5	16	9	24	23
12. Corbeil	26	30	6	14	10	28	33
13. Villecresnes	26	30	7	12	11	26	41
14. RC Strasbourg	25	30	5	15	10	33	41
15. Sarreguemines	25	30	8	9	13	32	43
16. Thionville	22	30	5	12	13	18	48

NORD

	Pts	J.	G.	N.	P.	p.	c.
1. Paris-SG	46	30	20	6	4	74	33
2. Rouen	41	30	18	5	7	68	23
3. Lens	37	30	17	3	10	53	29
4. Compiègne	34	30	13	8	9	36	21
5. Le Havre	34	30	13	8	9	39	38
6. Reims	32	30	13	6	11	39	38
7. Evreux	30	30	9	12	9	35	34
8. Saint-Quentin	29	30	8	13	9	31	39
9. Maubeuge	29	30	12	5	13	41	42
10. Lille	29	30	10	9	11	30	35
11. Fécamp	28	30	8	12	10	40	45
12. Saint-Omer	27	30	9	9	12	30	45
13. Creil	26	30	9	8	13	24	39
14. Calais	25	30	9	7	14	32	46
15. Roubaix	20	30	6	8	16	20	52
16. Hazebrouck	13	30	5	3	22	25	56

OUEST

	Pts	J.	G.	N.	P.	p.	c.
1. Lorient	42	30	18	6	6	58	30
2. Le Mans UC	41	30	16	9	5	47	25
3. Nantes	39	30	14	11	5	44	22
4. FC Brest	36	30	14	8	8	43	24
5. Guingamp	36	30	13	10	7	43	46
6. Redon	35	30	12	11	7	41	33
7. Rennes	34	30	14	6	10	46	42
8. Cherbourg	28	30	8	12	10	35	41
9. Véloce V	28	30	9	10	11	31	32
10. Caen	27	30	7	13	10	30	34
11. Lisieux	27	30	6	15	9	25	29
12. Saint-Lô	26	30	6	14	10	29	36
13. Laval	26	30	9	8	13	26	38
14. US Mont	22	30	7	8	15	29	41
15. La Roche-sur-Yon	21	30	5	11	14	27	41
16. AS Brest	12	30	1	10	19	21	61

SUD

	Pts	J.	G.	N.	P.	p.	c.
1. Monaco	41	30	15	11	4	45	24
2. Grenoble	36	30	13	10	7	42	24
3. Nice	35	30	14	7	9	46	27
4. Rodez	33	30	14	5	11	33	31
5. Avignon	32	30	12	8	10	33	31
6. Perpignan	32	30	13	6	11	30	30
7. Saint-Raphaël	31	30	12	7	11	36	35
8. Montpellier	31	30	11	9	10	44	47
9. Saint-Priest	29	30	11	7	12	35	43
10. Valence	29	30	12	5	13	32	34
11. Toulon	28	30	10	8	12	34	29
12. Marseille	28	30	10	8	12	41	36
13. Hyères	26	30	10	6	14	35	31
14. Aix	25	30	8	9	13	29	51
15. Sète	22	30	7	8	15	26	45
16. Orange	22	30	6	10	14	26	57

MEILLEURS BUTEURS DES SIX GROUPES

22 buts : Rolland (Rouen).
19 buts : Burini (Versailles).
18 buts : Affaire (Clermont), Marquet (Paris-S.-G.).
17 buts : Miguel (Mont-de-Marsan).
16 buts : Simba (Paris S.-G.).
15 buts : Lanchon (Evreux), Piumi (Compiègne), Lalanne (Bordeaux), Sabatier (La Rochelle), Lenartowicz (Fontainebleau).
14 buts : F. Soler (Nice), Weiss (Epinal), Lemoine (Maubeuge), Peltier (Rouen, Hivon (Cholet).

DIVISION IV

GROUPE A

	Pts	J.	G.	N.	P.	p.	c.
1. Le Touquet	40	26	16	8	2	47	15
2. Arques	33	26	12	9	5	42	25
3. Boulogne	30	26	12	6	8	36	27
4. Friville	27	26	10	7	9	33	37
5. Valenciennes	26	26	9	8	9	30	26
6. Cambrai	26	26	9	8	9	37	35
7. Police Paris	26	26	8	10	8	28	26
8. Sedan	26	26	7	12	7	26	29
9. Amiens	25	26	8	9	9	25	29
10. Tourcoing	24	26	9	6	11	33	31
11. Arras	23	26	8	7	11	34	44
12. Longpré	20	26	7	6	13	26	38
13. Douai	19	26	8	3	15	29	44
14. Laon	19	26	6	7	13	32	52

GROUPE B

	Pts	J.	G.	N.	P.	p.	c.
1. Viry-Châtillon	37	26	12	13	1	37	14
2. Senlis	36	26	14	8	4	40	21
3. Poissy	36	26	13	10	3	35	11
4. Saint-Leu	33	26	11	11	4	38	21
5. Bihorel	32	26	12	8	6	38	26
6. Alençon	29	26	10	9	7	22	15
7. PTT Caen	28	26	10	8	8	40	29
8. Argentan	27	26	11	5	10	33	33
9. Rouen	26	26	9	8	9	36	21
10. Bayeux	22	26	8	6	12	30	41
11. US Normandie	20	26	5	10	11	19	28
12. Trouville	13	26	4	5	17	16	53
13. Mamers	13	26	5	3	18	21	58
14. Evreux LM	12	26	2	8	16	20	54

GROUPE C

	Pts	J.	G.	N.	P.	p.	c.
1. Saint-Dié	34	26	11	12	3	42	27
2. Forbach	33	26	13	7	6	36	20
3. FC Strasbourg	33	26	12	9	5	39	30
4. RS Mulhouse	28	26	8	12	6	38	33
5. Blénod	28	26	9	10	7	25	21
6. Florange	27	26	10	7	9	32	32
7. Villerupt	26	26	8	10	8	30	30
8. Saint-Avold	26	26	8	10	8	32	35
9. PTT Metz	25	26	8	9	9	25	27
10. Colmar	24	26	10	4	12	39	44
11. Merlebach	23	26	6	11	9	30	36
12. Neudorf	23	26	7	9	10	29	26
13. Sundhoffen	22	26	6	10	10	28	35
14. Wissembourg	12	26	5	2	19	19	51

GROUPE D

	Pts	J.	G.	N.	P.	p.	c.
1. US St-Malo	39	26	14	11	1	46	19
2. UCK Vannes	33	26	11	11	4	31	24
3. Pont-l'Abbé	29	26	10	9	7	28	23
4. Ancenis	29	26	9	11	6	31	27
5. St-Pol-de-Léon	29	26	11	7	8	25	27
6. Angers	28	26	8	12	6	40	25
7. Ingrandes	28	26	10	8	8	45	44
8. La Roche AEPB	28	26	11	6	9	35	38
9. St-Sébastien	26	26	9	8	9	35	29
10. Nantes	23	26	9	5	12	41	36
11. Concarneau	23	26	8	7	11	30	32
12. Le Mans	20	26	5	10	11	24	33
13. Laval	19	26	6	7	13	33	46
14. CO Pontlieue	10	26	3	4	19	19	60

GROUPE E

	Pts	J.	G.	N.	P.	p.	c.
1. Cluses	38	26	16	6	4	49	26
2. Valence	36	26	14	8	4	38	17
3. Jojo Grenoble	31	26	12	7	7	38	27
4. Le Puy	30	26	10	10	6	38	24
5. Pt-de-Cheruy	30	26	12	6	8	39	32
6. FC Grenoble	29	26	12	5	9	43	26
7. Belfort	29	26	11	7	8	35	34
8. Annemasse	28	26	10	8	8	41	36
9. Tavaux	26	26	10	6	10	31	37
10. Isle/Doubs	25	26	7	11	8	26	29
11. Dampierre	22	26	6	10	10	35	34
12. Fesches-le-C	17	26	5	7	14	24	51
13. Besançon	14	26	4	6	16	25	50
14. Bavans	9	26	2	5	19	16	55

GROUPE F

	Pts	J.	G.	N.	P.	p.	c.
1. Créteil	38	26	15	8	3	51	25
2. Montceau	35	26	14	7	5	52	26
3. Châteauroux	30	26	12	6	8	35	31
4. Auxerre	30	26	10	10	6	41	31
5. Joué-lès-Tours	28	26	10	8	8	42	40
6. Lucé	27	26	10	7	9	32	25
7. Malakoff	26	26	9	8	9	34	35
8. Nevers	26	26	8	10	8	29	35
9. Châteaudun	25	26	9	7	10	37	32
10. Beaune	24	26	8	8	10	24	32
11. Beaugency	23	26	9	5	12	27	36
12. Blois	20	26	6	8	12	32	43
13. Romilly	17	26	5	7	14	23	47
14. Gueugnon	15	26	4	7	15	18	44

GROUPE G

	Pts	J.	G.	N.	P.	p.	c.
1. Saint-Seurin	46	26	21	4	1	58	13
2. Périgueux	40	26	16	8	2	52	24
3. Limoges	34	26	14	6	6	35	23
4. INF Vichy	31	26	12	7	7	39	25
5. Isle	29	26	11	7	8	30	28
6. Moulins	26	26	10	6	10	40	32
7. Orthez	26	26	9	8	9	29	34
8. Villenave	25	26	9	7	10	34	27
9. Aurillac	22	26	6	10	10	24	25
10. Poitiers	21	26	6	9	11	23	40
11. Montmorillon	19	26	8	3	15	19	41
12. Clermont-Fd	19	26	6	7	13	24	35
13. Angoulême	14	26	1	12	13	12	33
14. Cournon	12	26	3	6	17	15	44

GROUPE H

	Pts	J.	G.	N.	P.	p.	c.
1. Le Canet	34	26	14	6	6	45	22
2. Nîmes	33	26	14	5	7	53	22
3. Cagnes	32	26	12	8	6	38	22
4. Grasse	30	26	10	10	6	33	26
5. Ile Rousse	28	26	9	10	7	35	33
6. Le Puget	28	26	10	8	8	28	34
7. Fréjus	26	26	9	9	8	28	26
8. Antibes	26	26	9	8	8	35	39
9. Rodez	25	26	9	7	10	25	25
10. SEC Bastia	25	26	9	7	10	24	31
11. Requista	24	26	8	8	10	29	41
12. Arles	21	26	5	1	10	31	40
13. Saint-Cyr	19	26	6	7	13	26	41
14. CA Bastia	13	26	5	3	18	32	67

TOURNOI FINAL POUR LA DESIGNATION DU CHAMPION

QUARTS DE FINALE

Le Touquet b.* Saint-Malo	4-1
Viry-Chatillon b. Saint-Dié	1-0
Le Canet b.* Cluses-Scionzier	3-1 (a.p.)
Créteil b.* Saint-Seurin	3-1

DEMI-FINALES

LE TOUQUET b. VIRY-CHATILLON : 2-0 (1-0) - 270 spect. 7 500 F. Arb. : M. Dessesart. Buts : David (18e), Turquet (55e).

Le Touquet : Minguet - Calu, Bardé, Ghignet, Dupuis - David,Meerschaert, Hassouna, Fester (Tricoche, 85e), Talinski (Greffier, 80e), Turquet. Entr. : Baraffe

Viry-Chatillon : Lallemand - Barbosa (Ceustillet, 52e), Bolbé, Malfreid, Kedié, Dantomet, Karasi, Petrinka, Martinez (Frouin, 55e), Méret,Mendy. Entr. : Guesdon.

CRETEIL b. CANET : 2-1 (1-0). - 700 spect. Arb. : M. Leduc. Buts : Milojevic (31e, 53e) pour Créteil ; Reffier (49e) pour Canet.

Créteil : Sidaine - Charton, Ghala, Dumontel, Medelec - Escobédo, Ald, Remond, Milojevic - Bonneval, De Neef. Entr. : Komano.

Canet : Perez - Cribaillet, Benfoda, Reffier, Bergous - Barande, Pugliese, Zali, Levant - Bensassi, M'Futila. Entr. : Ros.

FINALE LE 20 JUIN 1987

CRETEIL b. TOUQUET : 1-0 (0-0). 606 spect. 10 050 F de recette. Arb. : M. Bourgeois. But : Charton (60e).

Créteil : Sidane (cap.) - Charton, Dumontel, Nedelec, G'Bala - Escobedo, Remond, Milojevic - Aïd, Bonneval (Mazzon, 35e), Deneef. Entr : Komano.

Le Touquet : Minguet - Canu, Ghigneh, David (cap.) Elliot (Voiseur 62e) - Hassouna, Festor (Gressier 67e), Meerschaert - Calinski, Turquet. Entr. : Baraffe.

Créteil champion.

CHAMPIONNATS RÉGIONAUX

ALSACE

		Pts	J.	G.	N.	P.	p.	c.
1.	FC Mulhouse	39	26	17	5	4	47	23
2.	Relperswiller	34	26	13	8	5	34	19
3.	Schiltigheim	31	26	11	9	6	30	27
4.	Mutzig	29	26	11	7	8	37	35
5.	Vauban	28	26	11	6	9	29	28
6.	Hochfelden	27	26	9	9	8	40	39
7.	AS Mulhouse	25	26	8	9	9	27	23
8.	AS Strasbourg	25	26	5	15	6	25	23
9.	Saint-Louis	25	26	8	9	9	29	32
10.	Bisheim	23	26	8	7	11	43	36
11.	Kronenbourg	23	26	6	11	9	25	28
12.	Westhouse	22	26	8	6	12	32	41
13.	Bischwiller	20	26	7	6	13	37	40
14.	Haguenau	12	26	4	5	17	28	65

AQUITAINE

		Pts	J.	G.	N.	P.	p.	c.
1.	Bordeaux	59	24	13	9	2	37	16
2.	Arin Luzien	57	24	12	9	3	35	13
3.	Castets	56	24	13	6	5	42	23
4.	Ambres	52	24	8	10	5	27	23
5.	Mérignac	49	24	6	13	5	27	30
6.	Libourne	49	24	6	11	7	26	22
7.	Le Verdon	48	24	9	6	9	27	27
8.	Pauillac	47	24	5	13	6	23	26
9.	Pau	46	24	7	8	9	32	37
10.	Agen	44	24	6	8	10	28	26
11.	Bayonne	43	24	7	5	12	28	29
12.	Bergerac	42	24	6	6	12	27	42
13.	Andernos	34	24	1	8	15	13	58

ATLANTIQUE

		Pts	J.	G.	N.	P.	p.	c.
1.	ASPTT Nantes	59	26	13	7	6	40	25
2.	Angers	58	26	14	4	8	49	34
3.	Segré	57	26	12	7	7	35	25
4.	Et. Fontenay	56	26	10	10	6	38	29
5.	Poire Vie	56	26	9	12	5	34	30
6.	SA Fontenay	54	26	11	6	9	38	31
7.	Châteaubriand	53	26	8	11	7	30	24
8.	Les Herbiers	53	26	8	11	7	35	34
9.	Pontchâteau	52	26	8	10	8	40	41
10.	Challans	52	26	10	6	10	33	44
11.	La Chaume	49	26	9	5	12	33	32
12.	Luçon	47	26	4	13	9	28	32
13.	Saint-Joachim	44	26	5	8	13	23	49
14.	Saint-Brévin	37	26	3	6	17	23	49

AUVERGNE

		Pts	J.	G.	N.	P.	p.	c.
1.	Arpajon	53	22	12	7	3	27	10
2.	Gannat SC	52	22	12	6	4	34	15
3.	INF Vichy	52	22	12	6	4	26	11
4.	Lapalisse AA	50	22	9	10	3	27	11
5.	St-Georges US	46	22	10	4	8	26	25
6.	Beaumont US	45	22	9	5	8	24	28
7.	Domérat AS	43	22	7	7	8	32	34
8.	Val Vert SP	42	22	6	8	8	32	39
9.	Riom FC	41	22	6	7	9	24	25
10.	Ennezat US	37	22	3	9	10	16	31
11.	Cournon FA	36	22	3	8	11	7	26
12.	Messeix BL	31	22	1	7	14	15	35

BOURGOGNE

		Pts	J.	G.	N.	P.	p.	c.
1.	AS Decize	67	26	17	7	2	59	17
2.	US Joigny	57	26	12	7	7	32	33
3.	Vill-Yonne	56	26	10	10	6	50	44
4.	Selongey	56	26	12	6	8	44	36
5.	St-Florentin	55	26	10	9	7	53	37
6.	Alliance Sens	55	26	11	7	8	43	38
7.	Cercle Dijon	55	26	10	9	7	43	37
8.	St-Auxerre	54	26	12	4	10	42	36
9.	Cuis.-Louhans	51	26	10	5	11	26	32
10.	JO Creusot	51	26	10	5	11	26	32
11.	AJ Auxerre	50	26	8	9	9	31	29
12.	Chenôve	42	26	5	6	15	25	53
13.	CO Avallon	41	26	6	3	17	26	48
14.	Stade Lens	36	26	1	8	17	23	57

CENTRE

		Pts	J.	G.	N.	P.	p.	c.
1.	Bourges FC	55	22	15	3	4	42	13
2.	St-Christophe	49	22	10	7	5	33	19
3.	Tours FC	48	22	11	4	7	33	26
4.	Mer US	45	22	8	7	7	33	35
5.	Chartres VS	44	22	8	6	8	26	30
6.	Amilly	43	22	7	7	8	35	33
7.	Gien AS	42	22	7	6	9	32	35
8.	Loches AC	42	22	6	8	8	22	34
9.	Salbris AS	41	22	5	9	8	26	31
10.	Chinon US	41	22	7	5	10	28	42
11.	St-Jean FCO	41	22	6	7	9	23	33
12.	Berrichonne	37	22	4	7	11	29	41

CENTRE-OUEST

		Pts	J.	G.	N.	P.	p.	c.
1.	Pallice Laleu	54	22	14	4	4	39	14
2.	Soyaux AS	50	22	13	2	7	52	27
3.	St-Liguaire O	49	22	10	7	5	38	24
4.	Royan OC	49	22	11	5	6	36	29
5.	Guéret ASC	49	22	11	5	6	26	25
6.	Cognac UA	46	22	10	4	8	18	18
7.	Brive ESA	41	22	7	5	10	22	28
8.	Bressuire FC	39	22	6	5	11	30	30
9.	Loudun FC	39	22	6	5	11	19	31
10.	Angou Leroy	38	22	7	2	13	37	44
11.	Tulle EC	37	22	5	5	12	27	45
12.	Roumazière LO	37	22	5	5	12	20	49

CORSE

		Pts	J.	G.	N.	P.	p.	c.
1.	Gazelec Ajaccio	52	22	12	6	4	47	19
2.	US Corte	50	22	12	4	6	40	26
3.	AS Murianincu	48	22	9	8	5	35	30
4.	Porto Vecch.	47	22	10	5	7	41	28
5.	O Ajaccio	46	22	11	2	9	39	28
6.	FC Aleria	46	22	7	10	5	15	14
7.	Furiani	42	22	7	6	9	25	30
8.	EF Bastia	42	22	6	8	8	20	29
9.	US Ghisonaccia	41	22	7	5	10	26	27
10.	AS Murato	41	22	4	11	7	21	27
11.	AS Toga-Cardo	37	22	6	3	13	24	46
12.	Grosseto PS	36	22	5	4	13	16	44

FRANCHE-COMTÉ

		Pts	J.	G.	N.	P.	p.	c.
1.	Champagnole	53	22	11	9	2	31	16
2.	Montlebon	49	22	9	9	4	27	19
3.	Molinges	49	22	10	7	5	30	21
4.	Vermondans	45	22	8	7	7	28	27
5.	Bletterans	45	22	8	7	7	20	29
6.	Voujeaucourt	44	22	7	8	7	22	18
7.	Dole	43	22	6	9	7	25	17
8.	Baume	43	22	5	11	6	18	19
9.	Luxeuil	43	22	6	9	7	16	19
10.	Audincourt	41	22	5	9	8	22	28
11.	Lure	41	22	8	3	11	20	26
12.	Moirans	32	22	2	5	15	15	35

LORRAINE

		Pts	J.	G.	N.	P.	p.	c.
1.	Bataville	38	26	16	6	4	47	23
2.	Epinal B	37	26	17	3	6	44	17
3.	Basse-Yuty	35	26	13	9	4	36	21
4.	Audun	32	26	14	4	8	42	26
5.	Vandœuvre	30	26	11	8	7	41	22
6.	AS Nancy	28	26	9	10	7	24	23
7.	Anould	26	26	11	4	11	36	33
8.	Neufchâteau	24	26	9	6	11	30	39
9.	Solgne	24	26	8	8	10	29	47
10.	Lexy	22	26	7	8	11	38	45
11.	Creutzwald	22	26	6	10	10	25	37
12.	Sarrebourg	18	26	4	10	12	15	29
13.	Hombourg	15	26	4	7	15	22	43
14.	Stiring	13	26	2	9	15	16	40

LANGUEDOC-ROUSSILLON

		Pts	J.	G.	N.	P.	p.	c.
1.	Alès	33	22	13	7	1	33	11
2.	Montpellier	32	22	14	4	4	37	19
3.	Pont-St-Esprit	24	22	6	11	5	28	24
4.	Hosp. Montp.	24	22	6	12	4	30	26
5.	Grau-du-Roi	23	22	7	8	7	30	30
6.	Le Crès	22	22	8	6	8	28	26
7.	Agde	21	22	7	5	10	30	36
8.	Vauvert	20	22	6	8	8	21	26
9.	Uzès	19	22	6	7	9	22	27
10.	Balaruc	17	22	5	7	10	27	28
11.	P.C. Sète	15	22	4	7	11	28	37
12.	Narbonne	14	22	5	4	13	22	46

MAINE

		Pts	J.	G.	N.	P.	p.	c.
1.	US Fléchois	52	22	11	8	3	29	13
2.	US Ecommoy	48	22	8	10	4	32	21
3.	L'Ernéenne	48	22	11	4	7	35	25
4.	CA Mayennais	48	22	10	6	6	34	25
5.	Sablé FC	47	22	10	5	7	28	21
6.	US Lavalloise	45	22	8	7	7	32	36
7.	CS Cheminots	43	22	6	9	7	33	38
8.	Vibraysienne	42	22	6	8	8	29	30
9.	FA Laval	41	22	6	7	9	19	26
10.	Le Mans UC	41	22	6	7	9	26	25
11.	US St-Berthevin	37	22	5	5	12	17	42
12.	Ste-Jamme Sp	36	22	4	6	12	25	37

MÉDITERRANNÉE

		Pts	J.	G.	N.	P.	p.	c.
1.	Cannes	68	26	18	6	2	56	12
2.	Vallauris	57	26	13	5	8	42	29
3.	St-Tropez	56	26	10	10	6	36	26
4.	Carpentras	55	26	12	5	9	44	44
5.	Nice	52	26	9	8	9	39	34
6.	Martigues	52	26	9	8	9	28	26
7.	Premier Canton	51	26	8	9	9	30	32
8.	Gap	51	26	8	9	9	25	34
9.	St-Antoine	50	26	9	6	11	34	47
10.	La Fontonne	50	26	7	10	9	36	40
11.	Gardanne	50	26	8	8	10	24	31
12.	Digne	48	26	4	14	8	19	20
13.	Ardziv	44	26	6	6	14	19	44
14.	Draguignan	44	26	4	10	12	26	39

MIDI-PYRÉNNÉS

		Pts	J.	G.	N.	P.	p.	c.
1.	Labège	38	26	15	8	3	44	12
2.	Tarbes	37	26	16	5	5	40	15
3.	Cahors	34	26	12	10	4	32	27
4.	Mazamet	28	26	11	6	9	42	36
5.	Albi	27	26	9	9	8	25	21
6.	Colomiers	26	26	9	8	9	35	27
7.	Cugnaux	25	26	7	11	8	20	26
8.	Villefranche	23	26	7	9	10	33	37
9.	Millau	23	26	7	9	10	24	31
10.	Saint-Simon	23	26	6	11	9	24	33
11.	Luzenac	22	26	9	4	13	26	33
12.	Luchon	22	26	7	8	11	25	35
13.	Fleurance	18	26	5	8	13	17	28
14.	Cazères	17	26	5	7	14	25	52

NORD

		Pts	J.	G.	N.	P.	p.	c.
1.	Béthune	53	22	13	5	4	39	23
2.	Dunkerque	52	22	10	10	2	32	10
3.	Lens	52	22	11	8	3	32	15
4.	Wasquehal	51	22	11	7	4	33	25
5.	Grande-Synthe	45	22	8	8	6	30	20
6.	Gravelines	45	22	9	5	8	33	28
7.	Hénin	42	22	4	12	6	19	22
8.	Wallers	40	22	6	6	10	18	23
9.	Raismes	39	22	5	7	10	16	36
10.	La Gorgue	38	22	4	8	10	17	34
11.	Loison	36	22	2	10	10	15	24
12.	Nœux	34	22	1	10	11	15	39

NORD-EST

		Pts	J.	G.	N.	P.	p.	c.
1.	Troyes	64	26	16	6	4	55	17
2.	Reims	61	26	13	9	3	51	33
3.	Charleville	55	26	10	9	7	40	22
4.	Vendœuvre	55	26	9	11	9	46	40
5.	Eclaron	55	26	11	7	8	35	39
6.	Chaumont	53	26	10	7	9	45	36
7.	Saint-Dizier	52	26	10	6	10	29	28
8.	Chevillon	52	26	8	10	8	30	40
9.	Tinqueux	51	26	8	9	9	31	28
10.	Epernay	49	26	10	3	13	31	40
11.	Bourg	47	26	6	9	10	38	57
12.	Valcourt	47	26	7	7	12	27	50
13.	Vitry	44	26	6	6	14	21	36
14.	PTT Châlons	41	26	5	7	14	33	46

BASSE-NORMANDIE

		Pts	J.	G.	N.	P.	p.	c.
1.	US Avranche	57	22	15	5	2	37	12
2.	US St-Georges	49	22	11	5	6	32	30
3.	Condé Sports	48	22	10	6	6	24	20
4.	O. Argentan	47	22	11	3	8	35	25
5.	USO Mondeville	44	22	9	4	9	19	24
6.	US Flers	42	22	8	4	10	27	27
7.	US Granville	42	22	7	6	9	19	17
8.	Périers Sports	42	22	10	0	12	36	37
9.	FC Saint-Lô	42	22	6	8	8	22	23
10.	AS Cherbourg	42	22	6	8	8	31	32
11.	AS Surtainville	41	22	8	3	11	33	44
12.	Ouistreham	32	22	3	4	15	13	37

HAUTE-NORMANDIE

		Pts	J.	G.	N.	P.	p.	c.
1.	Dieppe	65	26	17	5	4	50	25
2.	Pavilly	60	26	14	8	4	57	30
3.	Oisel	59	26	12	9	5	54	40
4.	Le Havre AC	58	26	10	10	6	33	21
5.	Vaudreuil	55	26	11	7	8	39	31
6.	Le Villain	53	26	11	5	10	45	33
7.	Les Neiges	52	26	10	6	10	25	29
8.	Elbeuf	51	26	9	7	10	28	28
9.	Broglie	51	26	8	9	9	34	40
10.	Arques	49	26	8	7	11	39	42
11.	Lillebonne	47	26	7	6	12	33	44
12.	Rouen	45	26	8	3	15	34	55
13.	Luneray	42	26	6	4	16	28	57
14.	PA Havre	41	26	6	3	17	31	55

OUEST

		Pts	J.	G.	N.	P.	p.	c.
1.	Carhaix	60	26	13	8	5	48	36
2.	NOCPB Rennes	58	26	11	10	5	45	32
3.	Locminé	55	26	10	9	7	31	33
4.	Baud	53	26	11	5	10	40	38
5.	Plancoët	53	26	10	7	9	33	41
6.	St-Brieuc	53	26	11	5	10	44	29
7.	Perros-Guirec	52	26	10	6	10	45	42
8.	Plouhinec	51	26	9	7	10	39	35
9.	Plumelec	51	26	8	9	9	46	43
10.	Lannion	51	26	10	5	11	35	44
11.	Coray	50	26	9	6	11	40	38
12.	Lamballe	50	26	10	4	12	39	42
13.	Lanester	49	26	8	7	11	25	35
14.	Vitré	42	26	5	6	15	38	61

PARIS

		Pts	J.	G.	N.	P.	p.	c.
1.	AS Evry	60	22	17	4	1	41	18
2.	Paris FC 83	59	22	17	3	2	47	16
3.	Les Lilas	47	22	9	7	6	30	26
4.	Massy FC 91	44	22	9	5	8	22	17
5.	Marly-le-Roi	42	22	7	6	9	22	38
6.	Villemonble	42	22	7	6	9	24	34
7.	AS Mantes	41	22	6	7	9	20	23
8.	CA Mantes	40	22	6	6	10	26	32
9.	Longjumeau	39	22	6	5	11	19	27
10.	Garges	39	22	4	9	9	15	24
11.	Brévannes	37	22	5	5	12	20	31
12.	RC Paris	37	22	4	7	11	14	25

PICARDIE

		Pts	J.	G.	N.	P.	p.	c.
1.	AS Beauvais	61	22	19	1	2	69	13
2.	SC Abbeville	52	22	13	4	5	40	22
3.	US Chantilly	46	22	10	4	8	43	33
4.	Pont Ste Max.	46	22	9	6	7	32	28
5.	S Compiègne	44	22	7	8	7	31	35
6.	Origny-en-Th.	43	22	9	3	10	25	31
7.	E Vic/Aisne	42	22	6	8	8	29	30
8.	SC Noyon	42	22	6	8	8	6	22
9.	ESC Tergnier	40	22	5	8	9	9	34
10.	AS Beaurevoir	39	22	6	5	11	25	45
11.	Amiens SC	37	22	5	5	12	22	36
12.	US Prémontré	36	22	5	4	13	25	47

RHÔNE-ALPES

		Pts	J.	G.	N.	P.	p.	c.
1.	NORCAP Grenoble	53	22	12	7	3	32	13
2.	Mizérieux	51	22	12	5	5	27	17
3.	Lyon	50	22	9	10	3	33	21
4.	Montélimar	50	22	9	10	3	25	18
5.	Chambéry	46	22	8	8	6	32	27
6.	Thonon	44	22	7	8	7	24	19
7.	Moutiers	42	22	7	6	9	25	25
8.	Decines	42	22	4	12	6	18	22
9.	Vals-les-Bains	41	22	6	7	9	21	29
10.	Romans	40	22	5	8	9	19	25
11.	Vaulx-en-Velin	37	22	4	7	11	20	43
12.	Villefranche	32	22	1	8	13	4	41

COUPE D'EUROPE DES CLUBS CHAMPIONS

SEIZIEMES DE FINALE
Aller : 17 septembre 1986
Retour : 1er octobre 1986

PSV Eindhoven - Bayern Munich	0-2	0-0
Porto - Rabat Ajax	9-0	1-0
Avenir Beggen - Austria Vienne	0-3	0-3
Juventus - Valur Reykjavik	7-0	4-0
Etoile Rouge - Panathinaïkos	3-0	1-2
S. Zagora - Dynamo Kiev	1-1	0-2
Anderlecht - G. Zabrze	2-0	1-1
Brondby - Honved	4-1	2-2
Besiktas - D. Tirana	2-0	1-0
A. Nicosie - HJK Helsinki	1-0	2-3
Rosenborg - Linfield	1-0	1-1
O. Goeteborg - Dynamo Berlin	2-3	1-4
S. Rovers - Celtic Glasgow	0-1	0-2
Paris-SG - Vitkovice	2-2	0-1

Exempt : Steaua Bucarest

HUITIEMES DE FINALE
Aller : 22 octobre 1986
Retour : 5 novembre 1986

Real Madrid - Juventus de Turin	1-0	0-1
	(3 pen. à 1)	
Vitkovice - FC Porto	1-0	0-3
Rosenborg - Etoile Rouge de Belgrade	0-3	1-4
Bayern Munich - Austria Vienne	2-0	1-1
Anderlecht - Steaua Bucarest	3-0	0-1
Celtic Glasgow - Dynamo Kiev	1-1	1-3
IF Brondby - Dynamo Berlin	2-1	1-1

Besiktas - Nicosie : forfait de Nicosie.

QUARTS DE FINALE
(Aller)
4 mars 1987

BAYERN MUNICH b. ANDERLECHT : 5-0 (2-0). - 16 000 spect. Arb. : M. Sanchez-Arminio (Esp.). Buts : Rummenigge (15e), Pflügler (27e), Hoeness (66e et 86e), Wohlfahrt (89e).

Bayern de Munich : Pfaff - Nachtweih, Eder, Pflüger - Winklhofer, Brehme, Dorfner, Rummenigge - Wohlfahrt, Hoeness, Lunde (Kögl, 85e).

RSC Anderlecht : Munaron - Swinnen (Friman, 31e), Grun, De Groote, Andersen - Nilis, Vercauteren, Janssen, Lozano - Gudjohnsen, Kancevic.

ETOILE ROUGE DE BELGRADE b. REAL MADRID : 4-2 (3-0). 90 000 spect. Arb. : M. Keith Hachet (GB). Buts : Djurovski (7e), Djurovic (12e), Cvetkovic (12e), Jankovic (83e sur pen.), pour l'Etoile rouge ; Sanchez (67e et 87e sur pen.), pour le Real.

Etoile Rouge de Belgrade : Stojanovic - Radovanovic, Krivokapic, Elsner, Bracun - Stojkovic, Jankovic, Djurovic, Cvetkovic - Djurovski, Mrklea (Pavlovic, 70e).

Real Madrid : Buyo - Chendo, Sanchis, Salguero, Camacho - Michel (Vasquez, 89e), Gallego, Gordillo, Sanchez - Solana (Juanito, 59e), Valdano.

FC PORTO b. BRONDY : 1-0 (0-0). - 60 000 spect. Arb. : M. Biguet (Fr.). Buts : Madjer (71e).

FC Porto : Ze Beto - Joao Pinto, Celso, Eduardo Luis, Laureta - Madjer, Frasco (Jaime Magalhaes, 67e), Sousa (Casagrande, 45e), Gomes - Futre, André.

Brondby : Schmeichel - O. Madsen, Ostergaard, Olsen, K. Nielsen - H. Hansen (Laudrup, 75e), J. Jensen, B. Jensen, H. Jensen - C. Nielsen, Vilfort.

DYNAMO KIEV b. BESIKTAS ISTANBUL : 5-0 (2-0). - 40 000 spect. Arb. : M. Krchak Dusan (Tch.). Buts : Belanov (17e), Blokhine (41e et 51e), Yevtushenko (47e et 61e). Avertissements : Rats (22e), Kousnetsov (39e), à Kiev.

Besiktas : Jurkovitch - Ali (Paprica, 65e), Samet, Ulvi (Ziya, 45e) - Kadir, Riza, Fikret, Gokhan, Metin - Feyyaz, Sinan.

Dynamo Kiev : Chanov - Bal, Baltacha, Kousnetsov, Demianenko - Gorili, Zavarov, Rats (Morozov, 59e), Yevtushenko - Belanov, Blokhine (Mikhailitchenko, 59e).

QUARTS DE FINALE
(Retour)
18 mars 1987

ANDERLECHT b. BAYERN MUNICH : 2-2 (1-0). - 40 000 spect. Arb. : M. H. Bridges (Pays de Galles). Buts : Lozano (31e), Nilis (73e), pour Anderlecht ; Wohlfart (55e et 68e), pour le Bayern. Avertissements : Vercauteren (58e), à Anderlecht ; Brehme (32e), Pfaff (78e), au Bayern.

RSC Anderlecht : Munaron - Grun, Van Tiggelen, De Groote, Andersen - Scifo, Janssen (Wuyts, 58e), Lozano, Vercauteren - Gudjohnsen (Nilis, 66e), Kancevic.

Bayern Munich : Pfaff - Nachtweih, Augenthaler (Winklhofer, 63e), Eder, Pflügler - Rummenigge, Brehme (Lunde, 66e), Dorfner, Matthäus - Hoeness, Wohlfarth.

Bayern Munich qualifié.

REAL MADRID b. ETOILE ROUGE DE BELGRADE : 2-0 (1-0). - 100 000 spect. Arb. : M. Kirachen (RDA). Buts : Butragueno (4e), Michel (61e).

Real Madrid : Buyo - Chendo, Sanchis, Gallego, Camacho - Michel, Juanito (Solana, 66e), Gordillo - Butragueno (Martin Vasquez, 86e), Sanchez, Santillana.

Etoile Rouge de Belgrade : Stojanovic - Radovanovic, Krivokapic, Elsner, Bracun - Djurovski, Pavlovic, Stojkovic - Milogevic, Mrckla (Nikolic, 46e), Cvetkovic.

Real Madrid qualifié.

BRONDBY et FC PORTO : 1-1 (1-0). - 35 000 spect. Arb. : M. Nemeth (Hongrie). Buts : Steffensen (36e), pour Brondby ; Filho (74e), pour Porto. Avertissement : Azevedo (20e) pour Porto.

Brondby IF : Schmeichel - Ostergaard, Nilsen, Olsen, Madsen - H. Jensen (Christensen, 77e), J. Jensen, B. Jensen (Laudrup, 77e) - Steffensen, Nielsen, Vilfort.

FC Porto : Mlynarczyk - Joao Pinto, Inacio Pereira, Santos - Azevedo, Frasco (Luis, 76e), Casagrande (Filho, 21e) - Gomez, Futre, André.

Porto qualifié.

DYNAMO KIEV b. BESIKTAS ISTANBUL : 2-0 (0-0). - 100 000 spect. Arb. : M. Thomas (Pays-Bas). Buts : Blokhine (50e), Yevtushenko (80e).

Dynamo Kiev : Mikhailov (Chanov, 87e) - Bal, Gorili, Baltacha, Demianenko - Mikhailitchenko, Evtouchenko, Zararov, Morozor (Karataïev, 82e) - Belanov, Blokhine. Entr. : Lobanovski.

Besiktas Istanbul : Jurkovitch - Riza, Samet, Ulvi, Kadir - Gokhan, Peprica, Fikret, Metin - Feyaz, Sinan (Ziya, 76e). Entr. : Milutinovic.

Dynamo Kiev qualifié.

DEMI-FINALES
(Aller)
8 avril 1987

BAYERN MUNICH b. REAL MADRID : 4-1 (3-1). - 75 000 spect. Arb. : M. Robert Valentine (Ecosse). Buts : Augenthaler (11e), Matthäus (30e et 52e, sur pen.), Wohlfarth (37e) pour le Bayern : Butragueno (44e), pour le Real. Expulsions : Juanito (39e), Mino (73e) au Real.

Bayern Munich : Pfaff - Augenthaler, Eder, Pflügler - Nachtweih, Dorfner, Matthäus, Rummenigge (Lunde, 70e) - Brehme - Wohlfarth, Hoeness.

Real Madrid : Buyo - Gallego, Chendo, Mino, Camacho - Juanito, Michel, Sanchis, Gordillo - Butragueno (Pardeza, 90e), Santillana (Solana, 74e).

FC PORTO b. DYNAMO KIEV : 2-1 (0-0). - 85 000 spect. Arb. : M. Jan Kelser (PB). Buts : Futre (48e), André (57e, sur pen.), pour Porto ; Yakovenko (73e), pour Kiev. Avertissements : Bal (14e), Tchanov (43e), à Kiev. Expulsion : Bal (53e), à Kiev.

FC Porto : Mlynarczyk - Joao Pinto, Lima Pereira, Celso, Eduardo Luis - Jaime Magalhaes (Madjer, 82e), André, Sousa (Juary, 45e), Vermelhinho - Gomez, Futre.

Dynamo Kiev : Tchanov - Bal, Baltacha, Kuznetsov, Demianenko - Rats, Yakovenko, Mikhailitchenko, Zavarov - Belanov (Gorili, 85e), Blokhine (Morozov, 79e).

DEMI-FINALES
(Retour)
22 avril 1987

REAL MADRID b. BAYERN MUNICH : 1-0 (1-0). - 100 000 spect. Arb. : M. Vautrot (Fr.). But : Santillana (28e), pour le Real. Avertissement : Sanchez (33e), au Real. Expulsion : Augenthaler (30e) au Bayern.

Real Madrid : Buyo - Chendo, Sanchis, Gallego, Camacho - Gordillo, Martin Vasquez (Pardeza, 60e), Michel - Butragueno, Sanchez, Santillana.

Bayern Munich : Pfaff - Nachtweih, Eder, Augenthaler, Pflügler - Brehme, Winklhofer, Kogl, Lunde - Wohlfarth, Hoeness.

Bayern Munich qualifié

FC PORTO b. DYNAMO KIEV : 2-1 (2-1). 100 067 spect. Arb. : M. Bridges (Galles). Buts : Celso (4e), Gomes (11e), pour Porto ; Mikhaïlitchenko (13e), pour Kiev.

Dynamo Kiev : Tchanov - Bessonov, Mikhaïlitchenko, Kouznetsov, Demianenko - Baltacha (Gorili, 57e), Rats, Yakovenko, Zavarov - Belanov (Evtouchenko, 71e) Blokhine.

FC Porto : Mlynarczyk - Joao Pinto, Lima Pereira, Celso, Eduardo Luis - André, Jaime Magalhaes, Azevedo, Madjer (Frasco, 68e) - Gomes, Futre.

Porto qualifié

FINALE
27 mai 1987 à Vienne

FC PORTO b. BAYERN MUNICH : 2-1 (0-1). - 63 000 spect. Arb. : M. Ponnet (Belgique). Buts : Kogl (24e), pour le Bayern. Madjer (77e), Juary (80e), pour Porto. Avertissements : Magalhaes (35e), Sousa (72e), à Porto. Winklhofer (65e), au Bayern.

Bayern Munich : Pfaff - Eder, Nachtweih, Pflügler - Winklhofer, Matthäus, Flick (Lunde, 82e), Brehme, Rummenigge - Hoeness, Kogl. Entr. : Lattek.

FC Porto : Mlynarczyk - Joao Pinto, Celso, Eduardo Luis, Inacio (Frasco, 66e) - André, Sousa, Jaime Magalhaes, Madjer (Juary, 46e) - Futre. Entr. : Artur Jorge.

FC Porto vainqueur.

CLASSEMENT DES BUTEURS DE LA C1

7 buts : Cvetkovic (Et. Rouge).
5 buts : Laudrup (Juventus) ; Blokhine, Evtouchenko (D. Kiev) ; Butragueno (Real Madrid) ; Wohlfart (Bayern), Gomes (Porto).
4 buts : Andre (Porto).
3 buts : Celso (Porto) ; Johnston (Celtic) ; Sourek (Vitkovice) ; Sanchez (Real Madrid) ; Polster (Austria) ; Mrkela (Et. Rouge) ; Matthäus (Bayern) ; Yakovenko (D. Kiev). Madjer (Porto).
2 buts : Mathy, Hoeness (Bayern) ; Platini et Cabrini (Juventus) ; Gudjohnson et Krucevic (Anderlecht) ; Detari (Honved) ; Hellström (Göteborg) ; Paston, Thom et Ernst (D. Berlin) ; Futre (Porto) ; Sheriot (Rosenborg) ; Vilfort (Brondby) ; Djurovski (Et. Rouge) ; Santilliana (Real Madrid).

SEIZIEMES DE FINALE
Aller : 17 septembre 1986
Retour : 1er octobre 1986

F. Reykjavik - Katowice	0-3	0-1
B. 1903 - Vitocha Sofia	1-0	0-2
Rapid de Vienne - FC Bruges	4-3	3-3
Roma - Saragosse	2-0	0-1
	(3 pen. à 4)	
Benfica - Lillestrom	2-0	2-1
Nentori Tirana - D. Bucarest	1-0	2-1
Aberdeen - Sion	2-1	0-3
Waterford - Bordeaux	1-2	0-4
Malmö - Limassol	6-0	1-2
Burcsaspor - Ajax Amsterdam	0-2	0-5
Zurriecq - Wrexham	0-3	0-4
Valkeakoska - Torpedo Moscou	2-2	1-3
Olympiakos - US Luxembourg	3-0	3-0
Stuttgart - Spartak Trnava	1-0	0-0
Glentoran - Lck. Leipzig	1-1	0-2
Vasas Budapest - Velez Mostar	2-2	2-3

HUITIEMES DE FINALE
Aller : 22 octobre 1986
Retour : 5 novembre 1986

Benfica - Bordeaux	1-1	0-1
Rapid de Vienne - Lok. Leipzig	1-1	1-2
		(a.p.)
Saragosse - Wrexham	0-0	2-2
		(a.p.)
Vitocha Sofia - Velez Mostar	2-0	3-4
Torp. Moscou - VFB Stuttgart	2-0	5-3
Katowice - FC Sion	2-2	0-3
Nentori Tirana - Malmö	0-3	0-0
Ajax Amsterdam - Olympiakos	4-0	1-1

QUARTS DE FINALE
(Aller)
4 mars 1987

LOKOMOTIV LEIPZIG b. FC SION : 2-0 (0-0). - 21 000 spect. Arb. : M. Lund-Soerensen (Dan.) Buts : Marschall (87e), Richter (90e).

Lokomotiv Leipzig : Muller - Baum, Lindner, Kreer, Zötzsche - Bredow, Scholz (Altmann, 55e), Liebers - Marschall, Richter, Kuehn (Leitzke, 65e).

FC Sion : Pittier - Sauthier, Fournier (O. Rey, 82e), Balet, F. Rey - Lopez, Bregy, Debonnaire, Cina (Bouderbala, 87e) - Brigger, Bonvig.

SARAGOSSE b. VITOCHA : 2-0 (0-0). - 30 000 spect. Arb. : M. Van Langenhove (Bel.). Buts : Roberto (56e), Garcia Cortes (77e).

Saragosse : Cedrun - Casuco, Juan Carlos, Fraile, Abad (Blesa, 66e) - Roberto, Guerri, Mejias, Garcia Cortes - Pineda, Ruben-Sosa.

Vitocha : Delchev (Mikhaïlov, 50e) - Pankov, Illev, Vroev, Petrov - Markov, Sirakov, Shalamanov, Georgiev (Natchev, 80e) - Gotchev, Iskrenov.

MALMO FF b. AJAX AMSTERDAM : 1-0 (1-0). - But : Persson (43e sur penalty). 20 186 spectateurs.

Malmo FF : Moeller - Andersson, Borg, Joensson, Persson - Thern, Enqvist, Erlandsson, Palmer - Larsson, Magnusson.

VAINQUEURS DE COUPE

Ajax Amsterdam : Manzo - Blind, Spelbos, Rijkaard, Silloy - Winter, Wouters, Mueren - Boeve, Van't Schip, Van Basten.

BORDEAUX b. TORPEDO MOSCOU : 1-0. - 22 627 spect. Arb. : M. Pieri (Italie). But : Fargeon (56e).

Bordeaux : Dropsy - Thouvenel, Roche (Rohr, 77e), Battiston, Zo Vujovic - Girard, Tigana, Ferreri, Touré (Lacombe, 87e) - Zl. Vujovic, Fargeon. Entr. : Jacquet.

Torpedo Moscou : Kharin - Poloukarov, Prigoda, Chaveiko, Galaiba - Agachkov, Mouchtrouiev, Chirinbekov, Gretchiniev (Chaulo, 52e) - N. Savitchev, Y. Savitchev (Kobzev, 60e). Entr. : Ivanov.

QUARTS DE FINALE
(Retour)
18 mars 1987

AJAX AMSTERDAM b. MALMO FF : 3-1 (1-0). - 25 000 spect. Arb : Dieter Pauly (RFA). Buts : Van Basten (23e, 72e), Winter (61e) pour Ajax ; Lindman (75e) pour Malmö.

Ajax Amsterdam : Menzo - Blind, Rijkaard, Spelbos, Silooy - Bosman (Winter, 46e), Wouters, Muhren - Bergkamp (Boeve, 89e), Van Basten, Van't Schip.

Malmö : Moeller - Andersson, Borg, Jonsson, Persson - Arvidsson (Eminovski, 67e), Engqvist, Erlandsson, Palmer - Larsson, Lindman.

Ajax qualifié.

LEIPZIG et SION : 0-0. - 12 500 spect. Arb. : M. Igna (Roumani).

Sion : Pittier - Rey, Balat, Sauthier, Rojevic - Lopez, Debomaire (Bouderbala, 54e), Bregy, Bonvin - Brigger, Cina. Entr. : Donzé.

Leipzig : Muller - Kreer, Baum, Lindner, Zoetsche - Bredow, Scholz, Liebers - Lietzke, Richter (Kuhn, 60e) - Marschall (Altmann, 88e). Entr. : Thomale.

Leipzig qualifié

SARAGOSSE b. VITOCHA SOFIA : 2-0 (1-0). - 50 000 spect. Buts : Mehias (33e), Roberto (82e).

Vitocha : Mikhaïlov - Pankov, Zdravkov, Petrov, Illev - Markov, Gochev, Sirakov, Velev - Yordanov, Iskrenov.

Saragosse : Cedrun - Casuco, Cortez, Bresa, Fraile - Carlos, Merias (Roberto), Senor, Sosa - Abad, Pineda (Ayneto).

Saragosse qualifié

TORPEDO MOSCOU b. BORDEAUX : 3-2. - 60 000 spect. : M. Galler (Suisse). Buts : Agachkov (48e sur pen., 70e sur pen.), Chirinbekov (62e) pour Torpedo ; Touré (38e sur pen.), Prigoda (59e c.s.c.) pour Bordeaux.

Torpedo : Kharin - Poloukarov, Chaveiko, Prigoda, Kovatch - Galaiba (Plotnikov, 29e), Chaulo (Grishin, 64e), Chirinbekov, Kobzev - Agachkov, Y. Savitchev. Entr. : Ivanov.

Bordeaux : Dropsy - Thouvenel, Roche, Battiston, Zo. Vujovic - Girard, Rohr, Tigana, Ferreri (Fargeon, 79e) - Touré, Zl. Vujovic. Entr. : Jacquet.

Bordeaux qualifié.

DEMI-FINALE
(Aller)
8 avril 1987

AJAX AMSTERDAM b.* REAL SARAGOSSE : 3-2 (1-1). - 30 000 spect. Arb. : M. Petrovic (Youg.). Buts : Ruben Sosa (13e), Senor (71e sur pen.) pour Saragosse, Wintschge (16e), Bosman (47e, 55e) pour Ajax. Avertissements : Menzo (1re), Blind (52e) pour Ajax. Expulsions : Guerri (87e) à Saragosse, Bosman (87e) à Ajax.

Real Saragosse : Cedrun - Casuco, Juan Carlos, Fraile, Garcia Cortes (Roberto, 66e) - Guerri, Senor, Abad - Mejlas, Ruben, Sosa, Pineda.

Ajax Amsterdam : Menzo - Blind, Rijkaard, Winter, Silooy - Bosman, Wouters, Muhren, Wintschge (Boewe, 85e) - Van't Schip, Van Basten.

LOKOMOTIV LEIPZIG b.* BORDEAUX : 1-0 (0-0). - 37 082 spect. Arb. : M. Brummeler (Autriche). But : Bredow (65e).

Bordeaux : Dropsy - Rohr, Specht, Battiston, Zo. Vujovic - Lassagne, 88e), Tigana, Touré, Ferreri - Fargeon (Vercruysse, 68e) - Zl. Vujovic. Entr. : Jacquet.

Lok Leipzig : Müller - Kreer, Baum, Lindner, Zoetsche - Bredow, Edmond, Scholtz, Liebers - Richter (Altmann, 84e), Leitzke (Marschal, 65e). Entr. : Thomale.

DEMI-FINALES
(Retour)
22 avril 1987

AJAX AMSTERDAM b. SARAGOSSE : 3-0 (1-0). - 55 000 spect. Arb. : M. Woehrer (Autriche). Buts : Van't Schip (17e), Witschge (72e), Rijkaard (90e) pour Ajax. Avertissement : Blesa (39e) à Saragosse.

Ajax Amsterdam : Menzo - Silooy, Winter, Rikjaard, Boeve - Wouters, Scholten, Muhren - Van't Schip, Van Basten, Witschge (Bergkamp, 75e).

Saragosse : Cedrun - Casuco, Fraile, Blesa, Casajus - Senor, Cortes, Juan Carlos - Roberto (Ayneto, 75e) - Mejlas (Abad, 70e), Pineda.

Ajax qualifié.

BORDEAUX b.* LOKOMOTIV LEIPZIG : 1-0 (1-0). - 73 000 spect. Arb. M. Courtney (Angleterre). But : Lindner (3e c.s.c.).

Lokomotiv Leipzig : Müller - Kreer, Lindner, Baum, Zoetsche - Bredow, Scholtz, (Altmann, 94e), Liebers, Marschall - Richter, Leitzke (Kuhn, 65e). Entr. : Thomale.

Bordeaux : Dropsy - Thouvenel, Rohr, Roche, Zo. Vujovic - Girard, Tigana, Touré, Ferreri (Vercruysse, 79e) - Fargeon, Zl. Vujovic. Entr. : Jacquet.

Lokomotiv qualifié.

FINALE
13 mai 1987 à Athènes

AJAX AMSTERDAM b. LOKOMOTIV LEIPZIG : 1-0 (1-0). - 35 000 spect. Arb. : M. Agnolin (Italie). But : Van Basten (20e).

Ajax : Menzo - Silooy, Verlaat, Rijkaard, Boeve - Winter, Wouters, Muhren (Scholten, 82e) - Van't Ship, Van Basten, Witschge (Bergkamp, 66e). Entr. : Cruyff.

Lokomotiv : Müller - Kreer, Lindner, Baum, Zoetsche - Bredow, Marschall, Scholz, Liebers (Kuhn, 75e) - Edmond (Leitzke, 54e), Richter. Entr. : Thomale.

AJAX AMSTERDAM vainqueur.

CLASSEMENT DES BUTEURS DE LA C2

8 buts : Bosman (Ajax).

6 buts : Van Basten (Ajax).

5 buts : Koniarek (Katowice), Savitchev (Torpedo Moscou).

4 buts : Larsson (Malmö) ; Massey (Wrexham) ; Tuce (Velez Mostar) ; Sirakov (Vitocha).

3 buts : Anasstopoulos (Olympiakos) ; Kienast (Rapid) ; Brigger (Sion) ; Vercruysse (Bordeaux) ; Richter (Lok. Leipzig).

2 buts : Rijkaard, Witschge (Ajax) ; Kranjcar (Rapid) ; Rosenthal et Van Wijk (FC Bruges) ; Zlatko Vujovic (Bordeaux) ; Bodnar (Vasas) ; Juvic (Velez Mostar) ; Iskrenov (Vitocha) ; Lindner (Lok. Leipzig) ; Yanez, Roberto (Saragosse) ; Muschtrujev, Agachkov (Torpedo Moscou) ; Cina (Sion) ; Persson, Lindman (Malmö).

COUPE DE L'U.E.F.A.

TRENTE-DEUXIEMES DE FINALE
Aller : 17 septembre 1986
Retour : 1er octobre 1986

Groningen-Galway Utd.	5-1	3-1
Jeun. Esch-La Gantoise	1-2	1-1
Neufchâtel-Lingby	2-0	3-1
M'Gladbach-Partizan Belgrade	1-0	3-1
Lens-Dundee Utd	1-0	0-2
Akranes-Sport. Lisbonne	0-9	0-6
Ath. Bilbao-Magdebour	2-0	0-1
Atl. Madrid-Werder Brême	2-0	1-2
Pecsi-Feyenoord	1-0	0-2
Muncas Prague-Guimaraes	1-1	1-2
Slavia Hearts-Dukla Prague	3-2	0-1
Nantes-Torino	0-4	1-1
Kalmar FF-Leverkusen	1-4	0-3
Dinamo Minskorg-Raba Eto	2-4	1-0
S. Olomouc-IFK Göteborg	1-1	0-4
Coleraine-Brandenbourg	1-1	0-1
Legia Varsovie-Dniepr	0-0	1-0
Gl. Rangers-Ilves Tampere	4-0	0-2
Uerdingen-CZ Iena	3-0	4-0
Spartak Moscou-Lucerne	0-0	0-1
Linz ASK-Widzew Lodz	1-1	0-1
Beveren-Vaalerengen	1-0	0-0
Heraklion-Hajduk Split	1-0	0-4
Flamurtari-Barcelone	1-1	0-0
Fiorentina-Boavista	1-1	0-2
		(1 pen. à 3)
Hib. Malte-Trakia Plovdiv	0-2	0-8
FC Tirol-Sredets Sofia	3-0	0-2
Inter Milan-AEK Athènes	2-0	1-0
Sportul-Omonia Nicosie	1-0	1-1
Un. Craiova-Galatasaray	2-0	1-2
Rijeka-Standard Liège	0-1	1-1
Naples-Toulouse	1-1	1-1
		(3 pen. à 4)

SEIZIEMES DE FINALE
Aller : 22 octobre 1986
Retour : 5 novembre 1986

Toulouse-Spartak Moscou	3-1	1-5
La Gantoise - Sportul	3-0	1-1
Vit.Guimar.-Atl. Madrid	2-0	0-1
Legia Varsovie-Inter Milan	3-2	1-1
Wid. Lodz-Bayer Uerdingen	0-0	0-2
Hajduk Spit-Tr. Plovdiv	3-1	2-2
Torino-Raba Eto Györ	4-0	1-1
IFK Göteb.-Stahl Brand.	2-0	1-1
Dundee Un.-Un. Craiova	3-0	0-1
FC Tyrol-Standard Liège	2-1	2-3
Mönchengl.-Feyenoord	5-1	0-0
Beveren-Bilbao	3-1	1-2
Groningen-Neufchâtel	0-0	1-1
Dukla Prague-Leverk.	0-0	1-1
Barcelone-Sporting Lisbonne	1-0	1-2
Glasgow R.-Boavista	2-1	1-0

HUITIEMES DE FINALE
Aller : 26 novembre 1986
Retour : 10 décembre 1986

Dundee U.-Hajduk Split	2-0	0-0
La Gantoise-IFK Göteborg	0-1	0-4
Groningen-Guimaraes	0-1	0-3
Dukla Prague-Inter Milan	0-1	0-0
Spartak Moscou-FC Tyrol	1-0	0-2

Uerdingen-Barcelone	0-2	0-2
Torino-Beveren	2-1	1-0
Glasgow R.-M'Gladbach	1-1	0-0

QUARTS DE FINALE
(Aller)
4 mars 1987

BORUSSIA MOENCHENGLADBACH b. VITORIA GUIMARAES : 3-0 (2-0). - 19 000 spect. Arb. : M. Halle (Norv.). Buts : Criens (7e), Krauss (40e), Heitor (66e, c.s.c.).

Monchengladbach : Kamps - Bruns, Krauss, Borowka, Herlovsen - Dressen, Bakalorz, Lienen, Frontzeck - Rahn, Criens.

Vitoria Guimaraes : Jesus - Costeado (Nivaldo, 87e), Nene, Miguel, Heitor - Rui Viveira, Roldao, Adao (Basaula, 77e) - Ademia - Cascavei, N'Kama.

TORINO et FC TYROL : 0-0. - 6000 spect. Arb. : M. Ponnet (Belg.).

Torino : Copparoni - E. Rossi, Francini, Zaccarelli, Ferri - Junior (Lerda, 82e), Beruatto, Cravero, Dossena - Kieft, Comi.

FC Tyrol : Ivkovic - Steinbauer, Kalinic, Messiender, Auer - Idl, Koreimann, Roscher, Muller - Spielman, Pacult (Streiter, 80e).

GOTEBORG et INTER MILAN : 0-0 - 43 103 spect. Arb. : M. Jan Keizer (PB).

Goteborg : Wernersson - Carisson, Hysen, Larsson, Mordi - Zetterlund, Tord, Holmgren, Johansson, Pettersson - Tommy Holmgren (Nilsson, 88e), Rantanen.

Inter Milan : Zenga - Bergomi, Ferri, Passarella, Mandorlini - Piraccini, Baresi, Tandelli, Matteoli - Carlini (Fanna, 89e), Altobelli.

DUNDEE Utd b. BARCELONE : 1-0 (1-0). - 22 500 spect. Arb. : M. Casarin (Ital.). But : Gallacher (2e).

Dundee United : Thompson - Holt, Malpas, Mc Inally, Clark - Narey, Ferguson, Gallacher, Bannon - Sturrock, Redford.

Barcelone : Zubizarreta - Gerardo, Migueli, Manola, Maratalla, Victor, Roberto, Caldere - Carrasco, Lineker, Hughes.

QUARTS DE FINALE
(Retour)
18 mars 1987

DUNDEE b.* BARCELONE : 2-1 (0-1). - 100 000 spect. Arb. : M. Hirstritscher (RFA). Buts : Caldere (40e) pour Barcelone ; Clark (85e), Ferguson (89e) pour Dundee.

Barcelone : Zubizarreta - Miguell, Gerardo, Manolo, Moratalla - Victor, Caldere, Roberto, Marcos - Lineker, Hughes.

Dundee : Thompson - Malpas, Narey, Clark, Holt - Bannon, Mc Inally, Redford, Sturrock - Ferguson, Gallagher.

Dundee qualifié.

FC TYROL b. TORINO : 2-1 (0-0). - 17 000 spect. Arb. : M. Frederiksson (Suède). Buts : Müller (61e), Pacult (78e) pour le FC Tyrol ; Francini (85e) pour Torino. Avertissements : Ferri, Dossena, Francini au Torino. Expulsion : Ferri.

FC Tyrol : Ivkovic - Steinbauer, Kallnic, Strobi, Korelmann - Spielmann

247

(Pelschi, 84°), Linzmaler (Strelter, 89°), Müller, Idl - Roscher, Pacult.

Torino : Copparoni - Rossi, Cravero, Ferri, Francini - Sabato, Dossena, Junior, Beruatto - Kleft, Comi.

F.C. Tyrol qualifié.

VITORIA GUIMARAES et BORUSSIA MOENCHENGLADBACH : 2-2 (1-1). - 20 000 spec. Arb. : M. Valentine (Ecosse). Buts : Paulinho Cascavel (36°), Ademir (70°) pour Guimaraes ; Bakerlorz (30°), Heltor (85°, c.s.c.) pour M'Gladbach. Avertissements : Rul Vieira (35°), Ademir (47°), Nascimento (63°) à Guimaraes ; Kraus (56°) à Mönchengladbach.

Vitoria Guimaraes : Jesus - Costeado (N'Dinga, 45°),Nivaldo,Miguel, Heltor - Adao, Basalua, Nascimento, Rul Vieira - Paulinho Cascavel, Ademir.

Borussia Möenchengladbach : Kamps - Bruns, Herlovsen, Borowka, Frontzeck - Kraus, Dressen (Brandts, 86°), Bakerlorz, Criens (Thiele, 69°) - Uwe Rahn, Hochstetter.

Moenchengladbach qualifié

INTER MILAN et IFK GOTEBORG : 1-1 (0-0). - 60 000 spect. Arb. : M. Frokop (RDA). Buts : Fredriksson (58e, c.s.c.) pour l'Inter ; Nilsson (78°) pour Göteborg.

Inter : Zenga - Bergomi, Ferri, Passarella, Mandorlini - Baresi, Piraccini, Matteoli, Garlini - Altobelli, Fanna.

Göteborg : Wernersson - Carlsson, Mordt, Fredricksson, Larsson - Zetterlund, Johansson, Tord Holmgren,Petterson - Tomy Holmgren, Rantanen (Nilsson, 63°).

FK Göteborg qualifié.

DEMI-FINALES (Aller)
8 avril 1987

DUNDEE UNITED et M'GLADBACH : 0-0. - 15 789 spect. Arb. : M. Van Langenhove (Belg.). Avertissement : Drehsen (30°) à M'Gladbach.

Dundee United : Thompson - Holt, Hegarty, Narey, Malpas - Clark (Gallagher, 45°), McInally, Ferguson, Redford - Bannon, Sturrock.

M'Gladbach : Kamps - Winkhold, Herlorsen, Drehsen, Frontzeck - Borowka, Bruns, Hochstatter - Lienen, Bazalorz, Criens.

IFK GOTEBORG b. FC TYROL : 4-1 (2-1). - 48 150 spect. Arb. : M. Quiniou (Fr.). Buts : Hysen (28°), Anderson (34°), Nillson (55°), Kallnnic (57e, c.s.c.) pour Göteborg ; Pacult (45°) pour Tyrol.

Göteborg : Wernersson - Fredriksson, Larsson, Hysen, Carlsson - Tom. Holmgren, Andersson, Tor. Holmgren, Johansson - Nilsson (Rantanen, 81°), Pettersson.

Tyrol : Ivkovic - Auer, Messiender (Strobl, 85°), Kalinic, Korelmaan - Steinbauer, Linzmauer, Idl (Hortnagi, 59°),Muller - Roscher, Pacult.

DEMI-FINALES (Retour)
22 avril 1987

DUNDEE UNITED b. MOENCHENGLADBACH : 2-0 (0-1). - 33 000 spect. Arb. : M. Jose Rosa dos Santos (Port.). Buts : Ferguson (43°), Redford (90°) pour Dundee. Avertissements : Rahn (84°) à M'Gladbach : Ferguson (31°), Sturrock (73°) pour Dundee.

Moenchengladbach : Kamps - Bruns, Borowka, Frontzeck - Winkhold (Jung, 80°), Herlovsen, Rahn, Hochstaetter (Krauss, 48°), Lienen - Thiele, Criens.

Dundee United : Thompson - Holt, Regart,Neary, Kirkwood - Bannon (Gallagher, 88°), Redford, McInally, Bowman - Ferguson (Clark, 85°), Sturrock.

Dundee U. qualifié.

IFK GOTEBORG b. FC TYROL : 1-0 (0-0). - 20 000 spect. Arb. : M. Sanchez-Arminio (Esp.). But : Andersson (72°) pour Göteborg. Avertissements : Korelmann, Muller au FC Tyrol ; Tommy Holmgren à Göteborg.

FC Tyrol : Ivkovic - Strelter (Spielmann, 57°), Auer, Strobl, Korelmann - Steinbauer, Linzmaier, Idl (Hoertnagl, 63°), Muller - Roscher, Pacult.

IFK Göteborg : Wernersson - Carlsson, Hysen, Larsson (R. Nilsson, 55°), Fredriksson - Johansson, Andersson, Tomy Holmgren, Tord Holmgren - Pettersson, L. Nilsson (Rantanen, 81°).

IFK Göteborg qualifié.

FINALE (Aller)
6 mai 1987

GÖTEBORG b. DUNDEE UNITED : 1-0 (1-0). - 50 023 spect. Arb. : M. Kirschen (RDA). But : Pettersson (38°).

Göteborg : Wernersson - Carlsson, Hysen, Larsson, Fredriksson - Johansson (Nilsson, 66°), Tord Holmgren (Zetterlund, 89°), Andersson, Tommy Holmgren - L. Nilsson, Pettersson. Entr. : Bengtsson.

Dundee United : B. Thompson - Holt, Hegarty (Clark, 54°), Narey, Malpas - McInally, Bowman, Bannon, Redford - Kienwood, Sturrock. Entr. : McLean.

FINALE (Retour)
20 mai 1987

DUNDEE UNITED et GOTEBORG : 1-1 (0-1). - 22 300 spect. Arb. : M. Igna (Roum.) Buts : Clark (60°) pour Dundee Utd ; Lennart Nilsson (22°) pour Göteborg.

Dundee United : B. Thompson - Holt, Clark, Narey, Malpas - Kirkwood, McInally, Redford (Bannon, 73°) - Gallagher, Ferguson, Sturrock. Entr. : McLean.

Göteborg : Wernersson - Carlsson, Larsson, Hysen, Fredriksson - R. Nilsson (Johansson, 77°), Tord Holmgren, Andersson - Tommy Holmgren (Mordt, 70°), Pettersson, L. Nilsson. Entr. : Bengtsson.

IFK Göteborg vainqueur.

CLASSEMENTS DES BUTEURS DE LA C3

5 buts : Rantanen (IFK Göteborg) ; Kieft (Torino) ; Houtman (Groningue) ; Cascavel (Guimaraes).
4 buts : Rahn (M'Gladbach) ; Comi (Torino) ; Fairclough (Beveren) ; Bursac (Hajduk Split) ; McDonald et Meade (Sporting Lisbonne).
3 buts : Redford (Dundee Utd) ; Andersson (IFK Göteborg) ; Dressen (M'Gladbach) ; Roscher, Spielman, Pacult (FC Tyrol) ; Altobelli (Inter Milan) ; Bakalov (T. Plovdiv) ; Hinderyckx (La Grantoise) ; Fleck (Glasgow Rangers) ; Deveric (Hajduk Split) ; Sinko (Sporting Lisbonne) ; Rodionov et Roudakov (Sp. Moscou) ; Passi (Toulouse) ; Nilsson (IFK Göteborg).

LES FRANÇAIS EN COUPE D'EUROPE

C1 PARIS SAINT-GERMAIN

SEIZIEMES DE FINALE ALLER
17 septembre 1986

PARIS SAINT-GERMAIN et VITKOVICE : 2-2. - 25 000 spect. Arb. : M. Sanchez Arminio (Esp.) Buts : Halilhodzic (18°), Pilorget (57° sur pen.) pour Paris ; Kovacik (8°), Sourek (21°) pour Vitkovice.

Paris-S.-G. : Bats - Ayache, Pilorget, Jeannol, Bibard - Polaniok, Poullain, Vermeulen, Susic - Rocheteau (Bocandé, 52°), Halilhodzic (Xuereb, 73°). Entr. : Houllier.

Vitkovice : Zapalka - Karas, Skarecky, Kadlek, Volk - Keler, Beles (Grussmann, 85°), Barti, Sourek - Kovacik, Lorenc (Jerabec, 70°). Entr. : Krescky.

SEIZIEMES DE FINALE RETOUR
1er octobre 1986

VITKOVICE b. PARIS SAINT-GERMAIN : 1-0. - 8 605 spect. Arb. : M. Martin (Angl.). But : Sourek (68e sur pen.).

Vitkovice : Prusa - Karas, Volk, Skarecky, Kadlec - Sourek , Houska, Keler, Kovacik (Lorenc, 88°) - Beles (Grussman, 68°), Barti. Entr. : Krescky.

Paris S.-G. : Bats - Ayache, Pilorget, Jeannol, Lowitz - Bibard, Poullain, Xuereb (Bocande, 64°), Susic - Halilhodzic, Vermeulen (Rocheteau, 60°). Entr. : Houillier.

C2 BORDEAUX

SEIZIEMES DE FINALE ALLER
17 septembre 1986

BORDEAUX b.* WATERFORD : 2-1 (1-0). - 4 500 spect. Arb. M. Jacobsen (Dan.). Buts : Synnott (89°) pour Waterford ; Girard (33°), Vercruysse (62°) pour Bordeaux.

Waterford : Flavin -Burns (Grace, 17°), Synnott, Power, Finucane - Cashin, Macken, Donnelly, McCabe (O'Neill, 60°) - Bennett, Reid.

Bordeaux : Dropsy - Rohr, Battiston, Specht, Thouvenel - Tigana, Vercruysse, Girard, Zo. Vujovic (Lassagne, 64°) - Ferreri, Zl. Vujovic.

SEIZIEMES DE FINALE RETOUR

BORDEAUX b. WATERFORD : 4-0. - 8 800 spectateurs. Arbitre : M. Brindels (Luxembourg). Buts : Zoran Vujovic (79°), Zlatko Vujovic (85°), Reinders (86°), Vercruysse (90°).

Bordeaux : Dropsy - Rohr, Battiston (Lassagne, 80°), Specht, Zo. Vujovic - Tigana, Ferreri, Girard, Vercruysse - Lacombe (Reinders, 80°), Zlat. Vujovic.

Waterford : Flavin - Power (Kearnes, 84°), Synott, Finucane, Bolfard - Cashin, Grace, Donnelly, Burns - Bennet, Reid.

HUITIEMES DE FINALE ALLER
22 octobre 1986

BENFICA et BORDEAUX : 1-1 (1-1). - 110 000 spect. Arb. : M. Woehrer (Aut.). Buts : Rui Aguas (31°) pour Benfica ; Zlatko Vujovic (17°) pour Bordeaux

Benfica : Silvinho - Veloso, Oliveira (Vando, 62°), Dito, Alvaro - Diamantino, Shev Carlos, Manuel, Nunes - Manniche (Chiquinho, 46°), Rui Aguas. Entr. : Mortimore.

Bordeaux : Dropsy - Thouvenel, Specht, Battiston, Zo. Vujovic - Tigana,Roche, Vercruysse, Girard - Ferreri, Zl. Vujovic. Entr. : Jacquet.

HUITIEMES DE FINALE RETOUR
5 novembre 1986

BORDEAUX b. BENFICA : 1-0 (0-0). - 24 000 spect. Arb. : M. Trischler (RDA). But : Vercruysse (44°).

Bordeaux : Dropsy - Thouvenel, Specht, Battiston, Zo. Vujovic - Tigana, Girard, Rohr, Vercruysse - Ferreri (Roche, 70°), Zl. Vujovic. Entr. : Jacquet.

Benfica : Silvinho - Veloso, Oliveira, Dito, Alvero - C. Manuel (Zivkovic, 66°), Vando, Shev (Chiquinho, 53°), Nunes - Rui Aguas, Diamantino. Entr. : Mortimore.

C3 NANTES

TRENTE-DEUXIEMES DE FINALE ALLER
17 septembre 1986

TORINO b.* NANTES : 4-0 (0-0). - 19 000 spect. Arb. : M. Syme (Ecosse). Buts : Comi (54°), Beruatto (61°), Kieft (82° et 89°) pour Torino. Avertissements : Bracigliano (32°), Bertrand-Demanes (44°) à Nantes ; Sabato (37°), Francini (47°) à Torino. Expulsion : Bracigliano (39°) à Nantes.

Nantes : Bertrand-Demanes - Kombouaré, Le Roux (Deschamps, 73°), Desailly, Olarticoechea (Obry, 73°) - Debotté, Bracigliano, Burruchaga, Morice - Robert, Anziani. Entr. : Suaudeau.

Torino : Lorieri - Francini, Cravero, Ferri, Corradini - Beruatto, Junior, Sabato (Mariani, 39°), (Rossi, 55°), Dossena - Kieft, Comi. Entr. : Radice.

TRENTE-DEUXIEMES DE FINALE RETOUR
1er octobre 1986

TORINO et NANTES : 1-1 (0-0). - 40 000 spect. Arb. : M. Hackett (GB). Buts : Kieft (48°) pour Torino ; Anziani (66°) pour Nantes. Avertissements : Olarticoechea (40°), Burruchaga (47°), Desailly (82°) à Nantes ; Comi (82°) à Torino.

Torino : Lorieri - Corradini, Cravero, Francini (Rossi, 46°), Beruatto - Ferri, Junior, Sabato, Dossena (Zaccarelli, 79°) - Kieft, Comi. Entr. : Radice.

Nantes : Bertand-Demanes - Kombouaré, Dechamps, Desailly, Olarticoechea (Delanoë, 86°) - Baronchelli (Obry, 77°), Burruchaga, Morice, Robert - Anziani, Amisse. Entr. : Suaudeau.

LENS

TRENTE-DEUXIEMES DE FINALE ALLER
17 septembre 1986

LENS b. DUNDEE UNITED : 1-0 (1-0). - 11 300 spect. Arb. M. Losert (Aut.). But : Carreno (42°). Avertissements : Sulley (28°) à Dundee ; Krawczyck (88°) à Lens.

Lens : Huard - Sikora, Deplanche, Gillot, Catalano - Krawczyck, Lefebvre, Dewilder - Njo-Léa, Oudjani (Hanini, 73°), Carreno. Entr. : Marx.

Dundee Utd : Thompson - Beaumont, Hegarty, Narey, Sulley - Malpas, Bowman, Bannon, Milne - Gallagher, Sturrock. Entr : McLean.

TRENTE-DEUXIEMES DE FINALE RETOUR
1er octobre 1986

DUNDEE UTD b. LENS : 2-0 (0-0). - 15 000 spect. Arb. : M. Pieri (Ital.). Buts : Milne (55°), Coyne (59°) pour Dundee.

Dundee UTD : Thompson - Malpas, Beaumont, Hegarty, McGinnis - McInally. Redford. Bannon, Milne - Coyne (Bowman, 77°). Sturrock. Entr. : McLean.

Lens : Huard - Sikora, Sénac, Gillot, Catalano - Deplanche, Krawczyck, Lefebvre, (Ramos, 74°), Dewilder - Oujani (Hanini, 79°), Carreno. Ent. : Marx.

TOULOUSE

TRENTE-DEUXIEMES DE FINALE ALLER
17 septembre 1987

NAPLES b. TOULOUSE : 1-0 (0-0). - 73 875 spect. Arb. : M. Trischler (RFA). But : Carnevale (55°). Avertissement : Marcico (85°) à Toulouse.

CHAMPIONNATS NATIONAUX À L'ÉTRANGER

Naples : Garella - Bruscolotti, Ferracio (Volpecina, 80•), Renica, Ferrara - Bagni, De Napoli, Caffarelli (Muro, 49•), Maradona - Giordano, Carnevale. Entr. : Bianchi.

Toulouse : Bergeroo - Lestàge, Ruty, Tarantini, Tihy - Despeyroux, Durand, Passi (Espanol, 84•), Bellus - Stopyra, Marcico. Entr. : Santini.

TRENTE-DEUXIEMES DE FINALE RETOUR
1er octobre 1986

TOULOUSE b. NAPLES : 1-0 (1-0) et 4 pen. à 3. - 34 951 spect. Arb. : M. Fredriksson (Suède). But : Stopyra (15•). Penalties réussis : Marcico, Durand, Marx, Tarantini pour Toulouse ; Giordano, Ferrario, Renica pour Naples. Penalties ratés : Stopyra pour Toulouse ; Bagni. Maradona pour Naples.

Toulouse : Bergeroo - Lestage (Marx, 120•), Ruty, Tarantini, Tihy - Despeyroux, Durand, Passi (Espanol, 76•), Bellus - Marcico, Stopyra. Entr. : Santini.

Naples : Garella - Bruscolotti, Ferrario, Renica, Ferrara - Bagni,Muro (Giordana, 64•), De Napoli, Maradona - Volpecina (Marino, 59•), Carnevale. Entr. :Bianchi.

SEIZIEMES DE FINALE ALLER
22 octobre 1986

TOULOUSE b. SPARTAK MOSCOU : 3-1 (1-0). - 35 962 spect. Arb. : M. Petrovic (Yougoslavie). Buts : Passi (43•, 67•, 80•) pour Toulouse ; Rodionov (57•) pour Spartak Moscou. Avertissements : Despeyroux (20•) à Toulouse : Kaloumov (20•), Bogatchov (87•) au Spartak.

Toulouse : Bergeroo - Lestage, Ruty, Tarantini, Tihy - Durand, Despeyroux, Passi,Espanol (Assadourian, 72•) - Stopyra, Bellus. Entr. : Santini.

Spartak Moscou : Dassaev - B. Kuznetsov, Kaloumov, Sousloparov,Mitin (Bogatchov, 50•) - Ataouline, E. Kuznetsov, Khidiatouline, Yeremenko - Koujlev (Novikov, 62•), Rodionov. Entr. : Beskov.

SEIZIEMES DE FINALE RETOUR
5 novembre 1986

SPARTAK MOSCOU b. TOULOUSE : 5-1 (2-1). - 40 000 spectateurs. Arb. M. D'Elia (Italie). Buts :Rudakov (9e et 18•), Rodionov (49•), Novikov (77• s.p. et 90•) pour le Spartak ; Durand (7•) pour Toulouse. Avertissements : Bubnov (68•), Rudakov (86•) au Spartak ; Bellus (77•) à Toulouse. Expulsions : Bellus et Khidiatouline (79•).

Spartak Moscou : Dassaev - Kaloumov, Bubnov, Tschibaev, B. Kuznetsov - Khidiatouline, Kapoustine (E. Kuznetsov, 53•), Novikov, Rudakov - Rodionov, Eremenko. Entr. : Beskov.

Toulouse : Bergeroo - Lestage, Ruty, Tarantini, Tihy - Despeyroux (Assadourian, 81•), Espanol, Durand, Passi - Stopyra, Bellus. Entr. : Santini.

ANGLETERRE

	Pts	J.	G.	N.	P.	p.	c.
1. Everton	86	42	26	8	8	76	31
2. Liverpool	77	42	23	8	11	72	42
3. Tottenham	71	42	21	8	13	68	43
4. Arsenal	70	42	20	10	12	58	35
5. Norwich	68	42	17	17	8	53	51
6. Wimbledon	66	42	19	9	14	57	50
Luton	66	42	18	12	12	47	45
8. Nottingham F	65	42	18	11	13	64	51
9. Watford	63	42	18	9	15	67	55
Coventry	63	42	17	12	13	50	48
11. Manchester Utd	56	42	14	14	14	52	45
12. Southampton	52	42	14	10	18	69	68
Sheffield	52	42	14	10	18	58	59
Chelsea	52	42	13	13	16	53	64
West Ham	52	42	14	10	18	52	67
16. Queen's Park	50	42	13	11	18	48	64
17. Newcastle	47	42	12	11	19	47	65
18. Oxford	46	42	11	13	18	44	69
19. Charlton	44	42	11	11	20	45	55
20. Leicester	42	42	11	9	22	55	77
21. Manchester C	39	42	8	15	19	36	57
22. Aston Villa	36	42	8	12	22	45	79

Buteurs : 1. C. Allen (Tottenham), 33 buts ; 2. Rush (Liverpool), 28 ; 3. Cottee (West Ham), 23 ; Hazes (Arsenal), Clarke (Southampton), 19.

Coupe : Coventry b. Tottenham 3-2

Coupe de la League : Arsenal b. Liverpool 2-1

ALBANIE

	Pts	J.	G.	N.	P.	p.	c.
1. Partizani	36	26	15	6	5	43	18
2. * Flamurtari	33	26	14	8	4	40	21
3. Villaznia	32	26	12	8	6	31	22
4. * Dinamo	31	26	13	8	5	36	23
5. Luftetari	26	26	9	8	26	26	24
6. * 17 Nentori	25	26	9	10	7	43	29
7. * Apolonia	23	26	7	15	4	24	27
8. Labinoti	23	26	7	9	10	24	28
9. Lokomotiva	22	26	6	10	10	22	30
10. Besa	22	26	4	14	8	21	31
11. Tomori	22	26	6	10	10	28	39
12. Skenderbeu	21	26	6	9	11	25	28
13. Naptetari	21	26	7	7	12	17	32
14. Traktori	16	26	4	4	18	13	41

* Flamurtari, Dinamo et 17 Nentori, 3 points de pénalité. Apolonia, 6 points de pénalité.

Buteurs : 1. Arberi (Tomori), 14 buts ; 2. Majaci (Apolonia) et Kola (17 Nentori), 13 buts ; Ragami (Vllaznia), 12 buts ; Bubequi (Flamurtari), 11 buts, et Shehu (Partizani), 10 buts.

Coupe : Vllaznia b. Flamur Tari 3-0, 1-3.

ALGÉRIE

	Pts	J.	G.	N.	P.	p.	c.
1. Sétif	48	38	19	10	9	40	22
2. MP Oran	43	38	13	7	8	39	31
3. Chief SO	43	38	14	15	9	35	42
4. Annaba	41	38	15	11	12	44	32
5. Belcourt	41	38	15	11	12	44	34
6. Tizi-Ouzou	41	38	14	13	11	45	35
7. Aïn Beida	41	38	14	13	11	38	36
8. Bordj Menaïel	40	38	14	12	12	41	34
9. Aïn M'lila	40	38	15	10	13	37	37
10. MP Alger	39	38	13	13	12	40	37
11. Collo	38	38	16	6	16	33	39
12. El Harrach	38	38	12	14	12	40	33
13. Relizane	38	38	12	14	12	43	45
14. Tlemcen	37	38	10	17	11	31	33
15. ASC Oran	37	38	10	17	11	29	31
16. Guelma	37	38	12	13	13	31	32
17. Constantine	31	38	8	15	15	25	33
18. Mascara	31	38	10	11	7	34	43
19. Saïda	28	38	5	18	15	21	40
20. Boufarik	27	38	6	15	11	26	47

Buteurs : 1. Kellili (Relizane), 17 buts ; 2. Hazza (Chief SO), 16 ; 3. Kabrane (Belcourt), 15 ; 4. Alloul (Aïn M'lila) et Ben Mimoun (CMP Oran), 13.

AUTRICHE

	Pts	J.	G.	N.	P.	p.	c.
1. Austria Vienne	49	34	20	9	5	79	38
2. Rapid Vienne	48	34	20	8	6	91	42
3. FC Tyrol	43	34	19	5	10	73	49
4. Lask	40	34	17	6	11	51	50
5. Admira Wacker	32	34	13	6	15	62	53
6. Vienne SC	30	34	12	6	16	65	61
7. Sturm Graz	29	34	11	7	16	42	57
8. Voest Linz	26	34	10	6	18	38	65

Buteurs : 1. Polster (Austria), 33 buts ; 2. Wermer (Voest Linz), 16 buts ; 3. Knaller (Admira), Kranki (Sportclub) et Pacult (Tyrol), 15 buts.

Coupe : Rapid Vienne b. FC Tyrol 2-0, 2-2.

BELGIQUE

	Pts	J.	G.	N.	P.	p.	c.
1. Anderlecht	57	34	25	7	2	82	25
2. FC Malines	55	34	24	7	3	57	18
3. FC Bruges	45	34	19	7	8	70	34
4. Lokeren	44	34	18	8	8	59	41
Beveren	44	34	15	14	5	44	24
6. FC Liège	38	34	14	10	10	44	33
7. Charleroi	35	34	13	9	12	49	52
8. Waregem	34	34	13	8	13	45	43
9. Beerschot	33	34	11	11	12	35	39
10. Standard	31	34	10	11	13	40	38
11. Cercle Bruges	30	34	9	12	13	37	40
Racing Jet	30	34	9	12	13	34	47
13. Molenbeek	28	34	8	12	14	37	53
14. Antwerp	26	34	8	10	16	43	49
15. Courtral	24	34	8	8	18	37	52
16. Gantoise	23	34	7	9	18	25	50
17. Seraing	20	34	5	10	19	30	63
18. Berchem	15	34	4	7	23	20	82

Buteurs : 1. Gudjohnsen (Anderlecht), 19 buts ; 2. François (Liège) et M'Buyu (Lokeren), 17 buts ; 3. Krncevic (Anderlecht), 16 buts.

Coupe : FC Malines b. FC Liège 1-0

BULGARIE

	Pts	J.	G.	N.	P.	p.	c.
1. Sredets	47	30	21	5	4	73	30
2. Vitosha	44	30	19	6	5	75	35
3. Trakla	39	30	16	7	7	57	30
4. Lokomotiv Sofia	35	30	14	8	8	67	45
Slavia	35	30	15	5	10	59	48
6. Locom. Plovdlv	30	30	11	9	10	52	44
Etar	30	30	12	6	12	40	42
8. Vratsa	28	30	11	6	13	42	56
9. Sliven	27	30	11	5	14	52	52
10. Spartak Varna	25	30	10	5	15	44	62
11. Pirin	24	30	8	10	12	35	47
Tchernomorets	24	30	10	4	16	48	76
13. Beroe	21	30	8	5	17	44	54
Spartak Pleven	21	30	7	9	14	31	50
Dimitrovgrad	21	30	8	6	16	32	66
Akademik	21	30	7	8	16	30	65

Buteurs : 1. Sirakov (Vitosha), 36 buts ; 2. Alexandrov (Slavia), 33 ; 3. Tanev (Sredets), 28 ; 4. Penev (Sredets), 19 ; 5. Stoev (Lok. Sofia), 18.

Coupe : Sredets b. Vitosha 2-1

DANEMARK

	Pts	J.	G.	N.	P.	p.	c.
1. Aarhus	41	26	17	7	2	49	22
2. Brondbry	37	26	18	1	7	52	30
3. Naestved	35	26	13	9	4	43	23
4. Lyngby	32	26	12	8	6	40	29
5. B. 1903	29	26	10	9	7	40	33
6. Ikast	28	26	11	6	9	42	36
7. Vejle	27	26	9	9	8	37	36
8. Odense	26	26	10	6	10	38	32
9. Bronshoj	25	26	10	5	11	54	42
10. K.B.	24	26	9	6	11	33	43
11. Herfolge	22	26	8	6	12	30	44
12. Kastrup	14	26	4	6	16	19	39
13. Esbjerg	13	26	3	7	16	19	50
14. Randers	11	26	4	3	19	23	60

Buteurs : Nielson (Brondbry), 16 buts ; Lundqvist (Aarhus), Simonsen (Vejle), 13 buts ; Juel (Naestved) et Christensen (Lyngby), 12 buts.

Coupe : Aarhus b. Aalborg 3-0.

ÉCOSSE

	Pts	J.	G.	N.	P.	p.	c.
1. Glasgow Rang.	69	44	31	7	6	85	23
2. Celtic Glasgow	63	44	27	9	8	88	41
3. Dundee Utd	60	44	24	12	8	65	35
4. Aberdeen	58	44	21	16	7	63	29
5. Hearts	56	44	21	14	9	63	42
6. Dundee	48	44	18	12	14	74	59
7. St Mirren	36	44	12	12	20	36	51
8. Motherwell	34	44	12	10	22	43	64
9. Hibernian	33	44	10	13	21	44	70
10. Falkirk	26	44	8	10	26	31	70
11. Clydebank	24	44	6	12	26	35	93
12. Hamilton	21	44	6	9	29	39	91

Buteurs : 1. McClair (Celtic), 35 buts ; 2. McCoist (Rangers), 33 ; 3. Johnston (Celtic), 22.

Coupe : Saint-Miren b. Dundee United 1-0 après prolongation.

EIRE

	Pts	J.	G.	N.	P.	p.	c.
1. Shamrock Rovers	39	22	18	3	1	51	16
2. Dundalk	30	22	12	6	4	40	21
3. Bohemians	29	22	11	7	4	32	23
4. Waterford	28	22	12	4	6	42	24
5. Saint Patrick's	23	22	7	9	6	22	21
6. Galway	22	22	8	6	8	25	25
7. Cork City	18	22	7	4	11	30	34
8. Bray	17	22	6	5	11	25	33
Sligo	17	22	6	5	11	23	38
Limerick	17	22	7	3	12	24	38
11. Home Farm	13	22	6	1	15	24	48
12. Athlone	11	22	3	5	14	18	35

Buteurs : M. Byrne (Shamrock Rovers), 12 buts ; Larkin (Shamrock Rovers), Reid (Waterford), Gorman (Dundalk), J. Byrne (Bohemians), 10 buts.

Coupe : Shamrock Rovers b. Dundalk 3-0.

ESPAGNE

(Play-off compris)

	Pts	J.	G.	N.	P.	p.	c.
1er groupe							
1. Real Madrid	66	44	27	12	5	85	36
2. Barcelone	63	44	24	15	5	63	29
3. Espanol	51	44	20	11	13	66	46
4. Sporting Gijon	45	44	16	13	15	58	50
5. Saragosse	45	44	16	13	15	49	46
6. Majorque	42	44	15	12	17	47	65
2e groupe							
7. Atletico Madrid	47	44	18	11	15	58	54
8. Real Sociedad	47	44	18	11	15	59	51
9. Betis	45	44	18	3	17	59	59
10. Valladolid	41	44	15	11	17	42	45
11. Murcie	41	44	17	7	20	50	61
12. Séville	39	44	14	11	19	51	54
3e groupe							
13. Athletic Bilbao	42	44	15	12	17	51	50
14. Las Palmas	41	44	16	9	19	52	50
15. Sabadell	38	44	12	13	19	37	58
16. Osasuna	38	44	12	14	18	46	47
17. R. Santander	33	44	12	9	23	52	60
18. Cadix	29	44	10	9	25	31	58

Buteurs : 1. Sanchez (Real Madrid), 34 buts ; 2. Lineker (Barcelone), 21 ; 3. Magdaleno (Majorque), 19 ; 4. Calderon (Betis), Rincon (Betis), 18.

Coupe : Real Sociedad b. Atletco Madrid 2-2, 44 penalties à 2.

FINLANDE

	Pts	J.	G.	N.	P.	p.	c.
1. Kuusysi Lathi	32	22	13	6	3	40	25
2. TPS Turku	30	22	12	6	4	35	15
3. HJK Helsinki	30	22	10	10	2	42	23
4. Rops Rovaniemi	30	22	12	6	4	32	14
5. Haka Valkeak	22	22	8	6	8	32	27
6. Ilves Tamper	22	22	9	4	9	39	36
7. MP Mikkeli	18	22	6	6	10	27	37
8. PPT Pori	18	22	5	8	9	27	40
9. Koparit Kuopio	18	22	4	10	8	18	32
10. Kups Kuopio	18	22	7	4	11	23	38
11. Keps Kemi	15	22	4	7	11	23	31
12. OTP Oulu	11	22	4	3	15	16	41

Buteurs : Jari Ninimaki (Ilves), 13 buts ; Ismo Lius (Kuusysi), 13 buts ; Ari Valvee (HJK), 11 buts ; Pasi Tauriainen (Rops), 11 buts ; Ari Hjelm (Ilves), 11 buts.

Coupe : Rovaniemi Palloseura b. Kemin Palloseura 2-0.

HONGRIE

	Pts	J.	G.	N.	P.	p.	c.
1. MTKVM	43	30	17	9	4	52	24
2. Ujpest	40	30	16	8	6	37	23
3. Tatabanya	35	30	15	5	10	34	31
4. Honved	35	30	15	5	10	47	39
5. Ferencvaros	33	30	10	13	7	33	27
6. Vasas	32	30	13	6	11	42	40
7. Pecs	31	30	12	7	11	30	25
8. Bekescaba	31	30	10	11	9	32	34
9. Haladas	30	30	11	8	11	32	33
10. Raba Eto	29	30	9	11	10	51	37
11 Zalaeguszeg	29	30	9	11	10	33	34
12. Debrecen	28	30	8	12	10	31	37
13. Siofok	27	30	9	9	12	36	41
14. Vidéoton	23	30	7	9	14	26	37
15. Dunaujvaros	17	30	4	8	19	26	57
16. Eger	17	30	4	9	17	23	58

Buteurs : 1. Detari (Honved) 19 buts ; 2. Szeibert (M.T.K.) et Vincze (Tatabanya) 17 ; 4. Rostas (Ujpest) 16 ; 5. Szentes (Raba) 15.

Coupe : Ujpest b. Pecs 3-2.

IRLANDE DU NORD

	Pts	J.	G.	N.	P.	p.	c.
1. Linfield	57	26	18	3	5	50	15
2. Coleraine	53	26	16	5	5	65	26
3. Ards	48	26	14	6	6	47	31
4. Larne	42	26	11	9	6	33	24
Newry	42	26	12	6	8	42	40
6. Ballymena	41	26	11	8	7	45	42
7. Glentoran	40	26	14	6	6	54	11
8. Cliftonville	33	26	8	9	9	34	29
9. Glenavon	32	26	8	8	10	32	27
10. Bangor	26	26	8	2	16	28	52
11. Crusaders	25	26	8	5	15	37	54
12. Carrick	23	26	6	5	15	27	59
13. Portadown	20	26	3	11	12	22	45
14. Distillery	9	26	2	3	21	21	74

* Aucun relégué, aucun promu en 1987.

Buteurs : 1. McCoy (Coleraine), McCartney (Glentoran), 14 buts ; 3. Baxter (Ards), McGaughey (Linfield), O'Boyle (Linfield), 12 buts.

Coupe : Glentoran b. Larne 1-0

ISLANDE

	Pts	J.	G.	N.	P.	p.	c.
1. Fram Reykjavik	38	18	11	5	2	39	13
2. Valur Reykjavik	38	18	12	2	4	31	11
3. I. Akranes	30	18	9	3	6	33	22
4. K. Reykjavik	29	18	7	8	3	21	10
5. I.B. Keflavik	28	18	9	1	8	25	27
6. Thor Akureyri	22	18	6	4	8	21	31
7. Vidir Gardi	19	18	5	4	9	21	25
8. Hafnafjördur	19	18	5	4	9	24	36
9. U.B. Keflavik	16	18	4	4	10	18	35
10. I.B. Vestmann	12	18	3	3	12	20	43

Buteurs : 1. Torfason (Fram), 19 buts ; 2. Kristjansson (Valur) et Steinsson (Fram), 10 buts ; 4. Bardarson (IA), 9 buts ; 5. Albertsson (FH), 7 buts.

Coupe : I. Akranes b. Fram Reykjavik 2-1.

ITALIE

	Pts	J.	G.	N.	P.	p.	c.
1. Naples	42	30	15	12	3	41	21
2. Juventus	39	30	14	11	5	42	27
3. Inter	38	30	15	8	7	32	17
4. Vérone	36	30	12	12	6	36	25
5. Milan	35	30	13	9	8	31	21
Sampdoria	35	30	13	9	8	37	21
7. Roma	33	30	12	9	9	37	31
8. Avellino	30	30	9	12	9	31	38
9. Côme	26	30	5	16	9	16	20
Torino	26	30	8	10	12	26	32
Fiorentina	26	30	8	10	12	30	35
12. Ascoli	24	30	8	8	14	18	33
13. Empoli	23	30	8	7	15	13	33
14. Brescia	22	30	7	8	15	25	35
15. Atalante	21	39	6	9	15	22	32
16. Udinese*	15	30	6	12	12	25	41

* Handicap de 9 points.

Buteurs : Virdis (Milan), 17 buts ; Vialli (Sampdoria), 12 ; Altobelli (Inter), 11 ; Serena (Juventus), 10 ; Diaz (Fiorentina), 10 ; Maradoṇa, 10.

Coupe : Naples b. Atalante Bergame 3-0, 1-0.

LUXEMBOURG

	Pts	J.	G.	N.	P.	p.	c.
1. Jeunesse Esch	38	22	17	4	1	64	14
2. Avenir Beggen	35	22	15	5	2	63	27
3. Spora Lux.	30	22	14	2	6	54	21
4. Union Lux	28	22	12	4	6	51	23
5. Progrès Nieder	25	22	11	3	8	30	22
6. All. Dudelange	20	22	9	2	11	32	50
7. Red Boys	19	22	7	5	10	33	35
8. CS Grevenm	18	22	7	4	11	25	46
9. Olymp. Eischen	16	22	5	6	11	23	50
10. Swift Hesper	15	22	6	3	13	37	51
11. FC Wiltz	10	22	3	4	15	24	57
12. Petange	10	22	2	6	14	17	57

Buteurs : Krings (Beggen), 24 buts ; Guillot (Jeunesse), 21 ; Malget, (Beggen), 17.

Coupe : Avenir Beggen b. Spora Luxembourg 6-0.

MAROC

GROUPE A

	Pts	J.	G.	N.	P.	p.	c.
1. FAR Rabat	57	22	14	7	1	43	12
2. KAC Marrakech	50	22	11	6	5	29	13
3. WAC	50	22	11	6	5	35	14
4. OC Khouribga	48	22	10	6	6	25	20
5. MC Oujda	48	22	10	6	6	28	25
6. US Sidi Kacem	48	22	11	4	7	26	26
7. FA Benslimane	44	22	9	4	9	24	23
8. Chabeb Moham	42	22	6	8	8	23	23
9. COD Meknès	41	22	6	7	9	24	27
10. AS Salé	40	22	5	8	9	13	23
11. CJE Laayoune	31	22	2	5	15	17	49
12. RJ Kenitra	30	22	2	4	16	16	48

Buteurs : 1. Nadir (WAC Casablanca), Chaouch (KAC Marrakech), Tmimi (Oudja), 13 buts ; 4. Choum (Sidi Kacem), 12 buts ; 5. Hallim (Far), 9 buts.

GROUPE B

	Pts	J.	G.	N.	P.	p.	c.
1. Hassania Agadir	51	22	9	11	2	22	12
2. Raja Casablanca	49	22	10	7	5	27	15
3. FUS Rabat	48	22	10	6	6	19	13
4. KAC Kenitra	48	22	9	8	5	23	14
5. RJ Settat	46	22	6	12	4	23	20
6. Hilal Nador	45	22	7	9	6	14	17
7. Mohammedia	44	22	6	10	6	22	23
8. MAS Fès	44	22	6	10	6	21	17
9. Touarga Rabat	43	22	8	9	9	20	25
10. RS Bekarre	42	22	5	10	7	22	26
11. DHJ El Jadida	38	22	2	12	8	9	19
12. ACR Belksiri	31	22	1	7	14	13	34

Buteurs : 1. Boushaba (RS Berkane), Rachid (RS Jettat), 10 buts ; 3. Birki (KAC), et Tita (Settat), 6 buts ; 5. Taousik (Raja), Abeehim (Raja), (Fès), 5 buts.

DEMI-FINALES

R.S. Berkane b. U.S. Mohammedia 2-1 après prolongation.
K.A.C. Marrakech b. Rabat 1-1, 8 penalties à 7.

FINALE RETARDÉE

NORVÈGE

	Pts	J.	G.	N.	P.	p.	c.
1. Lilleström	33	22	16	1	5	40	17
2. Mjoendalen	27	22	11	5	6	36	25
3. Kongsvinger	27	22	11	5	6	27	27
4. Start	24	22	9	6	7	31	22
5. Hamarkamer	24	22	8	8	6	34	30
6. Bryne	23	22	11	1	10	32	31
7. Vaalerengen	22	22	9	4	9	29	28
8. Rosenborg	21	22	8	5	9	28	28
9. Molde	20	22	7	6	9	26	33
10. Tromsö	18	22	6	6	10	23	32
11. Viking	17	22	5	7	10	23	33
12. Strömmen	8	22	2	4	16	23	46

Buteurs : 1. Seland (Start), 12 buts ; 2. Orbeck (Mjoendalen), 11 buts ; 3. Larsen-Okland (Bryne), 10 buts.

Coupe : Tromsö b. Lilleström 4-1.

PAYS-BAS

	Pts	J.	G.	N.	P.	p.	c.
1. PSV	59	34	27	5	2	99	21
2. Ajax	53	34	25	3	6	92	30
3. Feyennoord	42	34	15	12	7	73	43
4. Roda	39	34	15	9	10	51	45
5. VVV	37	34	10	17	7	46	45
6. Utrecht	36	34	15	6	13	62	56
7. Twente	36	34	12	12	10	39	44
8. Sparta Rott	34	34	11	12	11	52	48
9. Fortuna	32	34	10	12	12	47	49
10. Den Bosch	32	34	10	12	10	43	52
11. Pec Zwolle	31	34	10	11	13	61	57
12. Haarlem	31	34	11	9	14	32	57
13. Groningen	30	34	9	12	13	43	43
14. La Haye	28	34	8	12	14	46	64
15. AZ'67	27	34	7	13	14	31	57
16. Go Ahead	23	34	5	13	16	23	48
17. Veendam	23	34	4	15	15	37	67
18. Excelsior	19	34	5	9	20	40	91

Buteurs : Van Basten (Ajax) 31 buts ; Willaarts (Utrecht) 25 buts ; Bosman (Ajax) 23 buts ; Gullit (PSV) 22 buts ; Booy (Pec Zwolle) 22 buts.

Coupe : Ajax b. La Haye 4-2 après prolongation.

PAYS DE GALLES

Coupe : Merthyr Tydfil b. Newport 2-2 après prolongation, 1-0.

POLOGNE

	Pts	J.	G.	N.	P.	p.	c.
1. Gornik Zabrze	49	30	16	10	4	52	21
2. Pogon Szczecin	44	30	15	10	5	64	39
3. Katowice	43	30	14	10	6	48	26
4. Slask Wroclaw	40	30	13	11	6	37	23
5. Legia Varsovie	38	30	12	14	4	44	28
6. Widzew Lodz	36	30	14	7	9	34	29
7. Lech Poznan	29	30	9	12	9	36	35
8. Zagleble Lublin	28	30	8	12	10	27	27
9. LKS Lodz	27	30	8	10	12	30	33
10. Gornik Walb.	25	30	10	7	13	31	43
11. Lechia Gdansk	24	30	7	9	14	23	30
12. Olimpia Poznan	22	30	6	14	9	21	38
13. Polonia Bytom	21	30	5	14	10	24	37
14. Ruch Chorzow	18	30	3	14	12	16	33
15. Stal Milec	17	30	5	10	14	24	44
16. Motor Lublin	13	30	6	9	15	20	50

Buteurs : 1. Lesniak (Pogon), 24 buts ; 2. Furtok (Katowice), 16 buts ; 3. Walerak (Polonia), 14 buts ; 4. Konilande (Katowice) et Ptak (Zagleble), 13 buts.

Coupe : Slask Wrocklaw b. GKS Katowice 0-0, 4 penalties à 3.

R.F.A.

	Pts	J.	G.	N.	P.	p.	c.
1. Bayern Munich	53	34	20	13	1	67	31
2. Hambourg SV	47	34	19	9	6	69	37
3. B. M'Gladbach	43	34	18	7	9	74	44
4. B. Dortmund	40	34	15	10	9	70	50
5. Werder Brême	40	34	17	6	11	65	54
6. B. Leverkusen	39	34	16	7	11	56	38
7. Kaiserslautern	37	34	15	7	12	64	51
8. Bayer Uerdingen	35	34	12	11	11	51	49
9. F.C. Nuremberg	35	34	12	11	11	62	62
10. FC Cologne	35	34	13	9	12	50	53
11. VEL Bochum	32	34	9	14	11	52	44
12. VFB Stuttgart	32	34	13	6	15	55	49
13. Schalke 04	32	34	12	8	14	50	58
14. Waldhof Mannh	28	34	10	8	18	52	71
15. E. Francfort	25	34	8	9	17	42	53
16. Homburg	21	34	6	9	19	33	79
17. F. Düsseldorf	20	34	7	6	21	42	91
18. Bl. Weiss Berlin	18	34	3	12	19	36	76

Buteurs : 1. Rahn (M'Gladbach), 24 buts ; 2. Walter (Waldhof), 23 ; 3. Völler (Brême), 22 ; 4. Dickel (Dortmund), 20 ; 5. Mill (Dorfmud) et F. Hartmann (Kaisl.), 17.

Coupe : Hambourg SV b. Kickers Stuttgart 3-1.

R.D.A.

	Pts	J.	G.	N.	P	p.	c.
1. Dyn. Berlin	42	26	19	4	3	59	20
2. Dyn. Dresde	36	26	13	10	3	52	24
3. Lok. Leipzig	34	26	13	8	5	43	22
4. Wismut Aue	32	26	12	8	6	40	26
5. Magdebourg	28	26	11	6	9	42	32
Iéna	28	26	10	8	8	32	31
7. Erfurt	24	26	7	10	9	33	33
Karl-Marx-St.	24	26	6	12	8	27	34
9. S. Brandebourg	23	26	7	9	10	27	34
10. Francfort/O.	21	26	6	9	11	23	31
11. Union Berlin	19	26	6	7	13	26	52
12. Stahl Riesa	18	26	6	6	14	29	39
Cottbus	18	26	7	4	15	18	45
14. Bischofswerda	17	26	6	5	15	25	44

Buteurs : 1. Pastor (Dyn. Berlin), 17 buts ; 2. Pfahl (Riesa), 15 buts ; 3. Minge (Dyn. Dresde), 14 buts ; 4. Backs (Dyn. Berlin), 12 buts ; 5. Kirsten (Dyn. Dresde), et Thom (Dyn. Berlin), 11 buts.

Coupe : Lokomotiv Leipzig b. Hansa Rostock 4-1.

ROUMANIE

	Pts	J.	G.	N.	P.	p.	c.
1. Steaua Bucarest	59	34	25	9	0	87	17
2. Dinamo Buc.	44	34	17	10	7	84	45
3. Victoria Buc.	38	34	15	8	11	43	39
4. Sportul Stud.	35	34	14	7	13	55	46
5. Univ. Craiova	35	34	11	13	10	40	34
6. FC Arges Pitesti	35	34	12	11	11	28	25
7. FC Olt	35	34	15	5	14	33	43
8. Petrolul Ploiesti	34	34	9	16	9	26	27
9. Cornivul H.	33	34	13	7	14	64	56
10. U. Cluj Napoca	32	34	14	4	16	54	47
11. Otelul Gelati	32	34	11	10	13	37	34
12. Bacau	32	34	12	8	14	45	52
13. Brasov	32	34	14	4	16	33	46
14. Rapid Bucarest	32	34	13	6	15	42	55
15. Flacena Moreni	32	34	14	4	16	40	55
16. Jiul Petrosani	27	34	10	7	17	32	42
17. Gloria Buzan	25	34	10	5	19	31	66
18. Chimi Valcea	20	34	7	6	21	30	72

Buteurs : 1. Camataru (Dinamo Bucarest) 44 ; 2. Piturca (Steaua) 22 ; 3. Hagi (Steaua), Petur (Cornivul Hunedoara) 15.

Coupe : Steaua Bucarest b. Dinamo Bucarest 1-0.

SUÈDE

	Pts	J.	G.	N.	P.	p.	c.
1. Malmö FF	37	22	16	5	1	49	11
2. IFK Göteborg	31	22	13	5	4	44	17
3. AIK	25	22	9	7	6	29	21
4. Halmstad	21	22	8	5	9	26	23
5. IFK Norrköping	21	22	9	3	10		
6. Hammarby	20	22	8	4	10	31	36
7. Oester	20	22	6	8	8	20	28
8. Brage	20	22	8	4	10	19	27
9. Oeergryte	19	22	7	5	10	33	36
10. Elfsborg	18	22	5	8	9	19	26
11. Kalmar	17	22	5	7	10	22	36
12. Djurgaarden	15	22	7	1	14	23	43

Buteurs : 1. Ekström (IFK Göteborg), 13 buts ; 2. T. Nilsson (IFR Göteborg), 9 buts ; 3. Gerhardsson (Hammarby), 9 buts.

Finale Championnat : Malmö F.F. b. AIK Stockholm 0-1, 5-2.

Coupe : Malmö F.F. b. IKF Göteborg 2-1.

SUISSE

	Pts	J.	G.	N.	P.	p.	c.
1. Neuchâtel X	48	30	21	6	3	75	27
2. Grasshoppers	43	30	19	5	6	60	36
3. Sion	42	30	17	8	5	76	38
4. Servette	36	30	16	4	10	65	44
5. Lucerne	36	30	12	12	6	55	38
6. Zurich	36	30	12	12	6	52	44
7. St Gall	34	30	14	6	10	50	43
8. Lausanne	32	30	13	6	11	64	60
9. Bellinzone	31	30	10	11	9	42	39
10. Young Boys	28	30	10	8	12	47	45
11. Aarau	26	30	9	8	13	37	42
12. Bâle	24	30	9	6	15	49	62
13. Vevey	20	30	6	8	16	31	72
14. Wettingen	19	30	6	7	17	31	48
15. Locarno	19	30	6	7	17	44	65
16. La C-de-Fond	6	30	1	4	25	22	97

Buteurs : Eriksen (Servette), 28 buts ; 2. Thichosen (Lausanne), 23 buts ; 3. Paulo Cesar (Bellinzone), 20 buts ; 4. Schurmann (Lausanne) et Matthey (Grasshoppers), 15 buts.

Coupe : Young Boys b. Servette 4-2 après prolongation.

TCHÉCOSLOVAQUIE

	Pts	J.	G.	N.	P.	p.	c.
1. Sparta Prague	42	30	18	6	6	63	17
2. Vitkovice	37	30	16	5	9	46	29
3. B. Prague	35	30	13	9	8	50	42
4. Dun. Streda	34	30	13	8	9	47	35
5. Banik Ostrava	33	30	13	7	10	55	39
6. RH Cheb	32	30	13	6	11	52	50
7. Slavia Prague	31	30	13	5	12	53	34
8. Plastika Nitra	30	30	12	6	12	47	42
9. Dukla Prague	30	30	11	8	11	36	47
10. Dukla Ban.	28	30	10	8	12	33	48
11. Spartak Trnava	27	30	12	3	15	41	52
12. ZVL Zilina	27	30	11	5	14	33	31
13. Tatran Presov	26	30	11	4	15	37	51
14. Sigma Olomouc	25	30	9	7	14	42	49
15. Skoda Pilsen	23	30	8	7	15	37	51
16. D. Ceske Bucej	20	30	8	4	18	24	58

Buteurs :

Coupe : Dunajska Streda b. Sparta Prague 0-0, 3 penalties à 2.

TUNISIE

	Pts	J.	G.	N.	P.	p.	c.
1. Etoile du Sahel	79	26	16	5	5	42	19
2. CL Africain	74	26	13	9	4	26	16
3. Esp. de Tunis	73	26	12	11	3	35	16
4. JS Kairouan	65	26	9	12	5	31	25
5. US Monastir	60	26	8	10	8	28	33
6. CO Transports	58	26	8	8	10	28	27
CA Bizerte	58	26	7	11	8	23	33
8. CS Hammam	56	26	7	10	9	26	21
9. St. Tunisien	55	26	5	14	7	25	24
CS Sfaxien	55	26	7	8	11	29	31
11. Olympique Béja	53	26	5	12	9	20	25
12. OC Kerkennah	52	26	6	8	12	28	32
13. Sfax R. Sports	51	26	4	13	9	16	22
14. Avenir S. Marsa	50	26	5	9	12	16	31

Buteurs : 1. Lavivi (U.S. Monastir) 14 buts ; 2. Hscumi (Etoile Sahel) 12) ; 3. Haj Sassi (O.C. Kerkennah) 10 ; 4. Jeridi (Espérance Tunis) 8 ; 5. El May (C.A. Bizerte) 7.

Coupe : C.A. Bizerte b. AS Marsa 1-0.

TURQUIE

	Pts	J.	G.	N.	P.	p.	c.
1. Galatasaray	54	36	23	8	5	55	24
2. Besiktas	53	36	23	7	6	67	26
3. Samsun	49	36	19	11	6	56	22
4. Trabzon	49	36	18	13	5	49	21
5. Fenerbahce	39	36	13	13	10	46	39
6. Malatyaspor	39	36	17	5	14	39	35
7. Altay	36	36	13	10	13	46	47
8. Denizlispor	35	36	10	15	11	37	35
9. Eskisehirspor	34	36	10	14	12	35	31
10. Ankaragucu	34	36	12	10	14	37	43
11. Zonguldak	33	36	9	15	12	29	35

	Pts	J.	G.	N.	P.	p.	c.
12. Genclerbirligi	33	36	8	17	11	32	39
13. Rizespor	33	36	13	7	16	37	57
14. Sariyer	32	36	11	10	15	42	39
15. Boluspor	32	36	9	14	13	38	51
16. Kocaeli	31	36	11	9	16	39	50
17. Bursaspor	28	36	10	8	18	29	40
18. Antalya	24	36	8	8	20	37	68
19. Diyarbakirspor	15	36	4	7	25	22	74

Buteurs : 1. Tanu Colak (Samsunspor) 25 buts ; 2. Feyaz (Besiktas) 20.

Coupe : Genclerbirligi b. Eskisehirspor 5-0, 1-2.

U.R.S.S.

	Pts	J.	G.	N.	P.	p.	c.
1. Dynamo Kiev	39	30	14	11	5	53	33
2. Dynamo Moscou	38	30	14	11	5	46	26
3. Spartak Moscou	37	30	14	9	7	52	21
4. Zenith Len.	33	30	12	9	9	44	36
5. Dynamo Tbilissi	33	30	12	9	9	36	36
6. Chakh. Donet	31	30	11	9	10	40	38
7. Kairat Alma-Ata	30	30	11	8	11	33	39
8. Jalguiris Vilnius	30	30	11	8	11	32	37
9. Torpedo Mosc.	30	30	10	11	9	31	28
10. Dynamo Minsk	28	30	8	12	37	40	
11. Dniepropetrovsk	28	30	8	12	10	41	41
12. Met. Karkhov	27	30	9	9	12	21	25
13. Neftchi Bakou	26	30	8	10	12	33	38
14. Ararat Erevan	26	30	8	10	12	27	44
15. Tchern. Odessa	23	30	8	7	15	29	37
16. Torp. Koutaissi	17	30	5	7	18	24	60

Buteurs : 1. Borodiuk ((Dynamo Moscou), 21 buts ; 2. Rodionov (Spartak Moscou), 17 buts ; 3. Protassov (Dniepropetrovsk), 17 buts ; 4. Kondratiev (Dynamo Minsk), et Akhmedov (Bakou), 13 buts.

Coupe : Torpedo Moscou b. Chakhtor Donetzk 1-0.

YOUGOSLAVIE

Classement imposé par le Conseil des Prudhommes

	Pts	J.	G.	N.	P.	p.	c.
1. Partizan	43	34	16	11	7	58	29
2. Velez Mostar	42	34	19	4	11	65	46
3. Etoile Rouge	41	34	16	9	9	57	37
4. Rijeka	38	34	14	10	10	44	42
5. Vardar	38	34	15	8	11	40	39
6. Dynamo Zagreb	37	34	14	9	11	49	43
7. Buducnost	37	34	14	9	11	40	36
8. Hajduk Split	36	34	14	8	12	41	41
9. Zeljeznicar	34	34	14	6	14	55	46
10. Stjeska	34	34	12	10	12	50	52
11. Osijek	34	34	15	4	15	40	44
12. Celik	33	34	14	5	15	48	52
13. Sarajevo	33	34	12	9	13	39	49
14. Pristina	29	34	11	7	16	35	48
15. Sloboda	28	34	9	10	15	38	44
16. Radnicki Nis	28	34	9	10	15	29	39
17. Dyn. Vinkovci	28	34	10	8	16	29	51
18. Spartak	19	34	5	9	20	30	49

Buteurs : 1. Mihajlovic (Zeljeznicar), 23 buts ; 2. Djurovski (Partizan) et Jankovic (Rijeka), 19 ; 4. Pancev (Vardar), 18 ; 5. Stojkovic (Etoile Rouge), 17.

Coupe : Hajduk Split b. Rijeka 1-1, 9 penalties à 8.

COPA AMERICA

(Championnat d'Amérique du Sud des Nations) Phase finale en Argentine du 27 juin au 12 juillet 1987

GROUPE A

Argentine et Pérou 1-1.
Argentine b. Equateur 3-0.
Equateur et Pérou 1-1.

GROUPE B

Brésil b. Venezuela 5-0.
Chili b. Venezuela 3-1.
Chili b. Brésil 4-0.

GROUPE C

Paraguay et Bolivie 0-0.
Colombie b. Bolivie 2-0.
Colombie b. Paraguay 3-0.

DEMI-FINALES

(Uruguay, tenant du titre, qualifié d'office.)

Mercredi 8 juillet 1987 à Cordoba

CHILI b. COLOMBIE : 2-1 (0-0). - Arbitrage de M. Arpi (Brésil), 6 000 spect. env. Buts : Astengo (106e), Vera (118e) pour le Chili ; Redin (104e sur pen.) pour la Colombie. Avertissements : Herrera, Alvarez, Perez pour la Colombie ; Astengo, Letelier, Mardones, Vera pour le Chili.

Colombie : Higuita - Herrera, Molina, Perea, Hoyos - Perez, Alvarez, Redin, Valderrama - Gaetano (De Avilla, 65e), Iguaran (Trelles, 46e). Entr. : Maturana.

Chili : Rojas (cap.) - Rayes, Astengo, Gomez, Hormazabal - Pizarro, Puebla (Vera, 81e), Mardones, Contreras - Basay (Salguado, 54e), Letelier. Entr. : Aravena.

Jeudi 9 juillet 1987 à River Plate

URUGUAY b. ARGENTINE : 1-0 (1-0). - Arbitrage de M. Jacome (Equateur), 75 000 spect. env. But : Alzamendi (44e). Avertissements : Trasante (1re), Pordome (78e), Sosa (78e) pour l'Uruguay ; Giusti (11e), Brown (55e), Batista (80e) pour l'Argentine.

Argentine : Islas - Cuciuffo (Alfaro, 78e), Brown, Ruggeri, Olarticoechea - Giusti, Batista, Tapia - Caniggia, Maradona, Percudani (Funes, 46e). Entr. : Bilardo.

Uruguay : Pereira - Dominguez, Gutierrez, Trasante, Pinto-Saldanha - Malosso, Pordome, Bengoechea (Pena, 80e) - Alzamendi, Francescoli, Ruben-Sosa (Da Silva, 70e). Entr. : Fleitas.

MATCH POUR LA 3e PLACE

Samedi 11 juillet à Buenos-Aires

COLOMBIE b. ARGENTINE : 2-1 (2-0). - Arbitrage de M. Bernado Corujo (Ven.) 2 000 spect. env. Buts : Gomez (9e), Galenao (28e) pour la Colombie ; Caniggia (86e)

pour l'Argentine. Avertissements : Gomez et Coll (Colombie) ; Ruggieri et Brown (Argentine).

Colombie : Higuita - Herrera, Molina, Perea, Hoyos - Coll, Alvarez, Redin (Alex Escobar, 84e), Valderrama - Galeano, Gomez (Antony de Avila, 45e). Entr. : Maturana.

Argentine : Islas - Cuciuffo, Brown, Ruggeri, Olarticoechea - Giusti, Batista, Maradona, Tapia (Raul Alfaro, 45e) - Caniggia, Percudani (Juan Funes). Entr. : Bilardo.

FINALE

Dimanche 12 juillet à Buenos-Aires

URUGUAY b. CHILI : 1-0 (0-0). - Arbitrage de M. Arpi Filho (Brésil). 22 000 spect. env. But : Bengoechea (56e). Avertissements : Gomez (8e), Astengo (16e) pour le Chili. Expulsions : Gomez (14e), Astengo (89e) pour le Chili ; Francescoli (26e), Perdomo (89e) pour l'Uruguay.

Uruguay : Pereira - Dominguez, Gutierrez, Trasante, Pintos-Saldanha - Matosas, Perdomo (cap.) - Bengoechea - Alzamendi (Pena, 86e), Francescoli, Sosa. Entr. : Fleitas.

Chili : Rojas (cap.) - Reyes, Gomez, Astengo, Hormazabal - Pizarro, Mardonez, Puebla (Toro, 17e), (Rubio, 63e), Contreras - Letelier. Basay. Entr. : Aravena.

URUGUAY vainqueur

LE PALMARÈS DE LA COPA AMERICA

1917 : Uruguay
1919 : Brésil
1920 : Uruguay
1921 : Argentine
1922 : Brésil
1923 : Uruguay
1924 : Uruguay
1925 : Argentine
1926 : Uruguay
1927 : Argentine
1929 : Argentine
1936 : Argentine
1939 : Pérou
1942 : Uruguay
1947 : Uruguay
1949 : Brésil
1953 : Paraguay
1955 : Argentine
1957 : Argentine
1959 : Argentine
1963 : Bolivie
1967 : Uruguay
1975 : Pérou
1979 : Paraguay
1983 : Uruguay
1987 : Uruguay

* Précision : la Copa America n'a pas lieu à intervalles réguliers. Ce palmarès ne comporte pas d'erreurs.

CRÉDITS PHOTOGRAPHIQUES

NOIR ET BLANC

Photo Borczak : page 59.
Photos Damanet : pages 16-17, 47.
Photo Est Républicain : page 9.
Photos Mois de l'affiche - Musée du Sport : pages 190, 191.
Photos Presse-Sports : pages 13, 27, 35, 38, 92, 123, 126, 131, 135, 139, 143, 163, 210.
Deschamps : page 204 ;
Bob Thomas : pages 4-5, 114-115 ;
Pichon : page 175.
Photos Richiardi : pages 12, 20-21, 87, 154, 171, 182, 187, 207, 214-215, 218. .
Photos Sven Simon : pages 50-51.
Photos Le Sportman : pages 194, 199.
Photos Szwarc : pages 67, 70-71, 74-75.
Photos Paulo Teixeira : pages 31, 222-223, 227, 234-235.
Photos Vandystadt : page 90.
David Cannon : pages 106-107, 111.
Wilfried Witters : page 82.
Collection de l'auteur : pages 100-101, 102-103, 104-105, 192-193, 194-196-197, 199.
Photos X : pages 58, 59, 158.

COULEUR

Photos Richiardi : pages 6-7, 10-11, 14-15, 22-23, 25, 28-29, 32-33, 40-41, 44-45, 52-53, 56-57, 65, 88-89, 93, 97, 116-117, 136-137, 140-141, 144-145, 148-149, 152-153, 157, 160-161, 164-165, 168, 180-181, 184-185, 188-189, 201, 209, 216-217, 236.
Photos Presse-Sports : pages 60-61, 80-81, 84-85, 120-121, 124-125, 128-129, 132-133, 149, 212-213 ;
Caron : pages 156-157 ;
Lecoq : page 177 ;
Pichon : pages 48-49, 64, 68-69, 92, 172-173, 176 ;
Peter Robinson : pages 72-73 ;
Bob Thomas : pages 76-77, 108-109.
Photo Sipa-Press : page 200.
Photos Le Sportman : pages 192-193, 196, 197 (3).
Photos Henri Szwarc : pages 18-19, 36-37, 112-113, 169.
Photos Paulo Teixeira : pages 224-225, 228-289, 232-233.
Dessins de Lem : pages 220-221.

Photos de la couverture : Richiardi, Henri Szwarc, Peter Robinson.

————————

Maquette de Jacques Lemaire
Photocomposition : Compo-Akrour, Pantin
Photogravure : Reprocolor Llovet, Barcelone
Tirage et reliure par Cronion S.A. Barcelone
ISBN 2-7021-1641-8
© Calmann-Lévy 1987
N° d'éditeur : 11298/01
Dépôt légal : octobre 1987
Imprimé en Espagne.

FUJI FILM
LE SEUL FILM OFFICIEL DU
CHAMPIONNAT D'EUROPE 88

FUJI FILM
LE SEUL FILM OFFICIEL DU
CHAMPIONNAT D'EUROPE 88